日本马克思主义研究译丛

主编 杨立国 崔学森

马克思主义经济学

―― 第四版 ――

[日]大西广 著

李晨 译

中国画报出版社·北京

图书在版编目（CIP）数据

马克思主义经济学：第四版 /（日）大西广著；李晨译. -- 北京：中国画报出版社，2024.7
ISBN 978-7-5146-2316-1

Ⅰ.①马… Ⅱ.①大… ②李… Ⅲ.①马克思主义政治经济学—研究 Ⅳ.①F0-0

中国国家版本馆CIP数据核字(2024)第029209号

"十四五"国家重点图书出版规划项目
国家出版基金资助项目
国家社会科学基金（20BKS004）及辽宁省教育厅科学研究项目（2020JYT01）阶段性成果

马克思主义经济学（第四版）

[日] 大西广 著　李 晨 译

出 版 人：方允仲
主　　编：杨立国　崔学森
审定专家：李永军（北京大学政府管理学院）
　　　　　刘　昱（大连外国语大学马克思主义学院）
责任编辑：李　媛
内文排版：郭廷欢
责任印制：焦　洋

出版发行：中国画报出版社
地　　址：中国北京市海淀区车公庄西路33号　邮　编：100048
发 行 部：010-88417418　010-68414683（传真）
总编室兼传真：010-88417359　版权部：010-88417359

开　本：16开（710mm×1000mm）
印　张：21
字　数：340千字
版　次：2024年7月第1版　2024年7月第1次印刷
印　刷：三河市金兆印刷装订有限公司
书　号：ISBN 978-7-5146-2316-1
定　价：98.00元

目　录

序言 01

第一章　马克思的人类学　唯物主义视角下的人类、自然以及生产关系

I. 作为基础的生产活动 002
人类、自然、生产——劳动的本源 002
人类、生产资料、生产——肉体劳动和精神劳动 010
人类、他人的生产资料以及生产——所有权、阶级和生产关系 018

II. 历史唯物主义视角下的上层建筑 022
对自然关系中的上层建筑——国家和意识形态的生产力作用 022
阶级社会中的上层建筑——阶级国家与意识形态 026
阶级国家和意识形态的生产力特征 033

III. 何谓基础决定上层建筑 035
上层建筑的反作用以及相对自律性①——政治运动中的相对自律性 035
上层建筑的反作用以及相对自律性②——意识形态的中立外观 041
资本主义人格和后资本主义人格 044
从集团主义社会到"自由人的联合" 046

第二章　商品生产社会的资本主义　资本主义生产力数量上的性格、实现自我增值价值的资本

I. 商品生产普及的条件——生产力 052
从自给自足经济到商品经济 052
专业化利益和流通部门生产效率的提高 055
生产性劳动和非生产性劳动 057

II. 成为交易物品的商品——被具体化的唯物主义人类观下的商品交易 ... 059
并非单纯生产而是以交换为目的的生产 059
使用价值和交换价值 063
从交换价值到价值 064

III. 成为特殊商品的货币——具体化的唯物主义视角下的货币目的 067
不是单纯的以商品而是以货币为目的的生产 067
成为特殊商品的货币 072
货币的职能及其之间的关系 074

IV. 实现自我增值的货币资本——成为被具体化的企业生产目的的利润 ... 076
以利润而非单纯的货币为目的的生产 076
仅在流通过程中创造利润这一外在表象 077
马克思的论证方法——生产活动是利润的来源 078

第三章　工业社会下的资本主义　资本主义生产力的本质、充当劳动指挥权的资本

I. 享有"劳动指挥权"的资本 084
资本的另一个定义——劳动指挥权 084

置盐信雄对剥削的证明——"马克思基本定理" ……………… 085
考虑联合生产和固定资本的"马克思基本定理" …………… 090
分析学派马克思主义的阶级剥削对应原理…………………… 095
阐明"雇佣劳动"特质的抗争交换理论………………………… 097
资本家为何物？——剥削的第一定义与第二定义…………… 099
生产资料起决定性作用的社会——资本主义社会…………… 102
关于"资本"与"资本主义"的辩证法理解——定义—关系—具体的整体性… 105

II. 剩余价值的数量变动 109

绝对剩余价值的生产——延长劳动时间所带来的剩余价值的生产…… 109
相对剩余价值的生产——生产力上升而实现的剩余价值生产………… 112
绝对以及相对剩余价值的生产——劳动对资本实际上的从属………… 113

III. 非工业部门内的"工业革命"与资本主义化 120

建筑业的"工业革命"与资本主义化…………………………… 120
医院的"工业革命"与资本主义化……………………………… 124
零售业界的"工业革命"与资本主义化………………………… 125
学校的"工业革命"和资本主义化……………………………… 126

第四章 资本主义的发展与灭亡 基于资本积累理论、量变引起质变

I. 阐释资本主义产生、发展、灭亡的模型——马克思主义最优经济增长模型 130

问题设定……………………………………………………………… 130
工业革命后的目标——最优资本设备量………………………… 132

II. 忽略储蓄的再生产条件——简单再生产 139

马克思的简单再生产公式………………………………………… 139

马克思主义最优经济增长模型对简单再生产的阐释 …………………… 141

III. 剩余价值的资本转化——扩大再生产 …………………………………… 144
马克思的扩大再生产公式 ……………………………………………… 144
马克思主义最优经济增长模型对扩大再生产的阐释 …………………… 146
庞巴维克"时差利息论"的再阐释 ……………………………………… 153

IV. 资本主义积累的普遍趋势——资本主义积累的终结 ………………… 159
马克思主义最优经济增长模型的价值表现 …………………………… 159
资本有机构成和相对过剩人口增大法则 ……………………………… 167
利润率趋向下降规律和柴田—置盐定理 ……………………………… 170
"零增长社会"——后资本主义社会 ………………………………… 173
关于后发国家对先发国家的追赶问题 ………………………………… 181
市场中的后资本主义企业——股份制公司社会主义论 ……………… 186

V. 原始积累和国家资本主义 ……………………………………………… 191
原始积累论的课题和对雇佣劳动者强制的形成 ……………………… 191
产业资本家的产生 ……………………………………………………… 195
资本积累初期强制积累的必要性和国家资本主义 …………………… 198

第五章 资本主义生产过程中剩余价值的部门间分配

I. 《资本论》的课题与构成 ……………………………………………… 204
II. 资本循环、周转及社会再生产——资本流通过程 ………………… 206
资本循环及流通过程 …………………………………………………… 206
资本周转 ………………………………………………………………… 208

III. 剩余价值向利润、利息、地租的转化及分配
——资本主义生产的总过程 ··· 212
产业部门间的利润率平均化及生产价格 ································· 212
总量一致命题与欧美马克思主义经济学新潮流 ························· 216
马克思主义最优经济增长理论的情况 ··································· 221
含商业部门的再生产公式以及利润率平均化 ···························· 227
总利润在利息和企业者收入间的分配 ···································· 230
土地垄断和地租 ··· 234
作为资本主义现象的资产价格上升 ······································· 238
马克思主义最优经济增长模型对泡沫经济的解释 ······················ 240
地主阶级和其他阶级之间的矛盾 ·· 242

第六章 资本主义生产以前的各种形式

I. 农业革命——迂回生产体系的飞跃式发展形式 ·················· 246
农业革命带来的生产力飞跃式发展 ······································· 246
以耕地积累为目的的社会——农业社会 ································· 248
人口增长下农业向集约型农业的转化 ··································· 252
耕地积累带来的农业生产力提升的具体表现——奴隶制与农奴制 ····· 254
牛耕带来的集约型农业下的耕地积累 ··································· 259
从建造象征性的纪念物到形成共同体、阶级乃至国家 ················ 262

II. 奴隶制及农奴制时期手工业和畜牧业的生产方式 ·············· 266
封建社会以前和封建社会下的手工业 ··································· 266
游牧民族的畜牧改革和"牧奴制" ······································· 267
渔业生产方式的发展 ··· 269

III. 狩猎在从猿进化为人类过程中的作用 …………………………………… 274
纵观始于南方古猿的人类全史 ………………………………………… 274

附录1　马克思主义最优经济增长理论的分权市场模型 ……………… 279
企业的利润最大化问题 ……………………………………………… 280
家庭的效用最大化问题 ……………………………………………… 281
市场均衡的各个条件 ………………………………………………… 283
从市场均衡向基本模型的动态方程式转化 ………………………… 285
分权市场模型与基本模型的关系 …………………………………… 287

附录2　引入阶级关系的马克思主义最优经济增长模型及其含义 ……… 289
分析学派马克思主义"剥削"概念的动态化 ……………………… 289
劳动阶级有无资本积累决定权的影响 ……………………………… 294

附录3　表现牛耕的引入及普及所带来的农业经营规模差距的历史性动态模型　297
"马克思主义最优经济增长理论"向"经营规模变动模型"的扩展 … 297
经营规模的历史性变动模型 ………………………………………… 300

数学附录　关于动态最优化问题的解法 ………………………………… 302
离散时间马克思主义最优经济增长模型的解法——拉格朗日乘子法 … 302
连续时间马克思主义最优经济增长模型的解法——当期值汉密尔顿函数法 … 304
连续时间马克思主义最优经济增长模型的解法——现值汉密尔顿函数法 …… 307
与分权市场模型的对应关系 ………………………………………… 309

参考文献 …………………………………………………………………… 314

序言

本书是马克思主义经济学教科书的中文译本，针对的是已具备西方经济学知识素养的本科生。本书的日文版是笔者在日本庆应义塾大学教授马克思主义经济学课程时一直沿用的教科书，笔者十分期待能将本书完整地译制成中文版，以便让中国的读者能够更好地认识日本的马克思主义经济学课程。本书的韩文版已于2013年出版，中文版也曾在2014年出版发行。但是，由于2014年的中文版中存在较多的翻译瑕疵，加之此后日文版原版经历了两次修订，所以笔者决定将本书的中文版进行重新翻译并予以出版。

实际上，本书的英文版翻译出版项目也正在如火如荼地进行中。为此，笔者特地研究了英语国家的一些类似书籍。在研究过程中，笔者发现欧美国家几乎不存在此类"马克思主义经济学教科书"。相较而言，此类书籍在中国比比皆是，在日本和韩国也尚存些许。事实上，如上述提到的那样，本书（日文版）是笔者在庆应义塾大学教授《马克思主义经济学》课程时使用的教科书，但在欧美国家几乎不再开设关于马克思主义经济学的正规课程。这不仅导致人们无法深入学习理解"马克思主义经济学"，同时也阻碍了人们对中国政治制度等的深入理解。反言之，我们也可以认为只有那些把"马克思主义经济学"以正规课程的形式列入教学纲要的国家才有可能实现真正意义上的马克思主义经济学复兴。从这个意义上来讲，笔者认为中日两国的马克思主义学者肩负着重大的责任。

但是，中日两国的马克思学者们又该如何履行这一责任呢？首先，笔者认为需要对《马克思主义经济学》进行更加深入的理解而不仅仅是浅尝辄止。更进一步地说，为了普及马克思主义经济学先进而非过时的理论，马克思主义学者们必须撰写出足以与西方经济学中的《中级宏观经济学》、《中级微观经济学》水平相匹敌的马克思主义经济学教科书。而这正是本书日本版撰写的初衷。正是源于这样的初衷，本书涵盖了大量的数理知识内容，并且有效地借鉴了西方经济学主流学派的诸多概念。读者们也可以将其理解为笔者试图凭借本书（日文版）在日本这样一个盛行西方经济学的资本主义社会中为马克思主义经济学争夺一席之地。

为了确保本书在维持上文提到的"中级"水平和"数理说明"这两个特征的同时，能够成为一本真正意义上的"马克思主义经济学教科书"，本书中不仅概况性地解说了《资本论》全三卷的内容，并且花费了相当多的篇幅对"历史唯物主义"的相关内容进行了解释说明。从开篇目录可以看出，全书共分为六个章节，第二章至第四章大致上与《资本论》第一卷的内容相对应，第五章则与《资本论》第二卷和第三卷的内容相对应。而第一章则是以"历史唯物主义"的社会结构理论（即经济基础和上层建筑内容）为主，第六章主要是对"资本主义生产以前的各种形式"的一些讨论。与其他教科书相比，本书的一个特点在于，对"历史唯物主义"的解释与对《资本论》中"剩余价值学说"的解释，在本书全文中占据了相当大的比重。

正如恩格斯在《社会主义从空想到科学的发展》中明确指出的那样，"马克思主义"是由"历史唯物主义"与"剩余价值学说"这两个同等重要的理论构成。不仅如此，笔者在此还想强调的是，阐明了"资本主义本质"的"剩余价值学说"其自身也可被认为是"历史唯物主义"的一部分。"资本主义"这一阶级社会与其他阶级社会的区别在于：在资本主义社会，表面上资本家和劳动者之间处于对等的关系，劳动者获得了合理的"劳动报酬"，这导致剥削不再那么赤裸裸地表露在外。如此一来，对于这个秘密（即在平等关系下剥削的产生）的揭示便成了明确"资本主义"历史地位的一大任务。换言之，就此意义而言，我们可以将《资本论》视为刻画人类历史全貌这一研究的一部分。因此，只有在这个人类历史全貌刻画完成之际，"马克思项目（Project Marx）"才算是功德圆满。关于这点，我们可以从马克思在几乎撰写完《资本论》草稿后再次全身心投入历史学研究，且恩格斯亦是如此中得到佐证。如此看来，这就是生活在《资本论》全三卷发行之后的我们必须集中精力研究这个领域的理由。顺带一提，不仅仅是在第一章和第六章，本书中的每一章都对该章节研究对象所对应的社会制度为何只有在特定条件下才能够产生这一独特的历史存在进行了阐释。

此处，还必须提及这本书的另一个特点，即本书并非依附于凯恩斯主义经济学，而是以新古典主义经济学为论述的基础。大多数的"马克思主义经济学家"在接触西方经济学时，习惯性地从"反市场主义"的立场出发，这导致了他们不可避免地将新古典主义经济学视为最大的敌人。而本书对西方将经济学的理解与大多数的"马克思主义经济学家"相左，这点可能会引起许多读者的不适。为此，这里需要明确地指出，就马克思《资本论》的研究目的（即"剩余价值学说"的研究目的）而言，市场机制是否能顺利地调整供求关系其实并不重要。由日本有史以来最著名的马克思主义经济学家置盐信雄[1]所证明的"马克思基本定理"揭示了：不论通过何种市场机制来调节价格，只要有利润存在，那么剥削就势必存在。因此，笔者认为没有必要对因价格刚性、外部性、信息不完善或是"暴力"等因素导致的特殊"剩余"产生机制做过多的解释。从《资本论》的研究目的来看，最重要的是阐释即使是在不存在上述各种特殊因素的纯粹市场均衡情况下，剥削也依然存在。这也是本书之所以不考虑上述提到的诸多特殊因素，而是从一般均衡的视角出发进行论证的原因所在。需要多提一笔的是，在日本有一个享誉世界的日本马克思主义经济学流派——"宇野经济学"，该学派也提倡把《资本论》体系作为"纯粹的资本主义理论"来发展。

然而，不难想象，只要是试图用一个通常被公认为是"非马克思主义"的模型来解释马克思，那么在这个模型的设置上就必然存在某些合理性。因此，笔者在此想要重申的是，西方经济学中，包括明确定义每个经济主体的选择问题[2]，以及关于个人"效用最大化"和企业"利润最大化"的设定，从其本质上而言都具备唯物主义性质。人们并非受"正义"，而是受"利益"驱使。正是由于人们受"利益"驱使，才导致了劳动者阶级和资本家阶级就利益问题产生矛盾。而这种理解恰恰正是源于历史唯物主义论。

事实上，这个和经济学中不容忽视的"实物"维度上的问题也密切相关。传统的马克思主义经济学倾向于从"价值"维度出发进行讨论。但实际上，劳动者阶级想要知道的并不是"自己获得的消费资料（商品）中包含了多少劳动力"，而是"自己获得的消费资料（商品）作为实物的话值多少钱"。用效用函数来表示的

---

1 他是日本共产党员，同时也是积极投身于家乡建设的和平卫士。
2 这也是本书使用非固定资本-劳动投入比例的"新古典主义经济学"生产函数（柯布-道格拉斯生产函数）的原因之一。虽然，约翰·罗默（John E. Roemer）、罗伯托·韦内兹阿尼（Roberto Veneziani）等享誉世界的"数理马克思主义经济学者们"几乎都是使用假设资本-劳动投入比例固定的里昂惕夫生产函数，但本书不做此类设定。

话，应写成 $U = f(实物量)$，而不是 $U = f(价值量)$。为此，我们在讨论时就必须将对象锁定在两点上，即能够阐明这种关系的框架以及决定表示"价值（投入劳动量）"和"实物"之间比率的劳动生产率的生产函数。

总的来说，上述内容是对本书分析框架的一些补充说明。最后，笔者还想就本书第四章中提出的"马克思主义最优增长理论"的构思做稍许说明。虽然在本书文末附录1中笔者也讨论了"分权市场模型"框架下的马克思主义最优经济增长模型，但第四章中所讨论的"社会计划者模型"才是马克思主义最优经济增长模型的原型。也正是通过马克思主义最优经济增长模型的社会计划者模型，我们才能够具体地计算并描绘出（而不是单纯地解释"经济是这样发展的"这一事实）"什么是人类的最优路径"。目前针对这点存在很多的误解，因此笔者在此想要特别加以说明。马克思主义最优经济增长模型是一个旨在解释"资本主义社会为什么会出现，如何发展，以及最终又为什么必然走向灭亡"这一"zollen"的模型。在笔者看来，这也正是本书中讨论的"历史唯物主义"的核心所在。本书正是依据马克思主义最优经济增长模型这一框架证明了"资本主义灭亡的必然性"。

如上所述，本书借鉴西方经济学的语言来探讨马克思主义经济学中的诸多命题。因此本书的编写是在与周围的西方经济学家们进行多次讨论的基础上完成的。他们在纠正文章的错误以及模型的拓展等方面提出了许多宝贵的意见。在此，笔者尤其要向日本庆应义塾大学的同事大平哲教授表示衷心的感谢！此外，马克思主义最优增长理论是由笔者及笔者在京都大学任教期间的学生山下裕步（现任日本独协大学经济学院教授）共同构建，书中也有许多部分是笔者在京都大学和庆应义塾大学任教期间与周围的研究生们共同完成的。笔者也想借此机会向他们表示谢意！

最后，笔者还要感谢本书的翻译李晨（现任日本桃山学院大学经济学院副教授），她是笔者在日本庆应义塾大学时期的学生。本书的中文翻译主要由她负责完成。此外，笔者还要感谢大连外国语大学杨立国教授策划了此次翻译出版项目，以及中国画报出版社承接了此次出版项目并予以悉心校正。也归功于二者，此次出版才有幸获得中国国家出版基金项目的资助并顺利出版。在此，笔者向他们致以最诚挚的感谢！

2022年春暖花开之际，书于东京。

第一章　马克思的人类学

唯物主义视角下的人类、自然以及生产关系

　　本书旨在解释和重构马克思主义经济学理论与其历史观（历史唯物主义）的关系。但由于经济学中同时存在"西方经济学"这一学派，所以笔者认为西方经济学与马克思主义经济学二者之间的差异必然会引起读者们的兴趣。在这里，与社会上普遍存在的理解不同，笔者认为，我们必须先了解这两个学派（即西方经济学和马克思主义经济学）的出发点，即人类观上的共通之处。这是因为就二者的人类观而言，马克思的人类观是建立在"唯物主义"基础上的，而西方经济学则是立足于个人（即经济主体），认为个人是以"效用最大化"为目标。在讨论人类应以何种形式存在之前，我们必须先客观地探讨一下社会科学实际上是一种怎样的存在。

　　为此，本书将从一般的唯物主义人类观出发，探索并引导出马克思主义的社会认知基础。本书中对马克思主义经济学各个范畴的阐释，将依据辩证法的顺序和结构。换言之，本书旨在提出如何理解马克思主义人类观、社会观中各个范畴之间的联系这一问题。因此，虽然这里所讨论的多个个别范畴（如人类、自然、生产）都是大众所熟知的，但笔者将从应如何整理这些关系才是问题的重点这一理解来解释上述问题。从这个意义上讲，笔者建议读者在阅读本书时，留意本书是否忽略了某个范畴或是这个范畴间的关系，以及说明的顺序是否有误。

I. 作为基础的生产活动

人类、自然、生产——劳动的本源

我们必须设想的出发点是，作为同类存在的抽象人类。从这一出发点来看，人类存在的本质除了"生存"之外别无其他。"生存"也意味着需要食物，所以对于人类而言，"收集"或"制作"一些东西以供食用便成了必不可少的活动。换言之，"生存"意味着人类需要"为了吃而进行活动"，而这种"为了吃而进行的活动"就是原始意义上的"生产活动=劳动（work）"[1]。其次，尤为重要的是，"生产"只是"生存"的一种方式，并非是一种具有自律性的目的。从这种意义可知，强调"生产力"和"生产活动"的唯物主义是以人类的"生存"，也就是"利润"及"效用"为其根源的。借用西方经济学的话来说，即人类的目标函数就是效用最大化（西方经济学称之为"效用原理"）。

然而，如果认为人类是为了这个目的而进行生产活动即劳动的话，那么就必须存在某些作用对象（即劳动对象）。而且这些劳动对象必须是生产主体即劳动自身以外的东西。就此意义而言，这些劳动对象可以是与"人类"对立存在的"自然"。事实上，这里所说的"自然"也可以是其他人类。这种将其他人类作为劳动对象的人类活动通常被称为"服务"。例如，教育、美发、戏剧等。或者，更具体而言，人类也可以以自己的身体为对象进行"服务"，例如给自己理发或自学知识。然而，因为它们同样是区别于作为生产活动即劳动的主体（即人类）而存在的，所以也可

---

[1] 严格来说，这种"为了生存而进行的活动"还包括防御、繁殖及养育子女。其中，防御（和攻击）可被视为最广义上的"生产活动"的一部分，而生殖和养育子女则应被视为"（人口）再生产活动"。因为如果没有这些，人类就无法在历史和社会意义上存活。马克思将后者称为"生命的（再）生产"，与普遍的生产活动即"物质的（再）生产"区别开来。在此基础上，恩格斯对此进行进一步探究，在其晚年的著作《家庭、私有制以及国家的起源》一书中关于"生命的（再）生产"和"物质的（再）生产"的决定关系的说明中，至少是在议论单一配偶制社会的成立时，他是在后者对前者具有决定性作用这一框架下进行的。这是一种因果关系，即单一配偶制这一婚姻形态的形成源于将生产物作为私有财产形式继承的这一社会诉求。另外，在笔者看来，因为只有男性才能够完成狩猎，这一重要性筑成了男性优先的社会，所以理解卡拉哈里沙漠（位于非洲西南部）住民的例子也相当重要。这也是物质生产对家庭形态具有决定性作用的一种体现。此外，大西（2023）全面阐释了后资本主义时期所面临的人口再生产条件丧失的问题。

以将它们理解为是与"人类"对立存在的"自然"。当然，也可以将"自然"理解为是人造物。

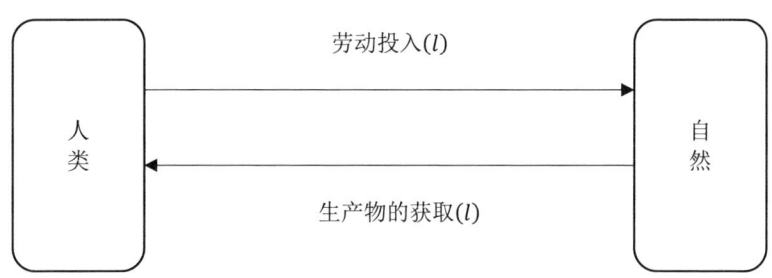

图1-1　人类与自然联系下的生产活动

因此，这里的关键点在于人类活动（即劳动）中必须有一个作用对象，这里我们称之为"自然"。这样一来，生产活动即劳动这一人类最基本的活动便可以理解为是一种有意识地构建人与自然之间联系的行为，即"人类、自然和生产"这一三方关系。而这就是本节开头中所设定的抽象人类所面临的最根源的关系。在马克思主义经济学中，这种三方关系具体被称为"人与自然之间的物质代谢"。

然而，从上述提到的"人类生存所必需的活动"这一特点来看，我们可以认为"人类、自然和生产"这一三方关系是由作用于人类劳动对象（即"自然"）的人类活动这一"生产"行为，和人类从自然界中"获取"这一行为构成的。这种关系如图1-1所示，其中加入了"获取"这一要素。

这种理解加深了我们对人类生产活动的理解。也就是说，这里的"获取"是目的，而"生产"则是方式。两者都是在"人类"与"自然"之间构建起来的联系，显然也可以理解为是一种"与自然的交易"。也就是说，想要"获取"某些东西，就必须进行"生产=劳动"。如果不想要"获取"，自然也就不需要进行"生产=劳动"。或者，更具体地说，即"要生产多少，取决于想要获取多少"。这点在西方经济学里的"边际效用/生产力原理"中也有所体现。

例如，现在，我们假定在某种情况下，

单位边际劳动投入带来的负效用
＜由追加边际劳动投入而追加获取的边际效用

在这种情况下，追加生产会带来"效用减去负效用"额度的净增长，所以人们会进行追加生产。但如果假设，追加生产所带来的"边际劳动投入的负效用"递增，或者"其带来的边际的追加获得的效用"递减的话，那么情况将有所不同。关于前者，我们可以通过想象当自由时间被削减到极限时，追加劳动带来的负效用的大小来理解；而后者，我们可以通过想象无论我们喜欢的食物有多美味，我们也不可能无限地食用下去这个事实来理解。在这种情况下，最终：

单位边际劳动投入带来的负效用
＝由追加边际劳动投入而追加获取的边际效用

而此时，如果继续增加产量的话，则会变成：

单位边际劳动投入带来的负效用
＞由追加边际劳动投入而追加获取的边际效用

这意味着生产的增加会导致"效用减去负效用"的净减少，因此追加生产这一行为将变得不合理。所以，最终人类会在：

单位边际劳动投入带来的负效用
＝由追加边际劳动投入而追加获取的边际效用

的时候停止追加生产。假设此时的劳动投入量为l，作为劳动投入量的变量的劳动

负效用为 D，由该劳动投入量所生产的产品数量为 y，消费该产品所获得的效为 U，那么就可以用以下公式来表现上述关系，即：

$$\frac{dD}{dl} = \frac{dU}{dy} \cdot \frac{dy}{dl}$$

该式子可变形为 $dD = dU$，这表明由于劳动所产生的效用和负效用的增值幅度相同。这也是效用最大化的条件，且人们通常在该条件成立时决定（对"自然"的）自身的劳动投入量。

因此，所谓的由人类主导的人与自然之间的"物质代谢=伴随劳动"而来的生产是指一种人类用自身劳作换取效用的主体性行为，它决定的是人类应该投入多少劳动这一问题。换句话说，这里所确定的是劳动投入量。因此，我们才可以通过比较这种劳动带来的效用和负效用进行论证。马克思的"劳动价值论"正是建立在以此类劳动标准化为依据，用劳动投入量来衡量商品"价值"这一理解的基础之上的。虽然劳动价值论的创始人亚当·斯密并未提到边际原理，但他认为劳动是"辛苦和麻烦"，即"负效用"。同时，他还提出劳动投入量才是"一切事物的真正价格"，即"价值"。此时，单位生产物的价值可以通过计算最优化行为下的劳动投入量（l^*）与其产出的生产物量（y^*）的商（l^*/y^*）得出。

那么，单位生产物的价值又受哪些变量的影响呢？我们可以通过将上述的劳动投入量=价值这一决定机制转化为数学公式来予以明确。要做到这一点，首先需要将上文中提到的决定劳动投入量的关系式进行特别规定。上文中提到了 $dD = dU$ 这一关系式，该式子是由消费资料消费量 y 和劳动时间 l 构成的效用函数，即：

$$U = U(y, l) \quad \partial U/\partial y > 0 \quad \partial U/\partial l < 0$$

的最大化问题。只是，需要注意的是，这里我们假设效用函数不是关于劳动时间的减函数，而是关于自由时间的增函数。这里的自由时间指每个人可以实际分配给工作和休闲的总时间[1]减去劳动时间所得的数值。把总时间记作H，劳动时间记作l，那么上述效用函数则可表述为：

$$U = U(y, H - l) \quad \partial U/\partial y > 0, \partial U/\partial (H - l) > 0$$

此时，由消费资料获得的效用和由自由时间获得的效用之间存在着恒定的替代关系，因此这里将其假设为最常见的柯布—道格拉斯型效用函数。即：

$$U = Cy^{\alpha}(H - l)^{\beta}$$

C是一个正的常数，当$0 < \alpha, \beta$时，上述条件将得到保证。此外，由于上述说明中假设两个变量的边际效用递减，因此这里我们将作同样的假设，即α、$\beta < 1$。另一方面，由于消费资料产量y是关于投入劳动量l的函数，因此假设：

$$y = Al^{\gamma}$$

成立。虽然通常我们仅假设$0 < \gamma < 1$，即基于收益递减型技术，但是此处我们也考虑存在$r = 1$的情况，其原因将在后文予以讨论。此时，上述中的选择最优劳动投入量的问题则变成了展开的效用函数$U = C(Al^{\gamma})^{\alpha}(H - l)^{\beta}$的最大化问题。

因此，我们将效用函数对l求偏导并令其为0，可得：

$$\frac{\partial U}{\partial l} = CA^{\alpha}\gamma\alpha l^{\gamma\alpha-}(H - l)^{\beta} - CA^{\alpha}\beta l^{\alpha\gamma}(H - l)^{\beta-1} = 0 \Leftrightarrow CA^{\alpha}l^{\gamma\alpha-1}(H - l)^{\beta-1}\{\gamma\alpha(H - l) - \beta l\} = 0$$

---

[1] 以1天为例，即24小时减去"必要的休息和睡眠时间"以及如"饮食、清洁和衣服"，"满足其他生理需求的时间"等（马克思）。

整理上式可得 $\gamma aH = (\gamma a + \beta)l$，因此最优劳动支出量则为：

$$l^* = \frac{\gamma \alpha}{\gamma \alpha + \beta} H$$

虽然这并非此处的关键议题，但是，该式子也可以用于说明在下列两个条件下，出现了经济史学上所谓的"勤勉革命"。即条件①：在耕地开垦困难的国家中；条件②：出现了例如香烟、茶和咖啡等新的消费品。也就说，由于条件①意味着生产函数中除劳动以外的投入要素不发生变化，条件②意味着直接消费对效用函数的影响变大，因此就数学上的意义而言，可以理解为在 A 不变的情况下 α 的值出现了跳跃（即大幅度的变动）。此时，人均最优劳动支出 l^* 上升。也就说，人们变得更加"勤勉"。简·德·弗里斯强调了欧洲前近代社会中条件②的作用。

此时单位产出的劳动量为：

$$\frac{l^*}{y^*} = \frac{\gamma \alpha H}{\gamma \alpha + \beta} \Big/ A\left(\frac{\gamma \alpha H}{\gamma \alpha + \beta}\right)^\gamma = \frac{1}{A}\left(\frac{\gamma \alpha H}{\gamma \alpha + \beta}\right)^{1-\gamma}$$

可见，单位产物的劳动量（$\frac{l^*}{y^*}$）的值受变量 A、γ、H、$\frac{\gamma \alpha}{\gamma \alpha + \beta}\left(= 1 \Big/ \left(1 + \frac{\beta}{\gamma \alpha}\right)\right)$ 影响。具体而言，可以明确以下事项：①劳动生产率 A 的提高会导致单位劳动量降低；②由于 γ 在 A 不变的情况下也表示劳动生产率，因此 γ 也会影响单位劳动量[1]；③H 原本是一个自然决定的变量，但如果家务劳动所需的工作时间减少的话，这将

---

[1] γ 的影响效果较为复杂。$\left(\frac{\gamma \alpha H}{\gamma \alpha + \beta}\right)^{1-\gamma}$ 对 γ 求偏导后通过一系列复杂计算后可得 $\left(\frac{\gamma \alpha H}{\gamma \alpha + \beta}\right)^{1-\gamma}\left[-\log \frac{\gamma \alpha H}{\gamma \alpha + \beta} + (1-r)\frac{\beta}{\gamma \alpha + \beta}\right]$。由该式可知当 γ 在 $0 < \gamma \leq 1$ 的范围内时，γ 很小时，单位价值将随着 γ 增加而增加；当 γ 接近于 1 时，单位价值将随着 γ 的值上升而减小。

实质地导致H变大。此时，由于劳动的边际负效用将减少，劳动供给量增加；从而导致生产物的单位价值上升；最后，④当γ值不变时，$\frac{\gamma\alpha}{\gamma\alpha+\beta}$的上升意味着在效用函数中闲暇的重要性降低。与$H$的情况相同，此时劳动的边际负效用将下降，生产物的单位价值将增加。

这些结果表明，价值由①和②这样的技术条件（生产函数的参数）以及③和④的与人们偏好相关的各种条件（效用函数的参数）决定。由于马克思并未对劳动的负效用进行详细分析，所以他并未解释③和④的情况，仅仅讨论了①和②的情况。然而，如果对此进行更详细地讨论会发现，$\gamma=1$的情况是最接近马克思所探讨的情况。当$\gamma=1$时，上述生产函数可以写成$y=Al$。显然，生产物每单位的劳动量$\frac{l}{y}$等于常数$\frac{1}{A}$。需要注意的是，当$\gamma=1$时，计算得出的结果也满足上述所讨论的最优化问题，且与效用函数的各种属性无关。尽管马克思忽略了如③和④这些效用层面上的各种情形，但这些情形都可以通过上述关系来解释。

这里还需要明确的一点是，当$\gamma=1$时，便不存在边际生产力递减这一情形。也就意味着没必要将所谓的"边际生产力理论"当作劳动量=价值的决定理论。对劳动量=价值的决定理论的解释只能基于边际效用原则。

其次，这种"价值"概念的确立必须等到商品经济普及后的资本主义时期。在资本主义时期，将商品经济确立之前已出现的劳动量作为衡量价值的标准这一认识早已成为人类活动的标准（"在一切社会状态下，人们对生产生活资料所耗费的劳动时间必然是最关心的"，《资本论》第一卷，人民出版社版，第88—89页）。在商品经济确立之前，有用性（使用价值）各异的不同商品间存在着共通性，在这种认识下不同商品作为"等价物"进行交换则较为罕见。因此，作为"等价物"交换依据的"商品价值"就很难成立。但即使这样，实现（作为衡量生产数量标准的）"效用"与（由必要劳动投入量带来的）"负效用"之间的平衡依旧是人类劳动的本质[1]。

在"劳动价值论"中，需要明确的关键点是：在生产过程中除了劳动之外并不存在其他物质投入。因为不同于"自然"，"人类"能够支出的只有"劳动"，而"自然"则只是劳动的一个对象。"自然"本身也在运动，比如农作物的开花结果。劳动价值论最早的倡导者威廉·佩蒂将此描述为"劳动是财富之父，土地（即自然）是财富之母"[2]。从这个意义上来说，"自然"本身确实给人类带来了"效用"。人类在认识到这一自然运动整体的基础上，对自然施加某种外力作用，从而"获取"了一些额外的效用。

或者，换一种说法，如同自然界中存在太阳促进谷物生长这一法则，人类可以通过计算，投入一定量的劳动和对应获得效用的量，来决定劳动投入量。因此，在这里，自然界的法则、运动则是既定的。唯一的问题则是：投入多少劳动会获得多少效用。就此意义而言，对于决定生产量即劳动投入量的主体（即人类）而言，劳动是唯一的投入要素，其目的是获取效用。因此，能够用于衡量人类主体性活动（即生产活动）价值的，除了劳动则别无他物。反马克思学派试图提出如"投入阳光价值学说"、"投入石油价值学说"、"投入水价值学说"、"投入土地价值学说"等一系列"价值学说"，将此与"投入劳动价值论"相提并论以混淆视听。但众所周知，阳光、石油、水和土地等并非人与自然进行劳动交换过程中的投入物，而只不过是人类劳动的对象，即自然的一部分（虽然它们各自遵循着其自身的运动法则存在于自然之中……）。如果太阳、大地和云雨等同样进行着类似于我们这里所探讨的研究对象（即"生产活动"这一主体活动）的话则另当别论。但是，上述这些活

---

[1] 这里所探讨的是在实现极高生产力水平之前的社会的情况。马克思称这样的未来社会为"自由王国"，一个"劳动是受贫穷和外在的某种特定目的迫使而进行"的社会，一个对立于"必然王国"而存在的社会。但恰恰相反的是，这也意味着在"必然王国"领域内的终极目标是"靠消耗最小的力量，在最无愧于和最适合于他们的人类本性的条件下进行这种物质代谢"（人与自然的物质代谢）。（《资本论》第三卷，人民出版社版，第928—929页）。也就是上文中所论述的最优的劳动支出。这表明，马克思也认为，在"必然王国"领域内，劳动支出的最小化（在比较效用＝使用价值的基础上）是人类社会的目标。在该段落之后，马克思继续解释到，在这个"必然王国"的彼岸是真正的"自由王国"。"自由王国"只有建立在必然王国的基础上，才能繁衍下去。且这个"自由王国"的"根本条件"是工作日的缩短，也就是所谓的实现最小化劳动支出。
[2] 马克思在《资本论》第一卷第一章第二节中也肯定地引用了这一见解。

动并不等同于人类劳动。由此可知，衡量人类生存活动的惯有标准除了劳动之外别无他物[1]。

另外，需要补充的一点是，传统马克思政治经济学通常不把"效用"定义为劳动目的。马克思认为，生产出的物品首先必须具备使用价值，并将生产活动的目的明确地定义为生产"使用价值"。但是，物品本就是为满足消费者的"效用"而被生产出来的。所以不论是哪个词语，表达的意思基本相同。但是如果硬要说二者的差异，"使用价值"虽具备表达如"很美味"、"很舒服"等这些关于质的方面的有用性，却不具备关于量的方面的性质，但"效用"中的"边际效用"一词则同时伴随着量的方面的性质。长期以来，马克思主义经济学界中普遍认为一旦使用"效用"一词，就存在否定劳动价值论之嫌，对"效用"一词的使用也较为抵触。笔者认为这其实是对劳动价值论的一种误解。也就说，他们并未正确地理解生产活动的本质是一种人类通过衡量可能获得的效用来决定劳动投入量的决策性行为。虽然人类最终获取的是效用，但与效用对等的是劳动投入量。这种理解也足以说明劳动是人类能够投入自然的唯一要素，即劳动是衡量价值的唯一标准。这样的理解才符合劳动价值论的本质。

人类、生产资料、生产——肉体劳动和精神劳动

但是，上述对人类生产活动（即劳动）的分析虽然有助于明确"人类、自然、生产"这三者之间的关系，但却较为抽象。因为人类在从事生产活动时所接触到的自然，不仅包括劳动对象，还包括如道具、机械等劳动资料。所谓的生产资料则是所有劳动对象和劳动资料的统称。劳动时所接触到的自然并非原生态的自然，我们认识到的自然大多数是人类加工改造过的自然，其展现了不同于动物的、人类劳动的本质。关于这一点，我们可以通过理解劳动资料的概念来获得明确的答案。

---

[1] 这里之所以说是"惯有标准"，是由于在人类历史的具体阶段可能存在资本家的"利润最大化"，封建领主的"剩余生产最大化"等行为。但是，这些最大化行为也只不过是基于投入劳动和效用来衡量的生产活动这一基本特征的一个特殊形式而已。松尾匡指出，价值概念是根据"石油的投入量"来衡量还是根据"水的投入量"来衡量又或是根据"土地的投入量"来衡量，都只不过是"立场的问题"。但是只要生产活动的主体是人类，则不再是"立场的问题"。因为客观上只有"投入劳动量"才是测量单位。

马克思对劳动资料的概念做了以下解释。虽然马克思特别强调了劳动资料的重要性，但却是在劳动资料体现了人类劳动力发达程度这一认识下，认为如何将劳动资料应用到生产活动中才是最为重要的。

各种经济时代的区别，不在于生产什么，而在于怎样生产，用什么劳动资料生产。劳动资料不仅是人类劳动力发展的测量器，而且是劳动借以进行的社会关系的指示器。[1]

这里，之所以可以通过劳动资料来划分时代，是因为劳动资料体现了人类劳动力的发达程度。这种认识认为人类的生产活动区别于动物生产活动的决定性要素在于是否具有制造并使用劳动资料的构思能力。

在上述引用文之前的另一处马克思的知名论述中，马克思这样解释：

蜘蛛的活动与织工的活动相似，蜜蜂建筑蜂房的本领使人间的许多建筑师感到惭愧。但是，最蹩脚的建筑师从一开始就比最灵巧的蜜蜂拥有高明的地方，是他在用蜂蜡建筑蜂房以前，已经在自己的头脑中把它建成了。劳动过程结束时得到的结果，在这个过程开始时就已经在劳动者的表象中存在着，即已经观念地存在着。[2]

引文中虽然并未出现"劳动资料"一词，但是，这里强调了人类在劳动之前，事先在脑海中已经构思好了劳动成果。更为重要的是，这种构思的形成还意味着人类在劳动之前已经事先选择好其所需的劳动手段。着手准备制作锤子的前提是脑海中已经构思好了应使用怎样的劳动手段来进行打造作业。着手准备制作弓箭的前提是脑海中已经构思好了要通过射击来获取劳动对象。人类在构思制作劳动资料这一行为意味着人类在着手生产活动之前就已经对其自身劳动有着深刻的意象和构思。更进一步地说，如果这种事先构思能力更全面、更超前的话，劳动手段也将随之发

---

[1] 马克思. 资本论（第一卷）[M]. 北京：人民出版社，2018.210.
[2] 马克思. 资本论（第一卷）[M]. 北京：人民出版社，2018.208.

生改变。基于此，马克思提出劳动资料的发展程度决定了人类的发达程度。

但是，据说一部分的猿猴也能够使用极为原始的工具。栖息在巴西高原地带，一种名为黑帽悬猴的猿猴就能用大石头敲碎坚硬的核桃外壳以便取出里面的果实。类似这种能够使用简单工具的动物还有海獭和埃及秃鹰，它们能用石头捣破贝壳或者鸵鸟蛋。以上都是它们使用石头等工具后形成的意象，虽然这足以体现这些动物具备优秀的能力，但也只是能够说明它们具有使用工具的能力而非制作工具的能力。

实际上，也有极其少数的动物会制作一些较为原始的工具。比如黑猩猩会折下树枝并撇去树叶，然后用它来掏白蚁巢，新喀里多尼亚乌鸦会把树枝做成工具去勾树干里的虫子。这些行为都远远超出了"使用工具的能力"的范畴。但是即便如此，它们所使用的工具都只不过是一些与人类工具无法相提并论的原始工具，不得不承认它们和人类在意象形成能力上还存在着不可逾越的鸿沟。马克思直接引用了本杰明·富兰克林的话，把人类比作"会制造工具的动物"[1]。他大概并未接触到上述黑猩猩和新喀里多尼亚乌鸦等特例，但是就其所要传达的意思而言，这并非决定性的问题。也就是说，工具的发展程度体现了人类的发达程度，如果仅仅只关注"程度"的话，那以上的定义并不存在任何问题。因为就发达程度而言，黑猩猩和新喀里多尼亚乌鸦所使用的工具与人类所使用的工具的发达程度是不可同日而语的。

另外，这里我们会发现上述提到的劳动工具几乎都是人造工具。不同于黑猩猩和新喀里多尼亚乌鸦，人类使用的工具几乎都是人类经过加工改造而制成的。实际上，人类发明使用工具的历史是一部和人类社会产生、发展一样漫长的进化史。

学术界存在多种关于人类起源的学说，这里我们暂且认为人类和黑猩猩的分化发生在700万年前。当时，开始两腿直立行走的乍得沙赫人已经与黑猩猩一样过着狩猎的肉食生活，但如本书第六章将会再次提到的那样，当时他们很有可能已经拥

---

[1] 在"现代"，针对该观点进行学术研究并获得成就的有肯尼斯·P. 奥克利（1959）。此后由于上述一些特殊动物的发现，该学说逐渐失去了影响力。但是随着瑞奇·史陶特2016年文章的发表而带来的脑神经学实验考古学的发展，该学说再次受到关注。瑞奇·史陶特理论也曾指出工具制作与发达促进了人类脑和语言能力以及"教育"的发展。

有了狩猎及防御的工具。那时人类已经褪去了其祖先所拥有的勾型爪和獠牙[1]（以及有利于树上生活的四肢），所以必然是靠武器进行防御。尤其在人类还未发现生火术的时代，树木的果实、豆类及谷物等无法成为人类的营养来源。在这种原始自然环境下，含有骨髓和脑的生肉便成了人类获取蛋白质的极其重要的来源。这一点也可以通过观察非洲萨瓦纳热带草原上的草食性动物、热带雨林中大猩猩的生活习性，以及测量肠胃的长度等得到佐证。

但更为重要的是，人类制作工具的行为，以及之后烹饪技术等的出现和发展，实现了超过生物演化速度的人类"进化"，并进一步促进了人类大脑的发育。不具备（或无法制造）工具的动物未形成类似身体机能的进化导致其无法实现生活方式的转变。相对的，人类进化赋予了人类制作工具的能力，而工具的改进和升级又同时促进了人类生活方式的升级。这正是上述马克思引文所要传达的意旨。即，人类通过各式各样的构思生产制造出身体以外的劳动工具，从而推进了"社会的进步"，实现了超越生物学进化意义上的社会进化。总之，这里首先必须理解工具所具有的特殊重要性。

如此，人类凭借制作和使用工具，克服了其身体构造上的制约，从而能够开展以生产活动为主的各项活动。这使得以将来的意象形成＝构思为出发点的工具制作及利用，可以由他人来完成成为可能。也就是说，制造和使用工具实现了劳动分工，即出现了制造工具的劳动和使用工具的劳动。比起类似狩猎和采集、农业和工业的分工，上述（制作和使用工具的）劳动分工更应该被视为现代分工的起源。因为，狩猎和采集的分工、农业和工业的分工只是一种通过成果互惠或交换来实现的相互获取性质上的横向分工，而制作和使用的分工则是象征着贯穿构思，以及实现从生产到最终生产物整个生产过程的一种纵向分工。这种分工也意味着精神劳动和肉体劳动分离的实现。

另外，把工具上升到更为普遍的生产资料来探讨的话，将有助于我们更深入地理解上文所提到的劳动价值论。人类对其劳动对象即"自然"的加工由两个阶段构成。第一个阶段是生产生产资料阶段。第二个阶段是利用第一个阶段中所生产的生产工具生产最终生产物，即最终生产物生产阶段。其关系可参照图1-2。

---

[1] 实际上，古人类学研究中"獠牙的缩小"被认为是人类的起源，这个观点受到了高度的重视。

图 1-2　生产资料生产和最终产物生产

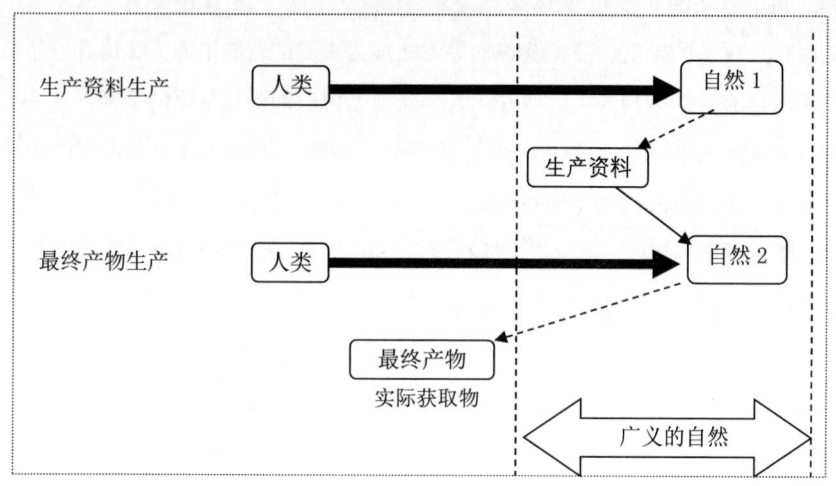

需要注意的是，这里的生产资料是人类作用于自然从而获取的产物，是自然的一部分。这里用粗线表示人类劳动投入的过程，用虚线表示从自然中获取产物的过程。由此可知，人类的生产活动归根到底是一种以自然为对象进行劳动投入并从中获取某种最终生产物的过程。即便这里生产活动被双重化，但其本质始终是人类与自然的物质代谢关系。

对这一点的理解如果不充分的话，会导致对上一节中提到的"劳动价值论"产生否定。这是由于，在生产过程中出现了两种生产要素，因此容易让人费解并导致人们忽视了生产活动的最终投入要素只有劳动这一点。在劳动价值论中，此时的单位最终产物的价值等于生产中耗费的生产资料的价值（如果用100小时的劳动生产出来的工具可以用来制造100单位最终产物，则等于100/100 = 1个小时的劳动），与第二阶段中直接消耗的劳动量（如2个小时劳动）的和（在这种情况下是3个小时的劳动）。马克思把投入最后一个阶段的直接劳动称为"活劳动"，把用于第一阶段的间接劳动称为"死劳动"或"过去劳动"。二者的总和在劳动价值论中被称为"价值"。

顺便一提，这种生产资料中所涵盖的劳动量也算作劳动投入量。这点对于理解劳动价值论来说也很重要。因为，最符合劳动价值论的情况是被视为"价值"（直接以"价格"的形式出现）的东西与"劳动投入量"成正比。生产资料在生产活动中起到的作用越重要，就越容易出现这种情况。因此，由被认为是"价值"的东西和"劳动投入量"形成一种比例关系构成的狭义"劳动价值论"被称为"投入劳动价值论"。如果称该状况为符合"劳动价值论的情况"，那么实际上这种情况很难用本书正文第6页中所示的不直接表现生产资料的生产函数来表现。如果同样引入第6页所示的生产函数 $y = Al^{\gamma}$ 的话，那么这里 γ 的值必须是1。这样一来，劳动投入带来的生产量的变化就不再是规模报酬递减，且变得不现实。然而，如果我们引入一个可以明示生产资料的生产函数，则又是另一种情况。

下文我们将试图对该原因做出解释。这里，姑且不论资本主义之前的生产方式。在资本主义生产方式下，生产资料在生产活动中起着决定性的作用。因此，下文将不再采用上述的生产函数，而将采用一个考虑生产资料投入 k 的生产函数，并简化成如下式子。关于完整的设定将在第四章详细说明。为了简要说明，这里只考虑采用流量形式表示的生产资料的投入情况。即：

$$y = A l_y^{\gamma_1} k_y^{\gamma_2}$$

此时，还必须设定生产资料的生产函数。这里假设生产资料的生产函数如下：

$$k = B l_k^{\gamma_3} k_k^{\gamma_4}$$

这里，把作为投入要素的 k 用 $k = k_y + k_k = \varphi k + (1-\varphi)k$ 来表示的话($0 \leq \varphi \leq 1$)，则该式子如下，即：

$$k = B^{\frac{1}{1-\gamma_4}} l_k^{\frac{\gamma_3}{1-\gamma_4}} (1-\varphi)^{\frac{\gamma_4}{1-\gamma_4}}$$

将其带入最终产物的生产函数后，可得：

$$y = A l_y^{\gamma_1} \left(\varphi B^{\frac{1}{1-\gamma_4}} l_k^{\frac{\gamma_3}{1-\gamma_4}} (1-\varphi)^{\frac{\gamma_4}{1-\gamma_4}} \right)^{\gamma_2} = \varphi^{\gamma_2} (1-\varphi)^{\frac{\gamma_4 \gamma_2}{1-\gamma_4}} A B^{\frac{\gamma_2}{1-\gamma_4}} l_y^{\gamma_1} l_k^{\frac{\gamma_2 \gamma_3}{1-\gamma_4}}$$

但是，这里如果我们把生产 y 所需要耗费的总劳动量用来替代 $(l_y + l_k)$，并表示成 $l = l_y + l_k = sl + (1-s)l (0 \leq s \leq 1)$。这样一来，上式则可以写成如下形式[1]，即

$$y = \varphi^{\gamma_2}(1-\varphi)^{\frac{\gamma_4\gamma_2}{1-\gamma_4}} A B^{\frac{\gamma_2}{1-\gamma_4}} s^{\gamma_1} l^{\gamma_1}(1-s)^{\frac{\gamma_2\gamma_3}{1-\gamma_4}} l^{\frac{\gamma_2\gamma_3}{1-\gamma_4}}$$
$$= \varphi^{\gamma_2}(1-\varphi)^{\frac{\gamma_4\gamma_2}{1-\gamma_4}} A B^{\frac{\gamma_2}{1-\gamma_4}} s^{\gamma_1} (1-s)^{\frac{\gamma_2\gamma_3}{1-\gamma_4}} l^{\gamma_1+\frac{\gamma_2\gamma_3}{1-\gamma_4}}$$

这样一来，可知此时，上述中关于 k 的式子（即 $k = B^{\frac{1}{1-\gamma_4}} l_k^{\frac{\gamma_3}{1-\gamma_4}} (1-\varphi)^{\frac{\gamma_4}{1-\gamma_4}}$）中，$l_k$ 的幂（即 $\frac{\gamma_3}{1-\gamma_4}$）和上述 y 式中 l 的幂（即 $\gamma_1 + \frac{\gamma_2\gamma_3}{1-\gamma_4}$）等于1。那么"劳动价值论的情况"便得以实现。而且显然，即使是在 γ_1、γ_2、γ_3、γ_4 的取值范围都介于0和1之间的（对于各个生产要素）规模报酬递减的生产技术条件下，只要满足 $\gamma_1 + \gamma_2 = 1$、$\gamma_3 + \gamma_4 = 1$（规模报酬一定的情况），那么上述情况依然成立（读

---

[1] 涵盖生产资料的生产函数中 k 是存量的情况，可以用如下公式来表示，即

$$\dot{k} = B((1-s)l)^{\gamma_3}((1-\varphi)k)^{\gamma_4} - \delta k$$

只是，这里的资本商品的生产仅在生产 y 时才被需要，因此此处仅对应生产资料折旧部分。而上述生产资料的生产函数则可以改写成如下，即：

$$\delta k = B((1-s)l)^{\gamma_3}((1-\varphi)k)^{\gamma_4}$$

就形式上而言，该式子与原本的生产函数相同。

者们可自行确认)[1]。

因此,我们可以认为,被视为"价值"的生产物素材的量与"劳动量投入量"之间的比例关系仅于生产资料在生产活动中发挥着重要作用的资本主义生产体系下才能得以现实。前一项当中提及有用性(使用价值)各异的不同商品间存在着共通性,在这一认识下,"劳动价值论的情况下"必须是具备不同商品在"等价"的情况下相互被交换的情况。就此意义而言,不同商品之所以能够进行等价交换,不仅仅是因为市场体制的建立,也缘于被视为"价值"的生产物素材的量和"劳动量投入量"之间的成比例关系[2]。

图1-3 迂回生产体系下的生产资料的使用

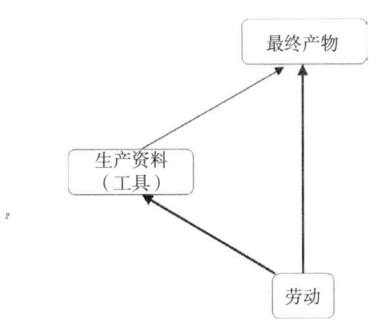

---

[1] 这一条件被称为"规模报酬不变",并被认为是一种很自然的条件设定。如根岸隆所述,马克思的某些论述看起来似乎也是基于"规模报酬递增"这一条件。但本书的立场与之相左。另外,大西(2019)通过引入最低资本要求("经营规模的固定最小限度",《资本论》第三卷第四十章)这一概念推导出各个企业的长期成本曲线,并发现各个企业的长期供给曲线呈水平状。类似的说明在微观经济学教科书中也存在,但不同于微观经济学,大西(2019)的论证以劳动力投入为标准。但无论如何,两者都证明了从长期来看规模报酬不变。另外,恩格斯在《资本论》第三卷的增补中提到不使用生存资料,仅仅依靠劳动进行生存的单纯商品生产社会的情况符合劳动价值论。这与本书的立场相反,因为本书假设仅仅依靠劳动的生产体系中劳动的投入量和生产产物之间不成比例(劳动的边际生产力递减)。

[2] 事实上,对资本主义而言,具有决定性意义的机器工业的建立摧毁了依托熟练劳动的生产体系,随之而来的简单化和标准化促进了实现不同劳动之间的可比较化的"抽象的人类劳动"的形成,进而产生了以"抽象的人类劳动"为基础的"价值"概念。生产各种商品的劳动是具体的有用劳动,为了能够假定各个不同的、具体的有用劳动背后存在着"抽象的人类劳动",则必须有这一现实情况(即基于熟练劳动的生产体系的瓦解)的发生。从这个意义上来说,"价值"这一概念也是受历史制约的(即在某个历史条件下产生)。

这种生产的二元结构可以简单表现成如图1-3所示的两个直接生产要素和最终产品，以及劳动投入之间的关系。图1-3中不仅明示了最终产品生产过程中投入＝使用了两种生产要素，从图中我们还可以看出以下两点，即①两种生产要素中的"工具"也是由社会中全人类劳动的一部分生产出来的；②社会总劳动被分为用于生产"生产资料"和生产最终消费资料。在这里，人类并非将自己所拥有的劳动全部直接用于生产最终产品，而是将其中的一部分用于为未来的生产作准备。因此，就此意义而言，我们可以将人类的生产过程理解为是一个"迂回生产"的过程。另外，虽然此处用了"工具生产"部门来描述中间过程，但更准确地说应该是"生产生产资料"的部门。虽然随着工业革命的产生，社会进入"机器化生产"时代，"生产生产资料"的部门的比重也逐渐上升。但是重要的是人类从最初开始便是"制造工具的动物"，即人类从一开始就是在进行"迂回生产"。换言之，进行"迂回生产"是人类的一个基本特质。

人类、他人的生产资料以及生产——所有权、阶级和生产关系

如此，我们对作为人与自然之间的物质代谢过程的生产即劳动做了进一步具体化的理解。如上文所述，在此过程中起着决定性作用的"生产资料"和最终产物并非同时被生产出来。正如图1-2所示的那样，生产的第一个阶段和第二个阶段通常情况下是相互独立的。因此，在生产的第二个阶段中，从事生产的人一开始便可以直接使用现有的"生产资料"。例如，木匠使用锯子和凿子。但这些工具并非是他们（即第二个阶段里从事生产的人）自己制造出来的，而是通过购买得到的。其次，一般情况下，渔民都拥有属于自己的鱼竿。这使得他们能够自由使用生产资料（鱼竿），毫无顾忌地从事生产活动。

但是，如果这些生产资料不是像锯子、凿子和鱼竿这样的小件且廉价的东西，且个别生产者都处于经济窘迫的情况，那结果又将如何呢？例如，像拖网捕鱼那样的必须使用规模较大的渔网且必须依赖集体劳动才能完成的作业。在这种情况下，渔网则不再由一个渔民单独所有，而由几个渔民共同拥有或由处于领导地位的人拥有。这种情况在工业革命之后大型"工具"即机器出现后变得更为普遍。多个生产者同时使用的机器如果不是共同拥有的话,那么就一定是由某个资本家单独占有。这种"所有权"问题是伴随着生产过程中生产资料的重要性提高而来的。

那么,在这种情况下,拥有这一重要生产资料的人和不拥有这种生产资料的人之间就会产生利益上的分歧,更确切地来说,即出现对立。这就是所谓的"生产关系"。资本主义生产下生产资料的所有者——资本家和非所有者——劳动者之间的阶级关系便是一个典型,这也可以理解成是生产过程中的支配者与被支配者之间的关系。当然,从广义上而言,在更早的历史时期,人类社会也存在类似的阶级划分。农奴制时期就存在着农民和领主围绕最重要的生产资料——土地的双重"拥有"这一独特情形。甚至在更早的奴隶制时期(在仅依靠小工具的生产条件下),奴隶被当作最重要的"生产资料"由奴隶主"支配",并"拥有"。就此意义而言,有血有肉的人不再被他人所"拥有"的资本主义社会显然算得上是一个进步了的历史阶段。但必须注意的是,与农奴制时期相比,资本主义社会下劳动者在生产资料的所有权方面是有所退步的。

事实上,在农奴制下,一半的土地所有权="下级所有权"="占有权",是由农民所有的。因此,农奴主不会对农奴要从事怎样的农业劳动作详细的指示,农民可以自由地使用土地。但是农民在享受着这种自由的同时,又不得不忍受离开土地就不能生存的这一约束=由于农民除了土地之外别无他物,农民不得不依附于土地以至于变得不自由(受土地束缚)。但一旦农民接受了这种不自由,就意味着他们可以获得生产过程中的完全自由。然而,当生产资料由资本家拥有,劳动者只能使用别人的生产资料时,情况就不同了。这是因为资本家会以"你使用我的机器的话就得……"的形式向劳动者提出各种要求。例如,资本家可以在向劳动者出租机器时要求他们支付"使用费",在雇用劳动者时制定较低的"工资",甚至对工作的强度及内容提出要求。之所以会这样是因为一旦工人拒绝这些要求,资本家就有权直接解雇他们。然而由于劳动者并不持有生产资料,导致他们在离开资本后无法生产任何商品以致最终饿死。这就是所谓的"没有生产资料就无法生产任何东西"的情况,即生产资料在生产过程中占据着重要地位,这一条件起到了关键的作用。马克思将这种条件下资本家对工人的强制权利描述为"对劳动的指挥权"(详见第三章)。这既是马克思对"资本"为何物这一问题,即对"资本"定义的回答[1],也正面地揭示了资本主义生产关系=阶级关系是指挥者和被指挥者之间的关系。

为了明确上述关系成立的条件,即①生产资料在生产过程中成为决定性因素,以及②生产资料的"所有权"并非由工人(直接生产者)支配这两个条件,这里我们必须回顾一下这些条件成立之前的时代。例如,就条件①而言,在前资本主义手工业时期,与生产资料一并使用的另一个生产要素即劳动力="直接劳动",在生产过程中发挥着更为重要的作用。在该时期,技术熟练的工匠的"熟练程度"在生产过程中起到了决定性作用。这就是之所以"工具"的所有权在该时期并未被关注的原因所在。在该时期,谁拥有"技能"及如何养成技能才是最重要的,而非生产资料的所有权关系。此时,生产的决定性因素并非在人类自身之外而以同人类对立的形式出现,而是存在于人类自身的"技能"之中。也就是说,这里问题的关键在于,它们是以与人类密不可分的形式出现的。果真如此的话,不仅是在资本主义时期以前,我们也可以借此试着展望一下未来社会。在未来社会中,就生产过程中的重要性而言,人类的个性及创造性这些人类所拥有的、与人类自身无法分割的能力将胜过生产资料,以至于生产资料的所有者在生产过程中无法持续拥有决定性的权利。而这也是笔者所设想的后资本主义社会的生产力条件。

在这个意义上,对于当下社会所面临的"免费教育"和贫困家庭的教育保障等课题并不应该仅仅视之为调整收入分配方面的政策,而必须视之为具有生产力意义的政策。

其次,条件②也很重要。笔者认为苏联、东欧应该称为"国家资本主义"(这将另行讨论)而不是"社会主义"。在那个时期,之所以"工厂长"在生产过程中不拥有对劳动的专制指挥权,是因为他们不是生产资料的所有者。换言之,"国家所有"这种模棱两可的所有权削弱了生产过程中对劳动的指挥权。在这些社会里需要有由党组织带领下的国民监督来填补这一部分的不足。反言之,其他地区由党组织带领下的国民监督也反映了生产过程中直接劳动权的薄弱。南斯拉夫的非国家主义的自主管理企业的情况也与此相同。最后笔者认为,以劳动者阶级致富为前提

---

[1] "自我增值的价值"是马克思对"资本"的另一个定义。

的,由大众化股东构成的,具有透明且严格的说明责任的股份上市制度,从更积极的意义来说存在着孕育出"生产资料社会化"的可能性[1]。

因此,当我们在探讨一个生产资料具有决定性意义,且生产资料不属于劳动者(直接生产者)"所有"的时代时,生产资料则转化为"对劳动的专制指挥权"这一权利(强制力),并导致了社会上各种碾压、矛盾和对立的产生。马克思用"劳动异化"这一概念从哲学上对该情况加以深入说明。这是因为,这里对劳动者施加强制的主体其本身是由劳动者的劳动(上一节所述的"第一阶段"的生产)所创造出来的,然而他却变成了一个独立于劳动者,且与劳动者敌对的存在。上文中,我们称用于最终生产阶段的直接劳动为"活劳动",在此我们将投入于最终生产阶段之前的制造生产资料的间接劳动称为"死劳动"或"过去劳动"。如果用这两个术语来解释的话,也可以把这种支配-从属关系描述为"活劳动"被"死劳动"支配的关系[2]。此外,上一节中我们还讨论了"脑力劳动和体力劳动的分工"的可能性问题。但这里再次对这一问题进行分析的话,由于起着决定性作用的生产资料被资本家垄断导致分工的可能性上升为必然性,那么,这种分工则变成生产资料所有者的构思与运用此构思对劳动单方面的指挥,以及被指挥的劳动者单纯地执行劳动间的一种分离。如果说拥有事前的构想形成能力是人类区别于动物的一个基本特征的话,那么我们可以认为劳动者被剥夺了这种基本的人类特征,并沦为劳动指挥者的工具。

---

1 关于这点将在第四章第Ⅳ节进行具体讨论。
2 "支配着活劳动的过去劳动。"马克思,资本论(第三卷)[M]. 北京:人民出版社,2018.55.

II. 历史唯物主义视角下的上层建筑

对自然关系中的上层建筑——国家和意识形态的生产力作用

以上，我们分析了人类本源活动即"生产＝劳动"的本质、特征及实际形态。但人类社会的诸多活动并不仅仅局限于生产活动。人类社会涵盖了包括宗教在内的思想和文化，并在某个时期以后创造出国家进行政治活动等诸多活动。这些活动可划分为"上层建筑"。虽然这些活动自身并不会生产生产资料，但它们却创造了本章中将要涉及的人类"生存"所需要的物质条件。其最初的产物是，国家成立之前的崇拜原始自然的宗教活动。

由于是"自然崇拜"，所以太阳、月亮等天体，或者山、海甚至包括动物、树木等生物都能够成为被敬畏的对象。然而正如"敬畏"一词所表达的那样，当时人们对自然抱有着时而崇拜、时而畏惧的态度。这是由于当时人类对自然的防御能力极其低下，那些自然生物还未成为人类"支配"的对象。另外，只要人类还在依靠采集和狩猎获取食物，就必须乞求大自然给予恩惠，并平息自然的怒火[1]。这样一来，乞求自然的恩惠、平息自然的怒火等行为便成了当时人类生活中必不可少的作业，是生活中的必要事项。更进一步而言，这些可以理解成是另一种"生产活动"。当然，从当今的科学角度来看，无论献上怎样的祭品也都无法改变天体运行。但是，这是现今才有的认知，以当时的认知来看，祭品是为了平息天地怒火，祭祀是决定人类能否不断获取食物的重要活动，并由此分化出了"生产活动"和"宗教活动"。即便为此需要牺牲很多人以作为祭品，此类活动在当时依然被认为是人类生存所必要的"文化的"且等同于"生产的"活动。

随着社区规模扩大，"宗教"脱离了其原来具有的"生存活动"的性质，作为服务于"社会掌控"的意识形态，发挥了重要的作用。其原因在于，不同于"生产

---

[1] 日本古代文化中的铜铎和铜剑就是典型的例子。铜铎是为了供奉神明，铜剑是为了降妖除魔。琐罗亚斯德教和婆罗门教等中存在正邪两神就与之相关。因此，人类的正邪情愫源于自然界中一直存在着人类值得感谢的及不愿接受的东西。另外，古人还遗留下了与"生命再生产"有关的，以生殖器官和其象征的以月亮为原型的土偶等文化遗产。太阳在农耕社会无疑是极其重要的，另一方面，月亮因其与"生命再生产"息息相关而被重视。

活动","宗教活动"中需要能够和神进行交流的特殊人物,即祭司。祭司不同于一般生产者,祭司执行的是左右天地的宗教行为。这就意味着祭司具有远远大于个别生产活动的生产力。因此,人们就将对神的敬畏延伸到祭司身上,祭司也因此成为在人类社会中发挥极大影响力的社会领导。他或她如果说和邻近部落开战,则战争一触即发。若是他或她需要一定的祭品则必须配齐全部。顺带一提,在南美洲的印加帝国等时期曾有过为了获取祭品的战争。可见,需要祭品的原始宗教和战争有着不可分割的关系。不过,如果这个战争是像希腊和罗马、美索不达米亚和埃及那样,以获取奴隶为目的而展开的话,那么战争本身的目的就在于形成并维持阶级社会。因此,笔者认为此时该战争的主体则是"作为阶级支配道具的国家"[1]。

但是,社会领导人的出现并不意味着"国家的成立"。笔者认为,"国家的成立"还必须建立在社会领导人的世袭化这一条件上。在还不清楚共同体内的哪个成员会当选的情况下,即便可以称之为"领导",但还称不上是"王族"。在考古学上,时常会出现和各种宝物一同被完好地埋葬在一起的幼儿遗骸。这种情况,通常不认为是出于对该幼儿才能的认可,因此可以理解为在当时已经出现社会领导人的世袭制。但是在此过程中"政治独立于宗教"也在不断地演进。

实际上,在那个时期的社会领导人不仅要为宗教活动而指导战争,还需要指导共同体去实现单纯以发展生产力为目的的必要事务(称之为"共同事务"),比如堤坝建设和森林管理。这些都不是基于信仰的行为,因此不能称之为"宗教活动"。不仅如此,直接进行此类生产活动,或为了进行此类生产活动而召开家长会,以及建设共同体成员的集合场所即会场或是广场等,也是社会领导人所必须指导的事项。只不过,重要的是,这些也被归类"生产中的必要事务",属于执行政治活动内容的一部分。这样一来,"政治独立于宗教"也变得越发明显。

农业的出现和发展加速了政治独立于宗教的进程[2]。由于农业的发展极大地唤起了人们对雨量、气温、季节变换,即时历的兴趣(如果不弄清这些的话,便无法得知该何时播种,何时收割),人与自然的关系逐渐超越了信仰的范畴,向着需要深

---

[1] 无论如何,这一阶段的宗教是以控制社会的意识形态而存在的。结果导致在很多情况下,那些衡量人与人之间关系的葬礼和祭祀也会以体系的形式慢慢地被完善。

[2] 即使是游牧民族,其最终生产的好坏也依赖于草木的生长状况。其特征是相同的。

入理解自然科学的方向发展的同时（"自然科学"独立于"宗教"），宗教的对象也从原先的自然逐渐转移到了人与人之间的关系上。人们开始不断思索例如社会应该是什么样子，人应该如何生存等这些衡量人与人之间关系的规范。自那之后，宗教则成了反映和代表各种社会形态的意识形态而得以存在[1]。

这和后面将要讨论的阶级关系有着密切的联系。代表封建社会需求的儒家思想就是一个典型例子。封建社会以家庭手工业为主要生产方式，是一个依赖劳动熟练程度的社会。这样一来，就需要能够提高劳动熟练程度的独特人际关系即师徒制。此时的熟练程度并非通过掌握近代科学知识而实现，而通过遵从师长的指示习得。因此，只有尊敬长者的长幼尊卑思想、重视"忠"的意识，才能直接地促进封建社会生产力的发展。儒教中，特别是在日本拥有很大势力的朱子学派尤其具有这一特点。因此朱子学派在促进日本封建社会生产力的发展上发挥了极大的作用。

另外，在新教伦理中类似这种宗教直接影响生产力的例子也频频可见。马克斯·韦伯分析了新教中的个人主义、企业家主义，认为这些思想在资本主义的形成中起到了决定性作用。其实，马克思也曾发表过类似的观点。马克思在《资本论》中指出"新教和自然神论"符合商品生产社会。即：

> 在商品生产者的社会里，一般的社会生产关系是这样的：生产者把他们的产品当作商品，从而当作价值来对待，而且通过这种物的形式，把他们的私人劳动当作等同的人类劳动来互相发生关系。对于这种社会来说，崇拜抽象人的基督教，特别是资产阶级发展阶段的基督教，如新教、自然神教等，是最适当的宗教形式。[2]

当然，与马克思不一样，马克斯·韦伯主张思想形成了社会，而马克思主张的则是社会形成了思想。不过后者（马克思）所强调的"社会形成了思想"中还涵盖了思想有助于社会安定这一层含义，因此也可以理解成"思想形成了社会"。那么，问题就变成了：为什么新教的影响力在资本主义社会形成时期才得到扩张呢？反过

---

[1] 宗教的发展落后于自然学科的发展，且19世纪马克思主义关于社会学科规律性认识的提出又进一步地缩小了宗教研究的领域。这也是大多数宗教对马克思主义持敌对态度的原因。

[2] 马克思. 资本论（第一卷）[M]. 北京：人民出版社，2018.97.

来说，如果在此之前已经有人提出了与新教类似的想法，但又由于其不符合比如奴隶社会或原始共产主义社会而不被当时社会所接纳（至少是未成为定论），直到这种思想符合了社会需求时才出现了推崇者，或者才被人想起。这样看来，并不是新教创造了资本主义，而是资本主义创造了对新教伦理的需求。

在日本江户时代有农、工、商推进了"佛教"的宗教改革。在当时，这并不被认为是推崇追求利益的资本主义思想，而是一种认为"以单纯服务于世间、人类的因果报应为尊"的重视劳动的思想，因此可以认为是同时契合封建制度和资本制度的思想。

接下来将探讨关于生产力和文化的关系。虽然"文化"和宗教及其相关思想有所区别，但是和宗教及其相关思想一样，如下文所述，文化不仅服务于阶级支配的正当化和改造意识形态，而且还直接地作用于生产力。例如，游牧民族的文化就极其符合游牧生活。

游牧民只有在草原上不断迁移才能饲养大量的草食动物。因此，他们不仅必须发明便于移动的房屋，还必须尽量保证家庭用品少而轻便。这点与游牧民族标榜质朴为美的生活观念相映衬。对于游牧民而言，农耕农民家中的装饰有如"垃圾"一般。这种尽量减少持有物的文化，也是一种高度重视物品通用性的文化。成年之后的游牧民将短剑作为宝物随身佩戴这一习俗延续至今正是游牧民文化的一种体现。对于游牧民来说，短剑在煮饭、吃饭甚至战斗中都能派上用场，是通用性很强的东西。随身携带用途不一的各种东西对游牧民并无益处。很明显，这种生活习惯是顺应其文化，以及生产力的特点而产生的。这样我们便自然而然地理解并掌握了"文化"的实质。生产方式决定了生活方式，其中包括了与之适应的生活感悟。不同民族所具有的文化实际上只不过体现了各自对生产、生活方式的需求。结果就是，当一个民族在顺应农业革命、工业革命从而需要改变其生产、生活方式时，也必须同时进行"文化"层面上的改革。

上述内容主要围绕"生产力的实质=性格"是如何界定"文化"这一问题而展开的。"生产力"有质与量两个方面，二者同样对文化的界定产生了深刻的影响。例如，全世界的现代人在日常生活中几乎都穿着同类型的服装，可以认为这种"文化革命"同样以生产力的发展为根本条件。也就是说，除了由于服装具有行动方便这一优势外，真正使得服装普及的更为关键的原因是纺织和服装业生产力的发展，这使得量身定制的大规模生产成为可能。例如，日本和服胸口需要对襟重叠，这是为了让穿和服的人不管胖瘦都能够穿上同一件衣服而设计的。和服后面的"太鼓结"是指为了让裙摆适合腿的长度而在背上打一个像"太鼓"一样的结。"太鼓结"也是为了能让不同身高的人都能穿上同一件和服而设计的。腰布、头巾和其他用来包裹在身体上的长而薄的布也是出于同样的需求而被设计出的。

另一个更加"令人震惊"的例子是"猎头文化"。热带地区的原始猎人直到前一段时间还保持着这种文化，该地区的生产力水平使得这种文化的出现成为必然。笔者曾经访问过"猎头族"，他们居住在马来西亚北婆罗洲的一个名为伊班族村落的部落。在那里有一个规定，即想要结婚的男性必须砍下另一个村庄男性的头颅并带回。当然，这种习俗如今已经不复存在，但可以把它理解为是依靠狩猎采集为生的人们为了限制人口而采取的一种手段。狩猎采集社会中，单位土地面积上的人口容纳能力极低，为了将人口密度控制在某个临界值内，必须限制能繁衍子孙后代的男性的数量。为了实现这一目的，伊班人将狩猎作为猎人能力的考核标准。作为猎人，他们必须赤脚进入河中与鳄鱼搏斗。而考核他们是否具备这种能力主要是通过他们能否猎取其他村庄男人的头颅来判断。

然而，重要的是，这种独特的"文化"不仅具有特殊性，而且被杀害的人并未被赋予"人权"这一概念。在这种社会中，没有人会认为那个因他人需要结婚就被无端杀害的、其他村庄的男性的人权受到了侵犯。也就是说，在那里人权概念本身要么根本就不存在，要么就是一个完全不同的概念。这里笔者想要确认的是，"人权概念"也是严格按照"生产力"来界定的。

阶级社会中的上层建筑——阶级国家与意识形态

如此一来，我们便理解了：在区别于"生产力"的领域中存在着"上层建筑"，其具有与生产力直接相关的特质。上一节中，我们还讨论了随着"生产资料"在"生产力"中所体现的重要性不断上升，且当它发展到不再由直接生产者（劳动者）"拥有"时，"阶级"问题便随之而来这一议题。而现实中的"阶级"又与构成"上层建筑"的文化、意识形态及政治直接相关。

当然，"政治"中涉及的不仅仅是"阶级"。一般而言，不同的"行业"、不同的"地区"、不同的"民族"、不同的"性别"及"世代"等有着不同利益的各个社会集团在"政治=国家关系"中都受其各自的利益所驱动。正是因此，我们首先必须从根本上认识到，人类社会成员有着各自不同的利益。在西方经济学中，人们之间的差异通常被简化为偏好上的差异，但显然这种理解欠缺对现实世界的认知。这一点在"政治"世界里显得尤为明显。

例如，作为一名研究中国的研究者，笔者曾研究过引入民主选举对中国某个地方基层社会的影响。研究中笔者发现，在引入民主选举之前无法实现个人利益的社会群体都开始为实现要求而采取行动。例如，一个大宗族推举出了一个代表其利益的候选人，并在与另一个大宗族的候选人的竞争中获胜。在这种情况下，那些以前甚至不能提的要求现在都可以通过"选举结果"来实现。可见，政治就是追求使公民社会内部无法实现的要求得以实现的一种诉求方式。正因此，这实际上与声称"工人阶级应该通过民选选出一个代表其利益的政党"的主张如出一辙。政治本就是一种追求自身利益的手段。

但是，虽说不同的社会集团在政治舞台上都是追求自己的利益，但是是怎样的社会集团也是一个问题。当然，各个"产业"、"地区"、"民族"和"性别"都在政治舞台上追求其各自的利益，但是关键在于，所有这些社会集团从根本上都涉及生产资料的所有权问题。例如，现实中存在许多不同类型的"产业"，但在现代最根本的产业对立当数农业和工业之间的对立冲突。这个问题与地域问题交织在一起，政治焦点在FTAs（自由贸易协定）的签署、TPP（跨太平洋贸易伙伴关系协定）的缔结，以及在农业保护的利弊上不断转移。而在这里，我们必须充分理解的是，至少就东亚的农业而言，可以把"农民"视为一个阶级。较之于没有直接生产资料的劳动者，农民则作为小规模土地持有者而存在。因此，农民不属于劳动者阶级，当然也不属于（作为劳动指挥权的执行者的）资本家阶级，而是独立存在的一个阶级。这种围绕利益而产生的阶级对立在"产业"与"地区"中发挥最为重要的决定性作用。

进一步，笔者还想指出的是，当代日本的"性别平等"问题也与阶级问题及劳动问题密切相关。这是由于在现代日本，完善托儿所设施的问题、护理老人的问题、正式员工长时间劳动的问题等几乎都涉及女性工作权利。更进一步来说,目前性别歧视的核心问题在于:在劳动场所中正式员工劳动的长时间化,以及对非正式员工的歧视。还有一种观点认为,两性关系和家庭关系的历史是一部对"被剥削劳动者、农奴、奴隶人口=劳动力"的强制供给的压迫关系史。

因此,这里我们首先把具有不同利益的社会群体的核心存在划分为阶级,并以此为前提展开讨论。如此一来,便大致可以浮现出关于各阶级通过不同的政治手段,在"政治舞台=国家"中追求各自利益的样子。这种冲突当然也是富人和穷人间的冲突,因为拥有生产资料的阶级一般是富人阶级。围绕累进税利弊的斗争,以及关于是否应该征收消费税、所得税还是财产税的争论,都是这种冲突的具体表现。当然,为了赢得这场利益斗争,每个阶级也会为了自己的利益而组建政党。这就使得阶级斗争一般以党派斗争、权力斗争的形式出现。

然而,构成上层建筑的东西不仅仅局限在"政治"="国家"这一领域。斗争也在文化和意识形态领域中展开着。也就是说,每个阶级在"意识形态"领域和"政治"领域都存在着自己的利益代表。以东日本大地震中的福岛核电站事故发生为契机,人们才知道至今为止到底有多少学者被雇用来推广核电。说到底,在上述那种充斥着各方利益的现实社会中,对社会"学科"或意识形态的讨论不可能是"利益中立"的。这是因为,无论提出怎样的提议,都绝对不可能让所有社会成员均等受益[1]。

关于这一点,笔者经常以当某个小村庄与邻近城市接通铁路后的影响为例来予以说明。这是由于,虽然这种交通工具的发展本身是一种历史性的进步,这是毋庸置疑的。但是,当村民能够更便捷地前往城市时,农村的购物者也将向城市流动。这可能会导致乡村小商店的衰败。因此,交通的发展有益于大多数村民,但同时也损害了一部分人(即乡村小商店经营者)的利益。只要人类社会不是由无序的、同质化的人组成的,那么所有的社会变革、所有的社会提议都只能代表这些利益冲突中单独一方的利益。如果是这样的话,每个利害关系的主体首先会为了各自的利益

---

[1] 严格来说,能够增加社会总产量或总效用的变革通常是通过对该额外产量或效用(剩余)的适当再分配来实现向全体成员的利益分配的。即建立所谓的共赢关系。相反,在无法达成该状态的零和博弈下,不同社会成员之间的冲突会愈演愈烈。经济零增长之下的发达国家就是一个典型例子。

而行动（这是本书一贯的人类观）。然而，如果他们为追求各自的利益而采取政治行动（支持政治上的利益代表者）的话，那么他们也会支持那些代表他们利益的"研究"或"思想"的代表者。作为一个生活在这样一个社会里的学者，笔者也意识到自己是具有利益代表性的。由于社会中存在着各种根深蒂固的利益关系，所以中立的社会科学是不可能存在的。在马克思主义认为阶级斗争包括经济层面的"经济斗争"、政治层面的"政治斗争"，以及在意识形态层面的"意识形态斗争"。其意义就在于此。

但这并不意味着，马克思主义理论从一开始就是偏袒劳动者阶级的理论。虽然该理解相差甚微，但是如果透彻地理解了"中立性"和"客观性"这两个似是而非的概念的区别，便能找到答案。如果用马克思自己的话来重述的话，即：

资产阶级在法国和英国夺得了政权。从那时起，阶级斗争在实践方面和理论方面采取了日益鲜明的和带有威胁性的形式。它敲响了科学的资产阶级经济学的丧钟。现在问题不再是这个或那个原理是否正确，而是它对资本有利还是有害，方便还是不方便，违反警方规定还是不违反警方规定。无私的研究让位于豢养的文丐的斗争。不偏不倚的科学探究让位于辩护士的坏心恶意。[1]

这句话其实涵盖了多层意思。首先，它阐述了资本主义经济学在某时期之前是科学的。这里马克思认为资本主义经济学者们秉承了科学精神学者所具备的"脱离私利"、"不受束缚"的态度并将其塑造成资本经济学的特征。也就是说，发挥了其代表资本家阶级利益的职能。换言之，作为科学的绝对条件即"脱离私利"、"不受束缚"这一态度在一定时期、一定条件下是服务于特定的利益相关者的，但是这并非是由于私利而产生的结果，而恰恰是由于秉承这种"脱离私利"、"不受束缚"而带来的。相反的，自资本阶级夺取了政权以后，资本主义经济学在开始为私利服务的同时也丧失了其科学性。这里，笔者更倾向于用"客观性"来代替"不受束缚"。

综上所述，就笔者自身的理解而言，马克思并非反对资本主义。马克思认为任

---

[1] 马克思. 资本论（第一卷）[M]. 北京：人民出版社，2018.17.

何一个国家都会经历必须发展资本主义的时期，这意味着在相应的时期必须支持资本家阶级。于是就有了"资本主义政权确立之前的资本主义经济学"是"不受私利束缚"的客观科学的理解。这自然也意味着马克思主义经济学是科学的。更进一步来说，即便是无产阶级获得了政权，也不意味着马上要废除资本主义社会制度。是否要马上废除资本主义制度取决于资本主义社会制度是否落后于生产力的发展。也就是说，只要资本主义制度依旧是有效的，马克思主义经济学也必须拥护资本主义。当然，如果没有认识到应该要"脱离私利"，这种"不受束缚"的客观科学，即使同样是"拥护资本主义"也会因为其方式的不同产生差异。

这里还必须再次强调，要真正做到"脱离私利"是极其困难的。从历史唯物主义的人类观角度来看，要实现真正意义上的"脱离私利"是根本不可能的。这就好比笔者作为社会科学研究者一边提倡"人人要为了自己的利益而行动"，一边宣传"科学研究者不能仅仅为了自己的利益而行动"。更重要的是，要将其客观地理解为"科学研究者也应该为自己的利益行动，以发挥（其作为）各个社会集团代表的职能"。这种理解其本身就是客观的，这么一来其本身就并不具有"利益代表性"。

如果各种领域的思想家或者学者都想成为社会集团代表（不论是可以成为还是被指定），那么为了能够成为真正的利益代表者，他就必须做到将自己的理论与"利益代表"相融。相反，由于"学者都只不过是所谓的'利益代表'"，而这种理解是基于比较包括自身在内的学者的理论后得出的，那么也就不能称其为真正的利益代表。

正因为他们无论如何都想要强调"之所以如此主张是因为站在中立的立场上思考"，所以强调这点的学者们对于雇主而言是毫无用处的，也自然无法成为利益代表的学者。这就意味着，学者不得不想尽办法将自己伪装成中立的。他们并非直接地去研究某个特定集团的利益，而是试图去创造对于任何利益集团而言都显得中立的理论，如现行的"审稿制度"、"学会奖"等此类"客观的"学术评价系统也都是为了体现这样的"中立性"而确立的。虽然这也意味着马克思学派自身也具有一定欺瞒性。

其实类似的利益代表者不仅存在于支配阶级一方，也存在于被支配阶级一方。而且，站在被支配阶级一方的利益代表者大部分是心地善良的人。因为被支配方一般都是弱者,这种想要救助弱者的心情大多是高尚的。或者是因为学者本身并非支配阶级,而只是"被雇用者",所以当他们发现自己和"被雇用者"存在共同利害时就会想要"配合"被支配者。但问题是,双方都无法"脱离私利"。从上文中提到的乡村和都市间铁路建设的例子可知,没有人会仅凭弱者遭受了损失而去反对某一政策。这其实也反映了,在资本主义的产生和发展时期,秉持着促进和维持资本主义制度这一态度的马克思学派并非是一直站在弱者一边的。笔者曾通过总结左翼主义和马克思主义的区别来阐明上述观点。这里所谓的"弱者立场"即"左翼立场"[1],既独立于"弱者立场"又独立于"强者立场",客观地分析社会则是"马克思主义"立场。图1-4明确了这一层含义。

图1-4 社会阶级及其利益代言人

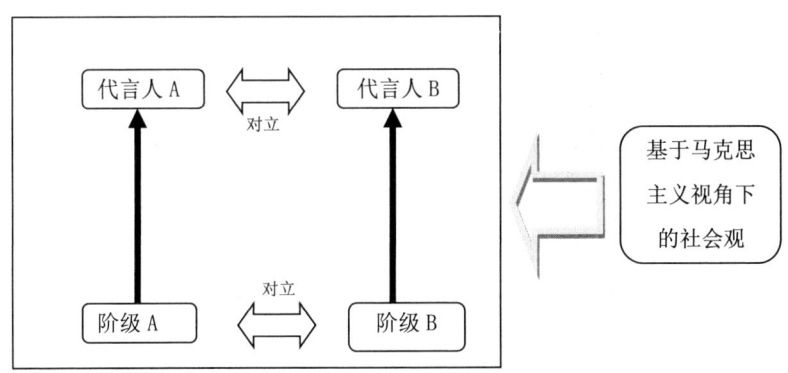

图1-4并没有特别出奇的地方,仅仅旨在说明马克思学派是从社会外部客观地洞察社会结构,而非站在图中左边框格中说"代言人"的立场上。其实大多的学者都是不具生产性的代言人,笔者曾担任京都大学职工工会和日本全国公立大学工会

---

[1] 对立于左翼的是站在强者立场上的"右翼"。上文提到的乡村和都市间铁路建设的例子中,即使是压迫弱者利益也要推进铁路建设的立场,用资本主义一般的例证来说的话,其实就是一种依靠资本家的指导性而推崇优待政策的立场。这种立场在促进社会发展上也起着重要作用,在某些时候和马克思主义社会观是一致的。这与马克思主义有时也和"左翼主义"的意见、立场相一致是一样的。只不过,问题在于是在怎样的情况下以及和哪一个立场相一致。而这必须正确地理解了相应社会的生存发展情况后才能得出答案。

联合会（全国大学高专教职员工会）的委员长，因此也曾履行过利益代表的职能。只不过并非以科学研究者的身份参与，而仅仅是一种由社会科学解释的具有社会存在性的行为。学者既是私立大学的劳动者，也是公务员，不论其是男性还是女性，不论其来自何地，在社会上只要他/她是站在追求自身利益的立场上，那么作为一名科学研究者，无论其学术研究如何客观，他/她也必须为了其自身的利益而行动。因此，所有的学者们无论其是多么忠诚的马克思主义者，也不能确保其全部的主张都是为了客观科学研究而展开，这又使得事情变得更为复杂。

进一步而言，上文提到利益代表者在发挥作为利益代表者的社会职能之余，还必须宣称其主张是客观且科学的（虽然笔者在担任工会委员长时并没有强调这点）。显而易见，任何社会集团都对此类客观认知敬而远之。而这也是实现客观的社会科学研究之所以困难的根源所在。如果能够一边主张"这样的主张是客观且中立的"，一边又能成为利益代言，那当然是值得庆幸之事。但是如果是秉持"这个并不具有科学性只是单纯地为利益而代言"的论调，则无论多么极力地强调都不会被接纳。因为这个论调本身就是软弱无力且有时还是有害的。因此，马克思学派客观且科学的意识形态下的认知即便能够成为攻击其他代言人的有利论据，其自身也无法作为自己利益的代言人。所以，马克思学派有时会有意无意地排除维护包括劳动阶级在内的社会弱者利益的左翼势力。因此，真正客观的科学研究本质上是不存在为特定集团服务的，最多就是在某个特定社会集团要批判其对抗意识形态时，为了批评其对立意识形态而被采用。最终，这使得真正客观的社会科学被赋予了"若无孤高的精神则无法维持下去"这一本质。现今社会强加给大学和学术领域一种名为"对社会有用"的压力，这其实是十分危险的。所谓的"有用"大多数场合都是要有利于某些特定社会集团。因此，这样的压力将使得原本客观的科学研究空间变得狭隘。社会科学和自然科学一样，旨在客观地揭示研究对象规律的活动，其有用与否则应另当别论。因为社会科学研究不管其是真理与否，是事实与否，拥有怎样的社会含义，都是独立存在的。在这种意义上，马克思学派所强调的社会科学其实是把"科学"（独立于"有益性"）当作具有价值的东西来理解，将其视为一种科学主义存在。

阶级国家和意识形态的生产力特征

通过上文所述，可知"国家＝政治"和文化、思想、意识形态具有来自"生产力的直接规定性"与"阶级关系的规定性"的双重规定性。那么，这两种规定性又存在着怎样的联系呢？虽然表面上看这两种规定性是相互对立的，但实际上后者（来自"阶级关系的规定性"）是作为前者（来自"生产力的直接规定性"）的衍生物，二者密不可分。

也就是说，首先"阶级"的产生反映了生产过程中"生产资料"起着决定性作用这一生产力状况，更为重要的是，涵盖着这种阶级关系的生产关系必须适应各个时代。上述中，适应资本主义制度的时期必须坚持资本主义，适应农奴制的时期必须坚持农奴制。这也表示，应该拥护资本家阶级、农奴主阶级作为各自所处时期的领导阶级。就此意义而言，处于支配阶级的文化、思想、意识形态层面上的代言人在生产力发展方面也发挥着积极的作用。比如，资本主义制度下，如果指挥劳动的人们不具备进步性，就无法实现生产力的发展。也就是说，积累至关重要的生产资料的阶级如果不进步，就无法实现生产力的发展。即，支配阶级的利益拥护者不仅仅是为特定阶级的利益做贡献，同时也间接地为整个社会做出了贡献[1]。这便是为何时而会有一些"认真的"（也可以说是"脱离了个人利益的"）学者主张这些间接贡献于整个社会的政策。

但是，即便如此，代表被支配阶级利益也未必一定是反生产力的。也就是说，在从奴隶制到农奴制，再从农奴制到资本主义制度的转换过程中，直接生产者（被支配阶级）的人格独立性有着明显的进步。因此，可以认为推进这种人格独立性所做的努力是具有历史进步性的。或者说，在上文中也略有涉及，生产要素在生产过程中占据至关重要的地位。假设人类能够从自身之外的生产资料中夺回这一地位，那么重要的备选项则会是个性、创造力这些人类能力。为了促进人类能力的发展，则必须提供足够的工资并缩短劳动时间。虽然这些有时是资本家通过自发的经营改革实现的，但是大多数情况还是来自劳动者的压力方得以实现。就此意义而言，来

---

[1] 关于这点，马克思通过下述文字进行了解释。即"在这个直接处于人类社会实行自觉改造以前的历史时期，人类本身的发展实际上只是通过极大地浪费个人发展的方法来保证和实现的"（马克思. 资本论（第三卷）[M]. 北京：人民出版社，2018.103.）。

自左翼及被支配者的压力也会促使生产力出现历史性的进步。

因此，一般而言，人类历史的进步不仅需要支配者的利益被代表和推动，同时还需要被支配者的利益被代表和推动。可以将此理解为，这两种推动力像两个向量形成了90度角的弧度并分别向着不同方向延伸，其合力最终推动了人类社会的进步。

实际上，这种存在于上层建筑中的不管是"生产力"还是"阶级"的问题，本质上与过去围绕国家的本质规定所展开的议论相同。因为，就国家而言，国家的"公共性职能"与"阶级职能"是相对立的，从本质上来看前者是"公共国家论"，而后者是"阶级国家论"[1]，两者是相克的。

但是，由上述可知，这并不是说"阶级性"的东西就不具"生产性"。因为在人类必须构建阶级的时期，"阶级性"（比如支持资本家进行资本积累）也具备"生产性"。如果这样的话，那么"阶级性"即为"公共性"。特别是，如果这里把"国家的公共职能"理解为是对产业基础设备的公共投资的话，就更能够解释这种"阶级性"即为"公共性"的内涵。因为公共投资的的确确具有"生产性"，但由于它又属于"产业基础设备"，所以也具有了"阶级性"。"公共国家论"在另一方面强调国家在行政上的社会福利，就笔者来看也是具有"生产性"的。因为社会福利确保了劳动者的再生产。从这个角度来看，"公共国家论"不应该将是否具备"公共性"视为问题，而应该把"生产性"当作问题予以研究。

总之，这里主要强调的是具有"阶级性"的事物与具有"生产性"的事物并非相互矛盾。

---

[1] 马克思主义将由特定阶级掌握国家权利的状态称为"阶级专政"。比如关原之战中，独裁者从丰臣家族变为德川家族。但是这种权利的转移仅仅只是发生在"武士阶级"内部。这一维度上的国家的性质可以通过"阶级专政"的概念来理解。

III. 何谓基础决定上层建筑

上层建筑的反作用以及相对自律性①——政治运动中的相对自律性

其次,历史上,阶级国家在决定经济基础的同时也相对地保持着自律性。关于这点,我们可以通过博弈论对政治革命产生的条件的论述来予以说明。这样便可以借助模型来分析(即便是占多数派的,或是由于占多数派而导致无法团结的)被支配阶级在什么样的情况下会为了政治革命而团结起来[1]。

为此,首先把"多数的被支配阶级成员"数量简单地设定为2人,并假设他们面临两种选择,即要么团结一致对抗支配阶级,要么选择搭便车(即不团结)。用博弈论来表示的话,则如下表1-1所示。各个框格里的两个数字中,第一个表示被支配成员A的利得,第二个则表示被支配成员B的利得。就表1-1而言,虽然团结一致时二者所获得的利得均大于搭便车时所获得的利得,但是在该利益构造下不论对方采取怎样的态度,对于另一方而言都是选择搭便车(对方即便想要团结但还是选择了搭便车,或者对方若是选择搭便车则自己也选择搭便车)更有利。因此,此时,在(团结×搭便车)×(团结×搭便车)这4个组合中,(搭便车×搭便车)这一组合将成为社会性选择。此时两个构成成员的利得都为60。由于该数值小于团结时双方所获得利得即68,所以可以认为该情况是"社会困境"的一种,即"囚徒困境"。也就是说,在这种情况下被支配者无法团结一致,即使他们一直处在蒙受损失的状态,也无法从中逃脱出来。

表1-1 被支配阶级成员无法团结的情况 (囚徒困境的场合)

		被支配阶级成员B的选择	
		团结	搭便车
被支配阶级成员A的选择	团结	68, 68	54, 81
	搭便车	81, 54	60, 60

---

1 此处灵感主要来源于武藤(2015)的模型。

表1-2　被支配阶级成员间出现革命家和搭便车者的分裂的情况（懦夫博弈的场合）

		被支配阶级成员 B 的选择	
		团结	搭便车
被支配阶级成员 A 的选择	团结	104，104	<u>72，108</u>
	搭便车	<u>108，72</u>	60，60

　　只是，某种意义上，现实中还存在着比表1-1所描述的情况更为糟糕的情况。该情况可以用表1-2所示的利益构造来体现。此时，因搭便车引起的损失将更加惨痛，因此会出现即使对方选择搭便车但自己还是会为了阶级的利益而义无反顾地选择站在坚守方（即"团结"方）的情况。这是因为比起选择无视阶级利益而导致自己利益下降（变为60），单从为了自己而努力这一点来看，选择站在独自为阶级利益努力的立场上是更有利的（利得增至72）。这描述了被称为"懦夫博弈"的博弈状况，此时各个成员都盘算着尽量让他人去为阶级斗争而战，自己则从中渔翁得利。不过，如果其他人无论如何也不愿意参与到战斗中而只能自己进行战斗时，由于自己不得不进行战斗从而加深了对支配者的仇恨。"不团结"则意味着会产生真正意义上的"搭便车"，实际上当今日本的工会运动等与此情况相近。

表1-3　被支配阶级团结一致发动革命的情况（无问题状况）

		被支配阶级成员 B 的选择	
		团结	搭便车
被支配阶级成员 A 的选择	团结	<u>160，160</u>	100，150
	搭便车	150，100	60，60

　　但是，也会出现被支配者阶级团结起来颠覆社会体制的情况。这将是如上表1-3所示的另一种利益构造。此处，因为团结所带来的利得的改善程度非常之大（双方利得都变为160），所以对于原本想要搭便车的一方来说，放弃搭便车=团结

起来，则显得更有利。也就是说，这意味着过去之所以存在被支配者团结一致进行革命的情况，是由于在当时存在着与之相应的"因革命所带来的好处"。所谓的体制转换是顺应历史要求指的应该就是这种状况。而且，当这种状况发生时，原本从未团结在一起的被支配阶级开始选择团结一致。这种情况下，双方做出同样的选择（即团结）从社会的角度来看也是合理的选择（社会的总利得为160 + 160）。就此意义而言，这种情况摆脱了"社会困境"，一般被称为"无问题状况"。

表1-4 被支配阶级成员满足现状不发动革命的情况（无问题状况）

		被支配阶级成员 B 的选择	
		团结	搭便车
被支配阶级成员 A 的选择	团结	56，56	48，72
	搭便车	72，48	<u>60，60</u>

其次，还存在其他类似这种各个构成成员毫不犹豫地做出同样选择的情况。如表1-4所示，即比起两者都选择团结（此时二者的利得分别是56，56），同时选择不团结而是协助支配者的状态（被支配者阶级内部不团结＝选择"搭便车"）对于二者来说更有利（二者的利得均增至60，60）。大致而言，这种情况就好比是当下的社会体制基本上运作健全，即使是发动革命推翻它也无法获得任何益处。更严谨地说，实际上这种情况下可以通过让对方选择"团结"而自己选择搭便车以获得最大的个人利益（72）。但是，由于双方都可以做出这种选择，因此最终会出现双方同时选择搭便车的情况。只是，对比表格左上角的情况（即双方都选择团结）来说，双方同时选择搭便车的情况对双方均有利。虽然结果与表1-1不同，但是就此意义而言这种情况也可以被划分为是"无问题状况"。

如此，可知被支配阶级成员的团结/搭便车问题是由其利得构造决定的。为了更明确地阐释这一点，与上文中将利得构造具体数值化不同，下文将通过一般的数学公式对其进行论证。这样一来，整个问题就成了如何巧妙地表现革命运动所引起的支配阶级的让步与参加革命运动所花费的成本之间的问题，比如可以基于表1-5所示的构造来进行分析。这里，把革命前的两个成员的利得用S表示，此外把由一个人参加革命给被支配阶级成员所带来的社会利得改善用F来表示（该值与运动参加者的人数成比例增加。大致来说就是，若一个人参与运动将带来"社会改良"，两个人参加运动则会引起"社会革命"）。另外，由于"革命运动参加的成本"是因私人时间被用于革命运动导致的个人利得的缩小，个人时间被分割为活动，这里引入h来表示利得缩小率（$0<h<1$）。实际上，上文中的表1-1、1-2、1-3、1-4是在假设$S=60$、$h=2/3$的前提下，分别带入$F=21$、48、90、12得出的数值。结果证明，革命运动发展的程度是由$1-h$所表示的各人参与革命运动所花费的成本和革命运动所带来的社会改良/社会革命的利益F之间的平衡决定的。换言之，由这些因素所决定的$(h(S+2F), h(S+2F))$与现状(S, S)之间的大小决定了革命其社会性的正当与否。而这又决定了对于社会成员个人而言革命的正当与否。仔细观察可知这两个数值越大的话，则革命越有益。

表1-5　决定被支配阶级成员团结/不团结的利得构造

		被支配阶级成员 B 的选择	
		团结	搭便车
被支配阶级成员 A 的选择	团结	$h(S+2F), h(S+2F)$	$h(S+F), S+F$
	搭便车	$S+F, h(S+F)$	S, S

实际上，上述四种情况的差异是由于S所处的情况不同而造成的。具体而言，即：

情况①$\frac{2h}{1-h}F<S$时，则为表1-4中因满足现状而形成的无问题状况；

情况②$\frac{h}{1-h}F < S < \frac{2h}{1-h}F$时，则为表1-1中由于众人不团结而陷入囚徒困境的情况；

情况③$\frac{2h-1}{1-h}F < S < \frac{h}{1-h}F$时，则为表1-2中出现革命家和搭便车（成员）之间分裂的懦夫博弈的情况；

情况④$S < \frac{2h-1}{1-h}F$时，则为表1-3中全员团结一致而促使革命成功的不存在问题的情况（当h小于1/2时该情况不存在）。

上述结果就历史唯物主义视角来看意味深长。虽然，情况①和④中社会成员在"社会运动＝政治"上做出的正确决策促成了全社会所期待的经济状态，单就这一点而言，它契合了经济基础与上层建筑之间的关系。但是，情况②和③却与之不符。也就是说，在某种条件下上层建筑无法反映经济基础的要求，换言之，这种结果反映了上层建筑具有独立于经济基础的相对自律性。这表明了社会变革虽然属于客观要求，但它却未能在政治层面引发革命。由模型可知，这种情况之所以会发生，是因为人们所期待的革命后状况的改善程度仍然小于革命所耗费的成本。也就是说，它揭示了革命胜利必须建立在要么现状特别恶劣，要么革命运动成功的成果非常丰厚的前提下。用马克思主义的话来说就是必须建立在社会矛盾深化程度相当严重的前提下。

如果是这样的话，支配阶级也许会提高表示参加革命运动的成本$1-h$的值。比如，可能会对工会参与者的工资或者是雇用上实行差别对待。另一方面，即使向新体制转换是全社会所期待的，但是只要劳动者个别的决定无法促成革命成功的话，那么就会阻碍劳动者自由地进行个别决定，而集体选择以正当的形式对集团强制和革命组织的支配的可能性将增大。在这种情况下，暴力革命出现的可能性也会变大。这可以被认为是包括法国大革命及美国独立战争在内的几乎人类史上所有的革命都发展成暴力革命的原因所在。如此，在该时期支配阶级和被支配阶级同时变得暴力，那么社会将普遍呈现混乱状态。越是斟酌包括此类社会运动在政治上的各种现象，"上层建筑具有独立于经济基础的相对自律性"就越显而易见[1]。

其次，笔者把上述仅由两个成员构成的模型扩展为含N个人的模型，揭示了成员之间的团结将随着成员数量的增加而变得困难。同时，阐明了以过半数通过为准的政治体系（即"过半数政治"）的导入会使得成员之间的团结变得更为困难。马克思主义政治学中的"少数派革命理论"和革命党论、意识形态的外部灌入理论、工农联盟理论、与工会以及市民团体的协作理论等多数的非"过半数政治"的政治理论都是在意识到成员之间团结的困难这一前提下被提出的。

---

1 以上是关于"社会运动"是如何对应经济基础的解释。作为上层建筑的一部分，"国家"从支持既存的支配阶级的政策到支持新的支配阶级的政策的政策转换过程也可以通过设定类似的利益构造来分析。比如，用 A 表示"土地政策"，B 表示"税收政策"，此时即使最初这两个政策都是支持既存支配阶级的政策，但可以确定的是伴随着经济基础的变化，会出现其中之一的政策向支持新的支配阶级转换的阶段，以及两个政策同时向支持新的阶级转换的阶段。在这种情况下，如果用与本项相同的符号来表示的话，各个阶段的国家的利得则可以表示成如下形式。即：

两个政策都同时支持既存支配阶级时的利得	S
仅其中的一个政策支持既存支配阶级时的利得	$h(S+F)$
两个政策同时支持新的支配阶级时的利得	$h^2(S+F)$

最后一行中，h会变为h^2是由于这里假设由政治变化所带来负的影响是双重的。此时，虽然存在$h(S+F) < h^2(S+2F)$和$h(S+F) > h^2(S+2F)$两种情况，但不管是哪种情况，

①只要$S < h^2(S+2F)$时，即$S < \frac{2F}{1-h^2}$时，国家颁布的这两个政策都同时转向支持旧的支配阶级的利益；

②如果$h^2(S+2F) < h(S+2F)$且$h^2(S+2F) < S < h(S+2F)$，即$\frac{2F}{1-h^2} < S < \frac{F}{1-h^2}$时，国家颁布的这两个政策中的一个将转为支持新的支配阶级；

③不符合以上任何一种情况，即$max\{h(S+F), h^2(S+2F)\} < S$，即$max\left\{\frac{F}{1-h}, \frac{2F}{1-h^2}\right\} < S$时，国家颁布的这两个政策将同时用于支持新的支配阶级。

归根到底，如本项所述，随着现状S的状况的相对恶化，政策变更也将循序渐进。其次，在这种情况下，虽然①和③阶段中国家的阶级性特征很明显，但是在②这一过渡阶段国家的阶级性特征则较为模糊，相应地，这体现了国家具有独立于经济基础中的阶级关系的自律性。马克斯·韦伯认为帝政末期的罗马是独立于社会的"服役纳贡国家（Leiturgie Staat）"，这是在从"奴隶制国家"向"农奴制国家"过渡过程中出现的一个典例。另外，在②这一过渡阶段，要先变更哪个政策取决于各个政策对应的不同的和值的大小。但无论如何，这里试图确认的是这种情况下上层建筑自律性会显现出来。

表1-6　解释世界体系中霸权国家交替的模型

		小国 B 的选择	
		与新兴霸权国家步调一致	与旧霸权国家步调一致
小国 A 的选择	与新兴霸权国家步调一致	$h(S+2F), h(S+2F)$	$h(S+F), S+F$
	旧霸权国家步调一致	$S+F, h(S+F)$	S, S

最后还要提及的一点是，该模型也适用于"经济层面国家之间的平衡反映了政治层面的平衡"，从而说明了经济基础决定上层建筑的模型也可以得以适用。例如，参考表1-5，我们可以将被迫在 U、C 两个大国之间做出选择的小国的行为改写成如表1-6。这样一来，在权衡倒戈新兴霸权国家 C 所获得的利益（比如对旧霸权国家的"贡献"不变）和损失（新增加的负担）后，各个小国家采取行动的结果将会导致政权的更替。该模型的关键在于，模型中选择新兴霸权国家的小国家的数量多少将会改变"新兴霸权国家的恩惠"。这里我们假定这种恩惠仅在支持新兴霸权国家 C 的国家数量增加时才会惠及给非霸权国家。这就是所谓的霸权体系。总之，从结果上看该模型证明了在正常的霸权国家更替的过程中也会出现如上述情况②和③那样不安定的时期。人类在霸权国家更替期经历了包括战争在内的多数混乱，但是这通常会以情况②（各国由于不肯舍弃旧霸权国家而产生的损失）以及情况③（世界中两大势力圈之间分裂并对立）的形式显现出来。这便是现实[1]。

上层建筑的反作用以及相对自律性②——意识形态的中立外观

上层建筑的相对自律性不仅仅局限在政治活动领域，还存在于思想及意识形态层面上。比如，各民族的（既定的生产方式下）生活方式经沉淀形成"文化"时，为什么人们会将此认为是"文化"呢？前面提到的重视游牧民质朴文化的例子中，即便一开始并未向子孙们传达"质朴为重"这一文化，这种生活感触也会在各个世

---

[1] 与社会运动模型扩展为个人的模型时一样，该模型也可以扩展为含 N 个国家的模型。在这种情况下，通过模型可以分析出有几成的国家是支持旧霸权国家，而又有几成是支持新兴霸权国家的。

代的反复琢磨中理所当然地被接受并形成一种习惯。相反地，对给各个世代以及个人的灌输则成了对生活感触的一种强制。在社会体制急速变化的时期，这样的摩擦在世代之间经常发生。

这里我们假设当下是一个社会体制变化不那么激烈的时期。此时，为了形成一种文化，各个世代、个人总归会获得一定的生活感触，我们将不断摸索所耗费的成本忽略不计的话，则这种生活感触可以被理解为流传给后世的智慧。"保守"就是以这样的一种形式继承"先人的智慧"而体现自身价值的态度。但是，这是以一个基本没有变化的社会为前提，比如从游牧社会发展到资本主义社会，那么相应的文化也必须发生转换，此时就必须为"文化的革命"做出相应必要的努力。相反地，也存在"文化"对经济基础变化起到"抑制性＝保守作用"的情况。这意味着文化也具有独立于"经济基础"的自律性。

举一个稍微不同的例子，比如存在意识形态的中立性。之所以要追求这种外在表现，是因为必须隐藏意识形态的本质，即充当利益代言人这一自身的特征（而且，从结果来看意识形态作为利益代言人起到了有效的作用）。总之，其结果是导致意识形态必须在可能的范围内保持"中立"。为此就必须深化意识形态独立于"经济基础"中的阶级利益的相对自律性。

而且，同样的关系也存在于国家的"阶级性"和"公共性"二者的关系中。因为如果缺少了"公共性"这一外在表现，就无法充分发挥阶级性的功能。这样，"公共性"作为外在表现相对自律地发挥作用也成为可能。

接下来将从"正义"这一维度对上述内容进行统一地探讨。也就是说，当我们谈到例如"必须保护这一文化"、"必须获得这一权利"、"不要杀人"又或者是"弹劾贪官污吏"等时，都可以将之概况为是出于要求停止做出"不当为之事"而追求"当为之事"这一心理。关于"should"（德语中的sollen）的探讨，不同于"从中可以获利与否"这样的关于利益的探讨。如本书中所探讨的唯物主义理论那样，所有的人类行为都可以归根于对"利益"的追求（而且，肯定其为人类的一种生存方式）。以追求"利益"为目标而发展而来的人类社会在各种各样不同的利益关系之中不仅催生出了一种"意识形态"的东西，而且还创造了"文化"。而这些则成了"正义"的依据。也就是说，可以将上述所提到的相对自立且自律的观点统称为

"正义"。"正义"的对义词则是"利益"。

实际上,将"正义"这一观念置于仅"把'利益'视作'利益'即为正义"这一框架来主张的话,依据略显单薄。"正义"应是一种由某种"客观的"、"公平的"、"中立的"理论构成发展而来的、由人类社会志向性所形成的观念,来反映社会的发展。

如本章前半部分所提到的,社会科学研究者必须是"客观的",不能为了私利而从事社会科学研究。为了能够做到"客观",必须严格规诫自己追求利益的态度,而且思想必须是自由的。因为这种态度要求我们用"绝不能歪曲真理"进行严格的自我锻炼,所以这种心理与重视"正义"的一神教相通。某种程度上马克思列宁主义可被视为是只有在一神教世界中才能产生的意识形态〔在马克思学派中将这个意识形态与为了正当化利益而存在的意识形态(即"虚伪的意识形态")区别开来,并称前者为"科学的意识形态"〕。

但是,即便如此,必须说明的是"正义"是以正当化"利益"为目的而存在的。表示"利益"、"正义"二词的英语单词清楚地表示了二者间的关系。把单纯的"利益"解释为"正义"(Justice),就是一种"正当化"(Justify,Justification)。Justify的意思是指使本来并非如此(不正当的事情)的东西变成Justice(正义)。

实际上,在现在的"马克思主义学派"中有一种"正义论"(也被称作"规范理论")的趋势正在流行。如果把本应该被提倡的东西仅仅局限在了"劳动者的利益",那么就会显得太微弱。此时,应该构建一个更加"客观的"理论体系。笔者对此持同感,但又不敢完全苟同。不敢完全苟同的理由是,上面所说的"正义"只不过是把原本作为"利益"的东西进行了如此这般地解释。这里应该重点强调的是社会的本质只不过是"利益"与"利益"的互相碰撞。因为如果想要批判资本家的意识形态,与其在内部对其进行批判,揭露出资本家"实际上他们的主张只不过是为了把利益正当化"这一本质则显得尤为重要。这就是所谓的马克思主义学派的社会观。

但即便如此,还是有让笔者产生共鸣的地方。即其揭示了①存在某种"客观性"的意向,以及②社会集团间的利益斗争若仅仅只停留在"利益"层面进行是完全无济于事的,应该在"正义"的层面上进行斗争。此类研究在日本也很流行,这反映了人们已经开始渐渐认识到这种理论的必要性。根据上述的理解来看，这也算是一种社会进步。

资本主义人格和后资本主义人格

这种"利益"和"正义"的问题在劳动现场中表现得更为具体。

当然，人们都是为了生活而工作（即为了"金钱"="利益"而工作），但确实存在一部分人超脱了谋利的境界，完全专注于工作。优秀的工匠们对工作的热情就是很好的体现。"匠人精神"具有不同于"利益"的志向性，从而可视为上文提到的"正义"的一种表现。对于匠人而言，若匠人的工作姿态会因赚钱和不赚钱而改变的话，那么就称不上是"正义"，因为不论如何身为匠人都应该认真地、全心全意地工作，这样才称得上是"正义"。

但是，一般人还是"为了生存而工作"。也就是说，为了"利益"而工作这种想法不应被否定，而是应该更理智地追求利益，一旦遇到更好条件的工作则应当立马更换工作。也许人们对这样的工作态度不抱敬意。但西方经济学教科书理所当然地认为同样是劳动，人们更倾向于选择更高工资的职位。当然，只要马克思主义经济学中的人类观隶属于唯物主义范畴，那么这种认知基本成立。但是，即便如此，试想一下，唯物主义论具有各种维度，有契合资本主义社会体系的人类行为方式，也有契合封建主义社会体系的人类行为方式，还有契合共产主义社会体系的人类行为方式，这样一来就变得复杂了。

正如马克思在《共产党宣言》中提到的，不断变化才是资本主义的本质，资本主义要求人们能够不断适应变化。这不仅需要大量劳动群体（他们接受过能够应对不同生产过程的一般性教育），同时还需要既能够引导产业不断更新又能够适应这种更新的人才。为此，资本主义社会就需要有能敏锐发现并投资新兴产业的企业家，和能够不断跳出旧产业转向新产业的劳动者。当然，这些人既不会向旧雇主宣誓效忠，也不会向竞争对手表现"仁义"和"道德"。也就是说，资本主义寻求的既不是"忠"，也不是"仁"和"德"，而是能够理性地追求"利益"的人格。只有这种（能理性追求"利益"）人格才被资本主义所需要。

但是，不追求"变化"且以"安定"为本质的封建社会制度所需要的却是完全不一样的人格。在没有变化的时代里"敏锐的嗅觉"一无是处。这样一来，与其去关注几乎不存在的社会变化，不如去追求将自己的工作当作"天职"并全神贯注于去"完成"的"工匠精神"。其次，因为"匠人"的熟练程度的养成要求与师傅保持亲密关系，所以相应的经济体也必须是小规模的。为了"安定"及维持这个"规模"，就必须限制行业竞争，遵守"业界秩序"。在这个时代备受推崇的儒家思想就代表了这种"重视秩序"的意识形态。

其实，这种"安定"也是"资本主义之后的社会"即共产主义社会的特征。这点在本书的第四章会进行详细说明。在这种意义上，这种"匠人精神"有可能会在新的历史条件中再次彰显意义。

这里可以举出如下的例子予以说明。在以"变化"为本质的资本主义社会，需要敏锐察觉这种变化以及应对变化的能力。但当变化不存在时，专心踏实地追求产品品质的"匠人精神"则变得有效。这种精神也将反映"只要生产好的产品终究会得到回报"的人生观。日本在贯彻"精密制造"后实现了经济上的成功，实际上正是遵循这样一种人生观使得超高品质的产品得以提供。

实现经济高度成长后的日本经济并不是没有变化，当时金融、汽车及家电等下游产业部门变化迅速。与此同时，农业[1]和零件等制造业的变化则显得较为缓慢。从事这些产业的"匠人"们不论是栽培橘子还是苹果都只关心如何能使其变得更加美味，或者是一味关注应该如何提高既定规格零件的精度。于是，他们所生产出的超高品质的产品不仅支撑了日本的产业，而且改善了匠人们的生活水平。在这种情况下，也许人们秉承的是"只要认真工作终究会有回报"的人生观。身处变化激烈的部门、变化激烈的社会，敏锐地去适应变化对于实现自身利益尤为重要，但这和适应"安定"的部门和时代的生存方式迥然不同。在这种意义上，不同的产业部门

---

[1] 这种表达虽然容易让人产生误解，即认为农业通常变化很小，但是事实并非如此。战后的土地改革虽然避免了日本农业本应发生的激烈变化，但是中国的现代农业当下却处在"现代化农业"的变革之中。大概20年前笔者参观了宁夏回族自治区周边新兴模范农业。在那里，"集团化"的农民们在市场经济的潮流中努力寻找如花卉、葡萄这样的"畅销"农产品，通过种植不同的作物致力于扩大附加价值。在经济高度增长前，中国还处于贫困状态。当时，因为一般民众不会购买花卉，所以除了种植小麦、大米、玉米及高粱等主要谷物外，人们别无他想。但是，今非昔比，当下需要的是顺应激烈变化的农产品需求的"敏锐的嗅觉"。当然这种激烈的变化并不是一直存在的，因此在数十年后又将出现对不同状态的诉求。

和时代下培养出的人类的"行为方式"也迥然不同。

需要强调的是，这种差异是由于时代不同而造成的，而不是由于部门不同。也可以说是源于重视"嗅觉敏锐"这一人格的形成和终结。由于这样的人格形成实现了资本主义的大规模发展，在资本主义的终结回归"安定"之后，社会又将对不同的人格存在需求。这么想的话，所谓陡峭的工资曲线（即稍许的劳动投入变化就会带来较大工资变化的工资体系）就可以被视为旨在形成重视"嗅觉敏锐"的人格而构建起来的体系，而且是以形成资本主义的人格（人类的变革）为目的。也就是说，实际上人类是"利益导向的"这种理解也是属于唯物主义的范畴。基于人类的形成是顺应了不同时代的客观要求这一理解，也可以认为是唯物主义范畴下的社会法则，在这一层面上通过唯物主义来理解也显得相当重要。

另外，马克思意识到这样的人格变化需要经历数个世纪，且要在此之后才会实现真正的后资本主义，这点在马克思《法兰西内战》的叙述中可以得到确认。这个阶段对应于本章注释中由马克思命名的"自由王国"。只不过，除了这种后资本主义论，马克思探讨了现在的人类可能实现的（也就说作为短期目标可以实现的）后资本主义论，在《哥达纲领批判》中，马克思将前者称作"共产主义第二阶段"，后者称作"共产主义第一阶段"或"社会主义"。

从集团主义社会到"自由人的联合"

这种人格的问题，自然而然地涵盖了利己主义人格和利他主义人格的形成问题。鲍尔斯指出，唯物主义论通常认为这种人格的形成是受外部条件的影响。通过引进进化博弈模型，鲍尔斯旨在阐述，在大多数情况下即使无法给集团带来利益的利他主义也会由于其能在与其他集团竞争及抗争中获利而生存下来，有时甚至还有扩张的可能。另外，社会规范本身具有以"文化"的形式影响个体从而实现普及的可能。如果存在此种文化的同调主义扩张，或是存在集团内非利他（集团主义）之人的处罚体系，这种可能性将进一步扩大。鲍尔斯通过设计多数代理人在集团内外的随机匹配模型模拟实验了这一情况，结果如图1-5所示。

图1-5 决定利他主义出现频率的各种社会状况

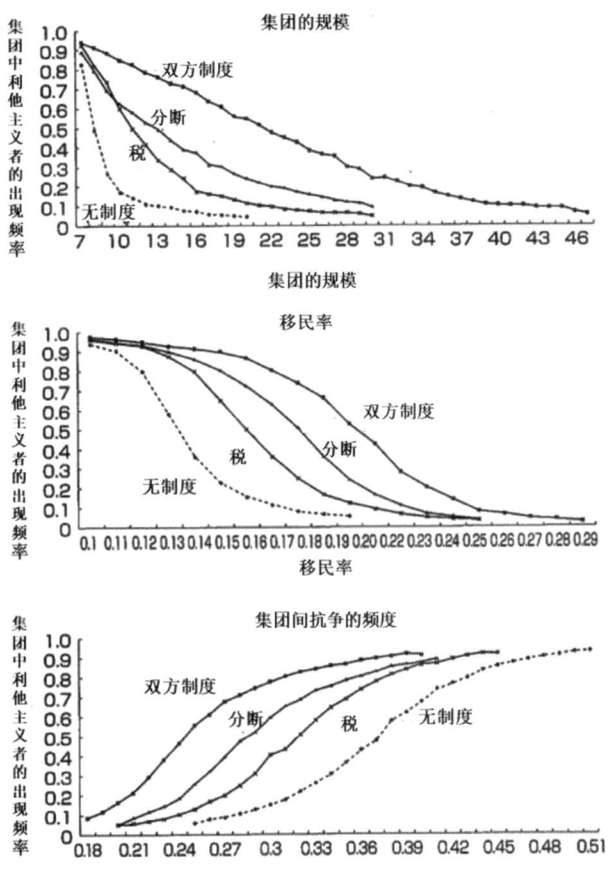

注：各图表中所标记的"分断"表示的是各集体中利他主义者比率差异较大的情况。这里"税"代表为了缓和各集体因分摊集体内部资源而导致的利害冲突而采取的措施。

这个模拟结果的重要性在于，社会中存在的各个集团的平均规模和集团间的人口移动率（移民率），以及集团间抗争的频率等，都会影响人类是否变成利己主义者。鲍尔斯还调查了各个集团在集团秩序中是否有规定"资源分享"，以及用"利他主义者比率"来表现各个集团特征是否存在差异等，来研究它们对利己主义的形成会有怎样的影响。如图所示其结果可以归纳如下：

①集团规模越大利他主义就越难生存。（反之亦然）

②人口的流动性越高利他主义就越难生存。（反之亦然）

③频繁的集团间抗争将会使得利他主义者增加。（反之依然）

④集团内有如自由共享这样的平等主义制度将会使利他主义受益。（将会减轻集团内对利他主义的不利影响）

⑤各集团越多样则利他主义越容易生存。（至少在一部分集团中利他主义者变多，则他们在相应集团中也越不容易被排除）

因此，可知人是"利己主义"还是"利他主义"并非由外部因素，而是由社会上的诸多因素所内生决定的。连同上述提到的"资本主义人格"及"后资本主义人格"的问题，这里笔者试图从唯物主义对人格形成的理解出发对此类问题予以确认。

但是，就紧接下来要提到的一点而言，上述结果与鲍尔斯最初所预期的结果有所不同。鲍尔斯研究计划的初衷在于否定"合理的经济人假说"，也正是因此鲍尔斯试图通过模型来揭示"利他主义"的成立与发展过程。而且基于上述结果可知，鲍尔斯的研究的确证明了在某种特定条件下利他主义的成立与发展过程，即在集体规模小、集体间人口移动少、集体间抗争激烈、集体内进行平等主义分配、集体间存在较大的多样性这些特定前提条件下利他主义的成立与发展过程。满足这些特定条件的例子为采集狩猎社会。

基于该模型，鲍尔斯解释了采集狩猎社会中的利他主义及农业社会中利己主义的必然性问题。在笔者看来，鲍尔斯的模型也可以解释如在被帝国主义包围及支配并在帝国主义间的战争中遭受严峻境遇的各国民族主义的高涨问题，以及因此而产生的对国内平等主义下建立"社会主义"与"福利国家"的诉求，甚至是现代日本中激烈的企业间竞争及由此发展而来的劳资协调主义等一系列现代社会所面临的情况。但是，若是果真如此，在"正常"的安定社会/世界中这种利他主义将会倒退。而由此得到的启示恰恰与鲍尔斯研究的初衷，即对一般化的"合理经济人假说的否定"相左。

笔者认为，从博弈论上来说，该研究"失败"的原因在于鲍尔斯想要通过集体主义的方式对本来就很难成立的利他主义式进行防御（模型建立在肯定集体内的利他主义会给集体带来利益这一基础上）。更进一步说，作为"后资本主义社会的人类形象",我们应该设定的难道不是以个人为基础的"自由人的联合"[1],而不是上文所设定的"集体主义式的利他主义"吗?不得不思考的是,即使是在肯定民族主义及企业内劳资协调主义的理论框架下也还是会存在问题。

因此,今后社会中人与人之间和谐的"人际关系"则不再是为了"集体外的他者",例如不是为了与其他国家或者其他公司而斗争的集体主义,而是较大的集体规模、高流动性、不与以集体间的和平为基础而一般化的"利己主义"相矛盾的,且必须以此为前提的和谐的人际关系。

上一小节中介绍了作为"后资本主义人格"的"如果认真工作总归有回报"这一成熟的人生观。其中的关键在于以个人合理性为前提的"终究会有回报"这一点。如果缺少这一点的话这种人生观则无法在全社会安定地传播开来。"具备对个人的利益"是一定的价值观、人生观、大到文化成立的必要条件,因此我们应该重视唯物论。因为马克思的唯物论本身也是基于"人们为了吃喝而行动"的认识而展开的。

不过,在此基础上,还必须强调的是,所谓的"如果认真工作终究会有回报"这一生存方式作为真正意义上的"文化"以扎根、自立的形象确立时,很明显人们并未明确意识到其判断标准是后半段的内容,即"终究会有回报"。例如,人们拥有一种记忆力,可以将过去人生中不认真时所造成的"失败"长久地铭刻在心中。同样地,人们也会从长期视角来预期未来可能发生的情况。此时,"终究"会得到回报的时间感将会变长,且产生了努力没必要立刻就有"回报"的心理。这样一来就会出现没有"回报"也会努力的人。另外,在物质要求得到满足的社会中,人们将会变得更加在意他人如何看待自己。因此得到"他很认真"的评价也将会成为重要的人生目标之一。最后,在社会安定且没有像资本主义高速成长那般剧烈变化的状态下,比起"迅速地应对变化","认真工作"将变得更为重要。在这种情况下,明确不求"回报"的努力在人们当中也会被看成是具有独立价值的东西。此时,人

---

[1] 马克思用德语"Assoziation"来说明这样的自由之人的联合。目前,直接按原文"association"来翻译变得越来越普遍。其次,田畑认为派生语assoziiert和socialisiert几乎同义,也可以将这个词语的接头词as看作英语toward来理解。此时,"自由人的联合"则与"被社会化的人"(der sozialisierte Menschen, socialized man) 同义。将由这样的人构建的社会称为"socialized society"就比较合适,笔者认为这才是socialism一词的原意。

与人之间"不再实行按劳分配",即"按需分配"成立的条件将会变得更广。马克思在《哥达批判纲领》一文中所论述的"劳动成为生活的第一需要的社会"其实就等同于"共产主义分配原则"。

综上所述,本节主要论述了上层建筑的相对自律性,并揭示了作为其中心内容的人格及文化也具备个人合理性,同时也直接证明了人格及文化能构成独立于利益而独自"努力"的共产主义文化。可见,人格与文化最终还是能够通过唯物主义论加以解释的现象。

第二章　商品生产社会的资本主义

资本主义生产力数量上的性格、实现自我增值价值的资本

　　上一章我们介绍了进入狭义经济学之前的阶段的社会认识框架。接下来的章节中将针对资本主义这一历史阶段的特殊性展开讨论。这些章节与马克思的《资本论》直接对应，其中第二、三、四章与资本论第一卷相对应，第五章对应《资本论》第二卷和第三卷的内容。

I. 商品生产普及的条件——生产力

从自给自足经济到商品经济

首先，本小节将对"商品生产社会"这一最早被大众熟知的"资本主义"特征的特质进行解说。马克思在《资本论》中开门见山地指出：资本主义生产方式占统治地位的社会财富，表现为"庞大的商品堆积"。商品生产社会是与迄今为止所有发展的阶段有着决定性差别的极高生产力的必然归结，本书将对这一点进行解释。

为了便于说明，作为出发点，我们首先想象一个不存在社会分工，基本上是自给自足的经济社会。自给自足的经济单位，既可以是"家族"，也可以是"村落共同体"。总之，就其内部之间不存在"交换"这一点而言，可以假定它是一个一体化的单一经济体。但是，在条件①由分工而形成的各生产者的专业化带来了生产性的提高（专业化利益），以及条件②在流通过程的生产性上升的前提下，"自给自足经济"会视其程度逐渐向"商品生产社会"过渡。可以将该过程进行简单地数学公式化。为此，首先：

1. 假定在最初的自给自足经济条件下，社会中存在 n 户经济主体且各自拥有 k 单位的生产要素，并独自生产 m 种商品。其次，为了方便计算，假定 m 种物品所需要的社会必要劳动量是均等的。即假设在自给自足经济中，各种物品的生产都需要 k/m 单位劳动投入。现在，我们假设生产函数为 $f(k/m)$，那么对经济全体而言，各个物品的产量则为 $n \cdot f(k/m)$；

2. 但是，当这种状态转变成，特定 x_i 户经济主体生产第 i 种物品，剩下的 $n - x_i$ 户经济主体共同生产除第 i 种商品以外的商品，则在 $y_i = f_i(k_i)$ 的技术条件下，经济全体中第 i 种商品的生产量仅为 $x_i \cdot f_i(k_i)$。此时，$n - x_i$ 户所生产的除第 i 种商品外的商品的产量将增加，在：

$$y_{j \neq i} = f_{j \neq i}\left(\frac{k}{m-1}\right)$$

这一技术水平下，其产量为：

$$(n - x_i)f\left(\frac{k}{m-1}\right)$$

这样一来，问题就变成了"是何种条件促成这种变化，即（是何种条件促成了经济）向商品经济过渡的发生"。实现这一过渡需要满足以下3个条件。即：

① 第i种商品的产量不会降低，即$x_i \cdot f_i(k_i) > n \cdot f(k/m)$；

② 第$i \neq j$种商品的产量不会降低，即$(n - x_i)f\left(\frac{k}{m-1}\right) > n \cdot f(k/m)$；

③ 能够负担第i种商品的生产者向第$i \neq j$种商品的生产者提供第i种商品，且后者向前者提供第$i \neq j$种商品（总之，第i种商品和第$i \neq j$种商品进行交换）时追加产生的社会成本。

首先，为了特定最初的两个条件，这里引进生产函数$f(k) = Ak^\alpha$。那么，上述的两个条件则可以用以下公式表述，即：

$$x_i \cdot Ak^\alpha > n \cdot A\left(\frac{k}{m}\right)^\alpha$$

$$(n - x_i)A\left(\frac{k}{m-1}\right)^\alpha \geqslant n \cdot A\left(\frac{k}{m}\right)^\alpha$$

继而整理可得：

$$\frac{n}{m^\alpha} \leqslant x_i \leqslant n\left[1 - \left(\frac{m-1}{m}\right)^\alpha\right] \Leftrightarrow 1 \leqslant m^\alpha - (m-1)^\alpha$$

由以上公式可知，当 $\alpha = 1$ 时，$1 = m^\alpha - (m-1)^\alpha$。要使得 $1 < m^\alpha - (m-1)^\alpha$ 成立，则必须满足 $\alpha > 1$，即此时需要能实现规模报酬递增的生产技术。

如此一来，最后要考虑的则是：如何将由上述条件①和②中所创造的剩余生产能力来补偿上述条件③中所提到的成本这一关系用公式来表示。为此，首先这里要计算"商品经济"实现后所产生的剩余生产要素。商品经济下，$\frac{n}{m^\alpha}$ 户主体便能生产出与自给自足经济等量的第i种商品。而且由于 $n\left(\frac{m-1}{m}\right)^\alpha$ 户主体可以生产出与自给自足经济等量的，除第i种商品以外的全部商品，因此，总共 $n - \frac{n}{m^\alpha} - \left(\frac{m-1}{m}\right)^\alpha$ 户主体可参与剩余的生产。这样一来，在"商品经济下"的剩余生产要素则为：

$$\left\{1 - \left(\frac{m-1}{m}\right)^\alpha - \frac{1}{m^\alpha}\right\}nk = \left\{1 - \frac{(m-1)^\alpha + 1}{m^\alpha}\right\}nk$$

假设实现生产物交换所需要追加的必要交换资料量为 $(n-1)T(>0)$，且假设该交换资料的生产函数为 $g(g' > 0)$，则：

$$g\left[\left\{1 - \frac{(m-1)^\alpha + 1}{m^\alpha}\right\}nk\right] > (n-1)T$$

必须成立。由上述式子可知，假设T不变时（实际上可以认为是关于n递减），交换资料生产的要素生产性越高则"商品经济化"越容易发展，且此时社会中生产资料的总生产也将增加[1]。另外，这种趋势会随着社会组成户数（n）变大，各户生产要素的保有量（k）的增加而变得明显。同时，社会人口规模的扩大及各个社会成员

---

[1] 银行的信用创造节约了这种交换资料，这也是银行利润的源泉所在。（马克思. 资本论（第三卷）[M]. 北京：人民出版社，2018.614.）为此，社会中的银行部门的比重，是由上述T、g及银行信用创造职能的生产力所决定的。

所持有的生产要素增多（≈收入上升）也会加快这种趋势[1]。

总之，归纳上述结果可知："专业化利益"越大，主要交换资料生产的广义生产力越高，"商品经济化"进程越快。

专业化利益和流通部门生产效率的提高

那么，如何才能满足这两个条件呢？首先，提及"专业化利益"，就必须来听听最初明确这个问题的经济学之父亚当·斯密的看法。亚当·斯密举了扣针工厂的例子对此进行了说明。并提倡不要把各种生产工作分配给同一个工人来完成，而应该对应各个特定的作业来配置工人。这样的工厂内分工（专业化）能够提高生产效率。由于这一所谓的"分工的利益"的特征，事实上赋予了"工厂手工业"实现大规模普及的历史可能性，因此其现实意义不容置疑。

只不过，如今现实中的主要生产过程，已无法概括为"工厂手工业"，所以我们必须在"机器大工业"这一前提下，来解释这种"专业化利益"。实际上，"机器大工业"需要庞大的固定资本作为初期投资，显然其自身无法自给自足，"专业化利益"才会显现。这一点可通过如下数理方式来说明。即，首先，用κ表示固定资本投资，用κ_0表示必要投资金额，即初期投资额（工厂开动生产所需要的最低投资金额），将以上金额看作直接反映设备量的指标（这里忽视其他生产要素的影响），则可以得出如下生产函数：

$$Y = A(\kappa - \kappa_0)^{\alpha}, \alpha < 1, \ \kappa_0 < \kappa$$

$\alpha < 1$表示的是规模报酬递减的生产技术。此时，生产效率可用以下公式表示，即：

$$\frac{Y}{\kappa} = \frac{A(\kappa - \kappa_0)^{\alpha}}{\kappa}$$

---

[1] 不存在阶级差距的小规模氏族社会，之所以在经历过漫长的融合最终会发展成具有调整和统治性质的首长制社会，也可以认为是因为商品经济所带来的分工的深化及分工所带来的生产力的改善。

将其用κ微分可得：

$$\frac{\partial}{\partial \kappa}\left(\frac{Y}{\kappa}\right) = \frac{A\alpha(\kappa-\kappa_0)^{\alpha-1}\cdot\kappa - A(\kappa-\kappa_0)^{\alpha}}{\kappa^2} = \frac{A(\kappa-\kappa_0)^{\alpha-1}(\alpha\kappa-\kappa+\kappa_0)}{\kappa^2}$$

为了确定该式子的正负，这里先分析分子等于0的情况，则：

$$\kappa_0 = (1-\alpha)\kappa \Leftrightarrow \kappa = \frac{\kappa_0}{1-\alpha}$$

在$\alpha<1$的前提下可知，

$\kappa_0<\kappa<\frac{\kappa_0}{1-\alpha}$时，$\frac{\partial}{\partial\kappa}\left(\frac{Y}{\kappa}\right)>0$，即规模报酬递增；

$\kappa=\frac{\kappa_0}{1-\alpha}$时，$\frac{\partial}{\partial\kappa}\left(\frac{Y}{\kappa}\right)=0$，即规模报酬不变；

$\kappa>\frac{\kappa_0}{1-\alpha}$时，$\frac{\partial}{\partial\kappa}\left(\frac{Y}{\kappa}\right)<0$，即规模报酬递减。

该结果表明，即使在$\alpha<1$（即规模报酬递减）的情况下，在固定资本如需必要的初期投资量的情况下，也会出现满足规模报酬递增的区间的情况，其次，随着必要初期投资量增大，该区间范围也将扩大。因此，为了实现由"工厂手工业"所带来的"专业化利益"的现实及稳定，"机器大工业"成立是不可或缺的。因此，商品生产社会才实现了普遍化。

但是，实际上，流通业务生产效率的提高与"机器大工业"之间的理论联系更密切。因为作为"机器大工业"技术性本质的"机器"（固定资本）在生产过程中的导入，历史上是在早于"工业"的"运输业"（的发展）当中实现的。这一点由约翰·希克斯提出。希克斯指出在"生产"活动早期发挥着重要作用的固定资本实际上是船舶。例如，13—16世纪极为兴盛的威尼斯，人们在船体上安装龙骨并在上面附上肋骨构建出一个整体的骨架，再贴上船板，并用纤维和沥青来填充缝隙。这项制船技术的发明，使低成本建造大型木船成为可能。随后，人们又发明了运用滑轮和杠杆的掌舵装置，使得船只更容易操纵。这些技术早于工业革命，带来了商业的飞速发展。因此，即使并非"工业"，"机器"（固定资本）的技术革新对商品经济的发展所起的作用也毋庸置疑。如此，这里我们对"专业化的利益"和"流通部门的生产性提高"都依赖于"机器"（固定资本）的出现和发展这一点进行了确认。

生产性劳动和非生产性劳动

不过，本书对"自给自足经济"和"商品经济"的理解与通说不同，笔者将它们理解为"生产性劳动/非生产性劳动"，下文将对此进行解释。由于"生产性劳动/非生产性劳动"的区别在于"物质性生产/非物质性生产"的区别，所以如美容美发、医疗、餐饮、教育、娱乐等服务都被划归为"非生产性劳动"。对此笔者持不同见解。也就是说，马克思之所以将商业和金融业划分为"非生产性劳动（部门）"，是因为即使没有这些部门，社会自身依然成立。更确切地说，是由于在自给自足的情况下并不存在商业和金融业。也就是说，这种意义上，商业和金融业本身并不具备"生产性"，重点在于这些部门仅仅充当着"生产性"部门的辅助部门角色。虽然辅助部门具有很大的意义，但是如果其自身仅仅是辅助者，则无法独立存在。试图只通过集中金融部门来实现经济运作的冰岛和美国之所以失败，也正是因为未充分理解这一层意思。而这也是缘于西方经济学并不存在"生产性劳动（部门）/非生产性劳动（部门）"的概念，这也是证明马克思主义经济学决定性优势的一个反面依据。在马克思主义经济学呈主导地位的国家当中，不存在过度依赖金融部门的现象，便是极好的佐证。

但是，这里要讨论的并非马克思主义经济学的优越性问题，而是旨在指出以往的研究把美容美发、医疗、餐饮、教育、娱乐这些服务业划分为"非生产性（部门）"，完全是误解。的确，商业和金融业是"非物质的"，但是这里原本的问题并非物理学层面的问题，而是在自给自足状态下是否也存在着这样的产业/劳动。从这一意义来说，可以认为美容美发、医疗、餐饮、教育、娱乐（无论其多么原始）

在自给自足经济中也是存在的。所以,不应该将其划分为"非生产性部门"而是应该划分为"生产性部门"。

另一方面,"服务业"还涵盖了另一个重要的,针对企业提供的服务即"面向企业的服务",其业务范围不仅包括为出现在商业、金融业之前的制造业提供设计和产品检测等业务支援,还包括对伴随商业和金融业出现的配送业务和营业业务的支持。根据上文的理解,显然前者是生产性部门(业务),而后者则是非生产性部门(业务)。

不过,这里重要的是,这些业务原本都是由个人(消费者)、企业以自给自足形式完成的。在太古时期,渔夫会教授自己的孩子如何捕鱼,为自己或家人梳理头发,采摘药草。这些业务都不靠独立的专业人员,而是原生的教育、美容美发、医疗。另外,原本各个制造业中设计、检查、配送、销售等业务都是由其自身来执行完成的,但当这些部门独立出来并开始接受其他企业的业务时,便形成了独立的专业化企业。因此,总的来说,比起"服务的经济化",更应将这些变化视为专业化发展,即"社会分工的扩展"("面向企业的服务"很多情况下是以"分公司化"或者外包的形式开展的)。就此而言,针对这一问题,本书中更倾向于将其视为"自给自足经济向商品经济的转换"和"专业化利益"来分析[1]。

---

[1] 除此之外,服务于阶级支配的军队、警察、理论家、在工厂中监视劳动者的监工等一同构成了阶级社会这一特殊社会下的"非生产性劳动"。

II. 成为交易物品的商品——被具体化的唯物主义人类观下的商品交易

并非单纯生产而是以交换为目的的生产

前文我们考察了商品生产普及的条件,接下来的内容原则上将以商品生产社会为前提展开。这样一来,就必须将观察视角从前文中图1-1中所描述的全人类的视角转移到现实生活中的个人视角。现实生活中人人都参与"生产",但每个人所使用的一切物品同时又都是由其他人生产出来的。这就是所谓的"商品生产社会"的本质。基于这种理解,前文中图1-1则必须改写为如下所示的图2-1的形式,即:

图2-1 以生产物交换为基础的社会——商品生产社会

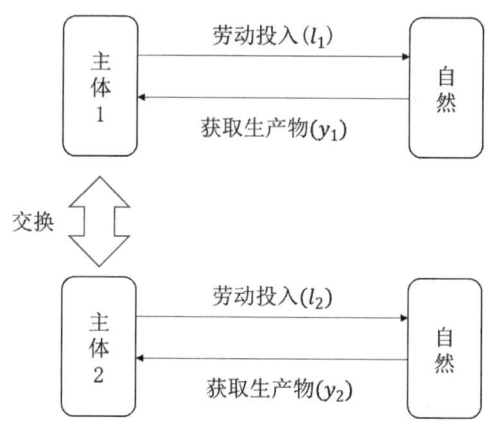

这里的关键在于,个人的生产活动不再是为了生产供自己使用的商品,而是生产供他人使用的商品。反之,如果不去获取他人所生产的产品,则无法生存下去。而为了使这种"获取"不是以抢劫或赠送的形式进行,每个人都必须提供自己的生产物来进行等价交换。这就是所谓的商品交换。

这里,我们将使用图2-1所示的两个主体的劳动投入(l_1, l_2)和由此获得的产物(y_1, y_2),试图建立与本书第5页给出的方程相对应的方程。如此一来,表示图中上半部分的主体1的方程将变为：

$$\frac{dD_1}{dl_1} = \frac{dU_1}{dy_2} \cdot p \cdot \frac{dy_1}{dl_1}$$

这里，D_1，U_1表示主体1的劳动所带来的负效用和从消费消费品获得的效用，p表示主体1生产的产品可以按照交换率p来与主体2的产品进行交换。该式子表示，当交换比率为p时，一个人的劳动的边际负效用等于由其生产出的产物1交换得到的产品2所带来的边际效用。在这里，如果考虑到，两种商品的交换比率p是外生变量（即事先给定的）且$p = \frac{dy_2}{dy_1}$的话，这一点便会变得更加清晰。因为如果将p带入上述式子中可得：

$$\frac{dD_1}{dl_1} = \frac{dU_1}{dy_2} \cdot \frac{dy_2}{dy_1} \cdot \frac{dy_1}{dl_1} = \frac{dU_1}{dy_1} \cdot \frac{dy_1}{dl_1}$$

就主体1而言，这个式子与书中第5页中所推导出的式子完全相同。此时显然，$dD_1 = dU_1$也成立。

其次，这一关系对于主体2而言，当然也同样成立。本来的式子为：

$$\frac{dD_2}{dl_2} = \frac{dU_2}{dy_1} \cdot \frac{1}{p} \cdot \frac{dy_2}{dl_2}$$

此时，带入$p = \frac{dy_2}{dy_1}$可得：

$$\frac{dD_2}{dl_2} = \frac{dU_2}{dy_1} \cdot \frac{dy_1}{dy_2} \cdot \frac{dy_2}{dl_2} = \frac{dU_2}{dy_2} \cdot \frac{dy_2}{dl_2}$$

并同时推导出$dD_2 = dU_2$。

因此，无论是在商品生产社会，还是在自给自足经济社会，经济主体都会通过权衡自己劳动的边际负效用和消费劳动获得的产品所获得的边际效用来实现"效用-负效用"差额的最大化。而且重要的是，由于这适用于任何一个经济主体，所以其最终演变成一个全社会的效用最大化行为问题。图中所示的上半部分的人（主体1）和下半部分的人（主体2）合二为一构成了全体"人类"，上半部分的自然和下半部分的自然则构成了整个"自然"，"人类"为了实现与"自然"之间的效用最大化而行动。

其次还应指出的是，此处图中的两个主体各自生产别人需要的产物，要使这种情况比不存在商品交换的自给自足更合理的话，两者的劳动生产性则还必须具备一定的条件。

现在，如果假设主体1在生产第一种商品时的劳动生产率是e_{11}，主体1在生产第二种商品时的劳动生产率是e_{21}，同样，假设主体2在生产第一种商品时的劳动生产率是e_{12}，主体2在生产第二种商品时的劳动生产率是e_{22}，如果主体1用l_1单位的劳动力自给自足y_2单位的产物的话，那么在与主体2进行交换时，$e_{21} \cdot l_1$单位的y_2，便可以交换获得$p \cdot e_{11} \cdot l_1$单位的y_2。所以当：

$$e_{21} < p \cdot e_{11}, \text{即} \ \frac{1}{p} < \frac{e_{11}}{e_{21}} \text{时},$$

商品交易变得合理。以及，对主体2的情况进行同样的计算的话，可得

$$e_{12} < \frac{1}{p} \cdot e_{22}, \text{即} \ \frac{e_{12}}{e_{22}} < \frac{1}{p}$$

结合这两个条件，可推导出以下条件，即：

$$\frac{e_{12}}{e_{22}} < \frac{e_{11}}{e_{21}}, \text{即} \ e_{12}e_{21} < e_{11}e_{22}$$

这个条件非常值得探讨。这是因为，这里的专业化生产（即商品生产不是自给

自足）的条件，不是由$e_{21} < e_{11}$或$e_{12} < e_{22}$所表示的"绝对优势"，而是条件较为宽松的"比较优势"。例如，如果是超出某种程度上的$e_{21} < e_{11}$，即使$e_{12} < e_{22}$，这一条件也成立；反之，如果超出某种程度上的$e_{21} < e_{11}$，即使$e_{12} < e_{22}$，这一条件也成立。这一法则被定义为大卫·李嘉图的"比较成本理论"，现在一般称之为"比较优势理论"[1]。

---

[1] 上述模型是基于主体1只消费产品2，主体2只消费产品1的假设。但就一般情况而言，两个主体同时都消费两种商品。例如，假设主体1用于自身消费的劳动和用于商品交换的劳动的比例为 $\gamma : (1-\gamma)$，则可得：

$$\frac{dD_1}{dl_1} = \gamma \frac{\partial U_1}{\partial y_1} \cdot \frac{dy_1}{dl_1} + (1-\gamma) \frac{\partial U_1}{\partial y_2} \cdot p \cdot \frac{dy_1}{dl_1} \tag{※}$$

此外，由于主体1此时从两种商品中获得的边际效用必须是均等的，所以：

$$\frac{\partial U_1}{\partial y_2} \cdot \frac{dy_1}{dl_1} = \frac{\partial U_1}{\partial y_2} \cdot p \cdot \frac{dy_1}{dl_1}$$

但是，此时式子（※）的右边则变为 $\frac{dU_1}{dy_1} \cdot \frac{dy_1}{dl_1}$，书中第5页中所示的 $dD = dU$ 再次成立。另外，同样的式子对主体2而言也成立，所以：

$$\frac{\partial U_1}{\partial y_1} \cdot \frac{dy_1}{dl_1} = \frac{\partial U_1}{\partial y_2} \cdot p \cdot \frac{dy_1}{dl_1}$$

此时，两种商品的交换率p为：

$$\frac{\frac{\partial U_1}{\partial y_1}}{\frac{\partial U_1}{\partial y_2}} = \frac{\frac{\partial U_2}{\partial y_1}}{\frac{\partial U_2}{\partial y_2}} = p$$

这意味着，商品的交换率是两个主体所拥有的相同的两种商品的边际效用比，但考虑到现实中参与经济的主体有无数个，所以这个条件就变成如下形式，即：

$$\frac{\frac{\partial U_1}{\partial y_1}}{\frac{\partial U_1}{\partial y_2}} = \frac{\frac{\partial U_2}{\partial y_1}}{\frac{\partial U_2}{\partial y_2}} = \frac{\frac{\partial U_3}{\partial y_1}}{\frac{\partial U_3}{\partial y_2}} = \frac{\frac{\partial U_4}{\partial y_1}}{\frac{\partial U_4}{\partial y_2}} = \cdots = p$$

当然，也可以认为人类历史就是一部掠夺与赠予的历史。世间战事不断则意味着以武力获取利益的现象十分猖獗，这些都是这里所说的"掠夺"。不过，即便如此，也不是所有的社会中的所有产品都会被掠夺。不可否认的是，即使在最混乱的日本战国时期，大多数社会产品也都是为了交换或供生产者自身使用而生产的。

其次，作为"共同体"的一种且保留至今的家庭，其内部并不会进行"交换"，就此意义而言在家庭内部也存在"赠予"经济。然而，即使家庭内部的"赠予"是源于爱，也还是被期望获得某种回报。在父母与子女的关系中，子女要照顾自己年迈的父母就是这种"回报"的典型。在这个意义上，就广义上而言，"赠予"也可以被看作"交换"的一种特殊形式。

使用价值和交换价值

因此，人们生产不是为了使用产物，而是为了与他人进行交换。当然，一般来说除非是"有用"的东西，否则不"可交换"。但是，对生产者而言，"有用"并不重要，"可交换"才是重点。而这种称作"有用"的性质和"可交换"的性质，体现在"使用价值"和"交换价值"的分离。

商品具有两个属性，其中一个是"有用性"：比如吃起来是否美味，穿起来是否暖和。马克思将其称为"使用价值"。然而，如果产物只是具备"使用价值"的话，还不足以将其视为商品。这一点，从只对物主自身来说是有用的，如从孩子的照片或纪念品上就可以看出。这是由于，虽然它们有"使用价值"，但不能用作交换（或者可以说，不具备"对他人而言的使用价值"）。其次，空气的例子对于理解这个问题也是意义深刻的。空气具有无可否认的使用价值，因为一旦离开空气，人类就无法生存。但（如果暂时忽略空气污染等情况的话）因为空气到处都存在，所以它又不能作为商品。反言之，产品只有在与其他商品交换时才具备"可交换"的性质，这点在商品生产社会中非常重要。马克思把这种物品与物品的交换比率命名为"交换价值"。这样重视"使用价值"的时代已经结束，相对地"交换价值"成了一种自主的生产目的。可见，生产目的发生了根本性变化。

从交换价值到价值

但如果是这样的话，交换比率又是由什么来决定的呢？为此，我们再回顾一下图2-1。图2-1表示的是每个人都为了获取他人的产物而进行生产。这也可以理解为，一个人愿意投入多少劳动力来获得别人的产出的问题。在这种意义上，可以看出，如果处在图中上半部分的主体即主体1的劳动投入量，大于图中下半部分的主体即主体2的劳动投入量的话，那么对于主体1而言则受"损"。也就是说，主体1用耗费较多劳动力生产出的产品去换取主体2用较少的劳动力生产出的产品。在这种情况下，主体1则会要求更改交换比率，否则主体1也会转向去生产与主体2相同的产品，以便寻找其他愿意以这个交换比率来交换产品1的人。这对于主体1来说更有利。换句话说，在原有的交换比率下，主体1将处于不利地位，而主体2则处于有利地位。因此许多生产者将转移到生产产品2中。而这将导致产品1的产量不足。而且这种平衡的变化最终会导致交换比率自身发生变化，即产品1的"交换价值"的上升，即产品2的"交换价值"的下降。

因此，照这样思考下去，最终就会变成，按1比1交换的产品所需要的劳动投入量相同（只有劳动投入量相同）的产品才会以1比1的比率交换。如果用图2-1中的符号来表示的话，具体如下。也就是说，两种产品在两个实体之间以 $y_2 = p \cdot y_1$ 的比例进行交换，用 $y_1 = e_{11} l_1$ 来表示完全由主体1所生产的产品1，$y_2 = e_{22} l_2$ 来表示完全由主体2所生产的产品2，则可得：

$$e_{22} \cdot l_2 = p \cdot e_{11} \cdot l_1$$

即 $e_{22} = p \cdot e_{11}$。也就是说，这表明了当两种产品的交换比率 p 等于两种产品的劳动生产率的比率时，意味着二者交换的劳动量也是相等的。这种情况就是上述由部门间的劳动转移所产生的平衡[1]。"交换价值"自身也会由于各种情况而不断变化，但有一定的变化重心，这种变化重心是由投入生产每种产品里的劳动量决定的。马克思把这个"重心"称为"价值"，并指出价值的实体是劳动，因为价值是由上述的劳动投入量决定的。这就是"投入劳动价值理论"的基本内容。

关于这一点，马克思推导出：两种不同产品之所以能被置于同等条件下是由于它们之间存在某种共通之处。事实上，正如上述论述所揭示的那样，"交换"的条件是具有不同的"使用价值"。因为相同的东西没有必要交换。但是，对此马克思提出了疑问，即"两个不同的产品相互等同又意味着什么呢?"。马克思解释道，这是由于不同物品之间具有的唯一共通性被掩盖了。而这唯一共通性便是两者都是"劳动产物"这一性质。换句话说，这种共通性使"交换"成为可能，使"劳动"成为决定"交换比率"的"价值的实体"[2]。

然而，这种解释虽然无误，但还是需要一些补充说明。因为对于马克思的这一说明，存在很多质疑。这些质疑指出，除此之外还存在很多其他的"共通点"。例如，在某个生产过程中都会直接或间接使用"水"，我们也可以说是"某种能源被投入了"。另外，无论是人造、动物造，还是诸如太阳这样的非生命体所创造的，我们可以说它们的共同点是"任何产物都是通过各种事物加工而成的"。这就是为什么需要一些追加说明来解释"劳动"是一个特殊的投入要素这一主张。

---

[1] 如上一个脚注所述，使用两个主体在消费两种商品时所确定的交换比率p的话，这个条件就会变成：

$$e_{22} = \frac{\frac{\partial U_1}{\partial y_1}}{\frac{\partial U_1}{\partial y_2}} \cdot e_{11} = \frac{\frac{\partial U_2}{\partial y_1}}{\frac{\partial U_2}{\partial y_2}} \cdot e_{11}$$

这将取决于每个主体对这两种商品效用的感知。然而，在现实中这种交换比率p不仅仅是取决于两个主体的效用函数，而是取决于整个社会平均的效用函数。其次，像这样的主观效用构成投入劳动交换理论的思路并不会显得不自然。这是由于本书第5页中所示的条件式$dD = dU$中涵盖了效用函数。

[2] 这里的"劳动"不考虑如建筑、缝纫及理发等这些有具体内容的劳动，仅仅是指具备"作为人类劳动"属性的劳动。马克思将其命名为"抽象的人类劳动"。相反，如建筑、缝纫或理发等有具体内容的劳动，马克思将这些劳动命名为"具体的有用劳动"，并认为"具体的有用劳动"赋予了商品"使用价值"的一面。

其实，在上一章第Ⅰ节关于劳动的根源性质的讨论中，我们已经给出了这个答案。前文中生产活动被看作一种人与自然之间的关系（物质代谢）。就这点而言，除了劳动，人类没有别的东西可以支出。太阳等的作用也是以此为前提的，包含这一切的"自然"都经过了人类劳动的加工。由此我们才理解"劳动"是区别于其他事物的本源性存在。

然而，同样在上一章第Ⅰ节中，和这些要点一并被讨论的，基于西方经济学的边际效用原理的论述，也相当重要。这是因为该部分内容表明了人类确实是根据劳动支出的多少来决定生产的，而且还明确地指出了其与"效用"（使用价值）之间的关系。在现代商品生产社会中，人们愿意为某种商品支付一定数量的钱也是源于他们认为从该商品中可以获得的新的效用大于失去这笔钱带来的负效用。就本质上而言，这意味着购买者认为商品的效用大于赚这些钱所需的劳动支出所带来的负效用，因此这里的"效用"是由"负效用"，即由劳动支出量来衡量的。在马克思主义经济学领域也存在一些理论主张只有抛开"效用"才能正确地探讨价值理论。但笔者认为事实恰恰相反。笔者认为只有基于"效用"的框架进行讨论，我们才能理解劳动才是真正的价值基准。

III. 成为特殊商品的货币——具体化的唯物主义视角下的货币目的

不是单纯的以商品而是以货币为目的的生产

如上一节中所述，对于个人的生产目的，我们已经将其置于"商品交换"的层面，而非自身使用上的层面来理解，并对此进行了充分的探讨。然而，作为对不同个体的生产目的的理解，上述内容仍缺乏具体性。这是因为，如今，产品间的交换不再是以物易物，而是必须通过货币这一媒介来进行。换句话说，人们不是用自己生产的产品来换取他人产品，而是先获取货币从而获得他人的产品。这是因为货币是可以与任何产品进行交换的物品，即"一般等价物"。换言之，人类在历史上创造一种名为"货币"的特殊商品，使得人们一旦获得了货币，就可以获得任意的产品。

马克思将这个货币形成的过程命名为"交换过程理论"，并对此进行了解释。在最初没有货币的情况下，即使某一生产者找到了其所需要产品的持有者，如果对方不想要该生产者所持有的产品的话，交换便不成立。反之亦然。商品交换也会因此陷入困境。换句话说，各种商品"并不是作为商品，而只是作为产品或使用价值彼此对立"，即存在即使明示了使用价值也不能交换的困难。然后，为了解决这一难题，人们"起初是行动"并在"无意识之下""把一个特定的商品作为一般等价物"（货币）也就形成了。

这样，货币就成了解决困难的一个"便利"的手段。这里所说的"便利"，也包括在经济上的"合理性"。关于这点，我们可以通过模型来对比货币存在前和存在后的差异来分析为何后者有利。图2-2考虑了由4种生产物（○□◇△）且每种生产物由3个生产者生产，合计存在12个生产者的社会。这里假定12个生产者已知○□◇△这4种生产物分别由谁生产。

图2-2　货币流通存在与否状态下商品交换的差异

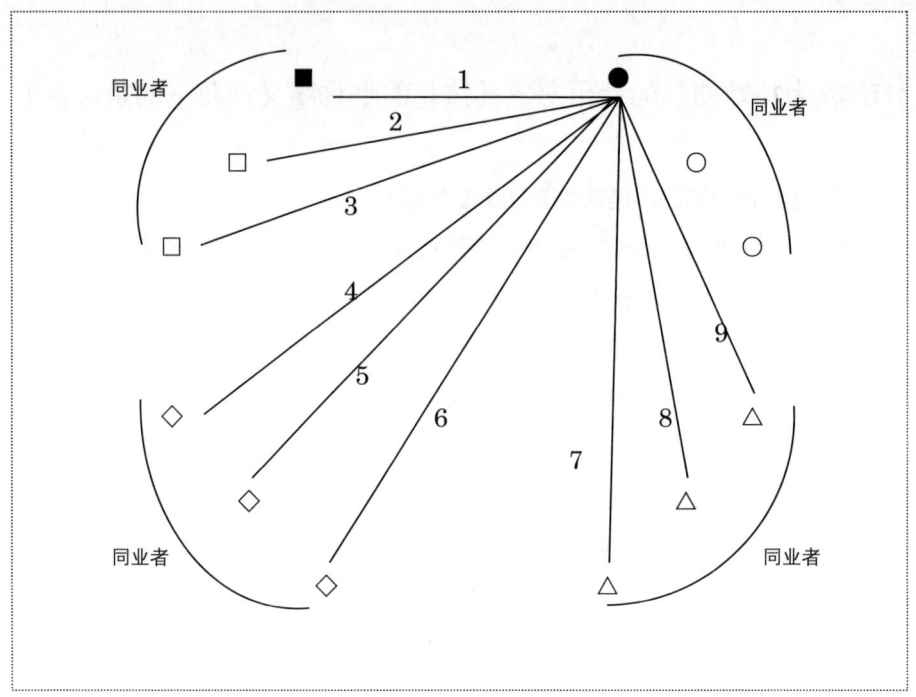

这样一来，存在货币的情况下，首先，生产者●与1、2、3中的某一个生产者进行交易以获得生产物□，同4、5、6中的某一个生产者进行交易以获得生产物◇，同7、8、9中的某一个生产者进行交易以获得生产物△，这样生产者●便可以获得（包括其自身生产物○在内的）全部生产物。这时，由于存在货币，将生产物供给生产者●的全部生产者可以从生产者●获得与各自交易商品等价的货币，并用货币去其他生产者那里获得（购入）所需要的物品。即此时各个生产者只要进行3次交易便能够获得所需要的全部生产物。这样，就社会全体而言，只需进行3×12＝36次交易便能实现社会生产物的必要分配。

但是，不存在货币情况就不这么简单了。因为，如上文中提到的那样，生产者●想获得生产物□的话，即便他去到生产者■那里，如果此时生产者■已经有生产物○，交易便无法实现。因为在没有货币的情况下就必须通过物物交换实现交易，所以就要求双方都能提供对方所需要的物品。例如，暂且假定生产者●和生产者■

物物交换成立的概率是1/3。之所以是1/3，是因为假设从生产者■视角出发，就生产者■最先要和生产○的3个生产者中的哪一个进行交易来说，对于生产○的3个生产者各自都有1/3的可能性。现实中，生产者□即使想要和生产者●以外的同业者进行交易，只要交易尚未执行，生产○的其他生产者就都存在和生产者□交易的可能性。但如果按这种逻辑的话计算将变得很复杂，所以这里我们简化了情况，并假设此时生产者●和生产者■交易成立的概率是1/3。

但是，如果生产者●和生产者■的交易不成立的概率是2/3，那结果会怎么样呢？这种情况下，生产者□就要与生产者●或者另一个生产者○中的任一个进行交易，这样则交易成立的概率是1/2。此时，线段2交易成立的概率则为2/3×1/2 = 1/3。

最后，我们分析一下如果线段1和线段2的交易都不成立且线段3的交易成立的情况。此时，剩下的提供生产物○的生产者就只剩生产者●，则此交易一定成立。这种情形发生的概率等同于2次交易分别以2/3、1/3的概率失败，即2/3×1/2 = 1/3。也即是说，线段2和线段3交易发生的概率同为1/3。

因此，综合以上结果，无货币交换经济下，生产者●通过交换获取生产者□的生产物的预期交易次数为：

$$1 \times \frac{1}{3} + 2 \times \left(\frac{2}{3} \times \frac{1}{2}\right) + 3 \times \left(\frac{2}{3} \times \frac{1}{2}\right) = \frac{1}{3} + \frac{2}{3} + \frac{3}{3} = \frac{6}{3} = 2$$

获取全部生产物的预期交易次数为：

$$2 \times 3 = 6$$

社会的全部成员为了获取4种全部生产物的预期交易次数则等于：

$$6 \times 12 \times \frac{1}{2} = 36$$

这里之所以式子左边乘上1/2，是因为如上述提到的那样，这里的"交易"是指物物交换，所以计算的应该是双方都获取各自所需生产物的次数。结果可知，不论货币存在与否，社会必要交换次数都是36。

不过，之所以这里两种情况下的交易次数相同，是因为这里我们考虑的仅仅是社会成员为12个且物品的种类为4的这一特殊设定。接下来，将上述说明中假定的社会构成人员12换成是n人，商品种类4更改为m种。另外，假定n/m是整数且不论哪种物品其生产主体的数量都相同。这样一来，上述两个例子中的交易次数则分别可以表示为：

① 存在货币的情况：

$$n(m-1)$$

② 不存在货币的情况[1]：

---

[1] 这是基于以下计算得到的。即，首先"某种商品"的生产者之一（比如是某人自身），去到生产"其他商品"的第一个生产者那里进行商品交换，两者商品交换成立的概率为$1/(n/m)=m/n$。因此，交易不成立的概率为$(1-m)/n$。那么，在和第一个交易者交易不成功时，则会继续寻找同样生产"其他商品"的第二个生产者进行交换，此时交易成功的概率[在交易对象变为第二个人的条件下形成的概率（条件概率）]为$1/[(n/m)-1]$。这是由于，与第一个人交易不成功意味着第一个人已经和生产"某种商品"的其他生产者进行了交易（即某人自身的同业者），因此可能交换的对象少了1个。作为交换前的事前概率，与第二个生产者交换的概率则为$(1-m/n)\times 1/[(n/m)-1]=m/n$。按照这种逻辑，重新梳理事前交易成立的概率可得如下式子，即：

第一个人：$\frac{1}{\frac{n}{m}}=\frac{m}{n}$

第二个人：$\left(1-\frac{m}{n}\right)\times\frac{1}{\frac{n}{m}-1}=\frac{n-m}{n}\times\frac{m}{m-n}=\frac{m}{n}$

第三个人：$\left(1-\frac{m}{n}\right)\times\left(1-\frac{1}{\frac{n}{m}-1}\right)\times\frac{1}{\frac{n}{m}-2}=\frac{n-m}{n}\times\frac{m-2m}{n-m}\times\frac{m}{n-2m}=\frac{m}{n}$

由上可知，作为事前概率，不论"其他物品"的生产者n/m人中的哪一个人进行交换，概率都等于n/m。于是，从结果可知，为了与某一"其他物品"交换所需要的期望交易次数为：

$$1\times\frac{m}{n}+2\times\frac{m}{n}+3\times\frac{m}{n}+\cdots\frac{n}{m}\times\frac{m}{n}=\frac{m}{n}\cdot\sum_{k=1}^{\frac{m}{m}}k=\frac{m}{n}\cdot\frac{1}{2}\cdot\frac{n}{m}\cdot\left(\frac{n}{m}+1\right)=\frac{1}{2}\left(\frac{n+m}{m}\right)$$

所以，经济全体的期望交易次数为：

$$\frac{1}{2}\left(\frac{n}{m}+1\right)\times(m-1)\times n\times\frac{1}{2}=n(m-1)\left\{\frac{1}{4}\left(\frac{n}{m}+1\right)\right\}$$

$$n(m-1)\left\{\frac{1}{4}\left(\frac{n}{m}+1\right)\right\}$$

因此，通过分析$\left\{\frac{1}{4}\left(\frac{n}{m}+1\right)\right\}$的值是否大于1，可以判断出"货币经济"和"无货币交换经济"的优劣。很明显，当n/m等于3时两种情况下的交换次数相等，当大于4时，货币经济具有优势，相反，当等于1或者2时则表示物物交换经济具有优势。

这个结果意味着，社会规模的扩大与社会中存在的物品种类m成正比，随着社会成员n的增加，社会对货币经济的需求则增大。不过，当n/m的值（生产各个物品的生产者数量）仅为2时，结论则相反。也就说n/m的比值（生产各个物品的生产者数量）小的情况下不以货币为媒介，依靠生产者间"偶然的"相遇而得以成立的物物交换经济更合理。这种经济应该曾经存在于相对原始的村落社会当中。

例如，我们可以设想一个由10户人家组成的村落且只有5种生产物。这些生产物有比如头饰、弓箭、斧头、石制刀具、毛皮等，在狩猎采集经济下除此之外的食物都是由集团或者各自自行获取。这种情况下，如果10户中每2户人家以副业的形式分别进行生产的话，那么他们之间的物物交换简单且可达成。或者说，当这种经济体系稍微扩大，发展为初期农耕社会，生产物种类变为20种左右，且村落规模变为50户左右，则此时物物交换的功能应该依然有效。

另一方面，这个模型表明，不限于小规模村落社会，在大规模村落社会当中，只要m和n的比率值（n/m）足够小，物物交换经济都比货币经济更合理。乍一看也许会觉得奇怪，其实在n值和m值比较大的经济当中，比如二者之间的比值为2时，生产同种物品的生产者仅有2人，此时即使与其中第一个人的交易失败，与第二个人的交易也必定能达成。也就是说，这种情况大大地缩小了因不存在货币而导致的"交易失败"的概率。

综上所述，"商品经济"是历史发展的必然产物，其之前的"物物交换"也是在限定历史条件下的历史性必然产物。我们认为是理所当然存在的"货币经济"也只不过是在某一特定条件成立以后才发展而来的社会经济体系[1]。

成为特殊商品的货币

通过以上说明，我们对从"单一商品经济"到"货币经济"的变化有了具体的理解。但是"货币"究竟是什么呢？虽然上述提到的"使得商品交换顺利进行"也是对货币的一种理解，但真正需要说明的其实是究竟为何人们会将货币认定为"一般等价物"。上述关于货币的解释都是基于这一假设。马克思把这个问题以"价值形式论"的形式，即作为有关"价值的现象形式"的问题提出。

我们具体来说明一下。上一节提到，"价值实体"是所投入的劳动量，是肉眼所看不到的。因此，必须借助其他商品来将其价值表现出来，例如，通过：

$$x\text{单位的商品}1 = y\text{单位的商品}2$$

这样的形式来表现其自身价值。此时，x 单位的商品 1 通过 y 单位的商品 2 来表现自身价值，前者为"相对价值形式"，而后者则被称为"等价形式"，马克思把这种形式的表现称为"简单价值形式"。

但是，自不必说，x 单位的商品 1 的价值还可以通过其他商品来表现，如通过：

$$\begin{aligned}
x\text{单位的商品}1 &= y\text{单位的商品}2 \\
&= z\text{单位的商品}3 \\
&= v\text{单位的商品}4 \\
&= w\text{单位的商品}5 \\
&\cdots\cdots
\end{aligned}$$

这样的形式表现出来。这被称为"总和的价值形式"。

---

[1] 本项中的模型，也可以用于比较中介介入下进行商品交换的经济，在需求者和供给者直接交易下进行商品交换的经济。前者是"货币经济模型"，后者是"无货币经济模型"的变形。

但是，若是认真观察这一形式就会发现y单位的商品2、z单位的商品3、v单位的商品4、w单位的商品5等的价值都可以用x单位的商品1来表现，即可以得到：

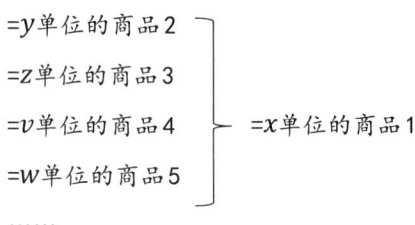

这个形式所表达的"意思"和之前则大不相同。也就是说，此处，y单位的商品2、z单位的商品3、v单位的商品4、w单位的商品5等都被移到了作为"相对价值形式"的一侧。而此时变为"等价形式"的x单位的商品1则充当着表现除其自身之外的所有社会商品的价值形式的角色。也就是说，价值一般可以以商品1的"形式"固定下来，这种形式可以被称为"一般价值形式"，而这种商品（上述中的商品1）则可以被称为"一般等价物"。毋庸置疑，被作为这种"一般等价物"固定下来的某种特定的商品就是"货币"（这种形式被称为"货币形式"），此时货币与商品的交换比率便是"价格"。

这就是所谓的马克思的"价值形式理论"。之前已经提到，马克思还提出了被称为"交换过程论"的理论，意在阐述"货币形成的现实必然性"。而这里探讨的"价值形式理论"则一般被认为是旨在阐释"货币存在的理论依据"，即阐释"货币是什么"。理解"货币是什么"对于理解商品经济极其重要。因为货币本身也是具有价值的商品，而且是从一般的商品世界中分离出来的特殊商品（这被称为"商品货币说"）。也就是说，货币不是商品世界以外衍生出的东西。正如第一章提到的生产资料本身是"自然"的一部分一样，货币本身是"商品"的一部分。其实，不是说金银要成为货币，去体现各种商品的价值，而是由于各种商品的价值必须由某种形式（这就是"价值形式"所传达的意思）来表现，所以某商品必须充当"货币"。从这一层意义来说，我们必须记住的是，并非货币创造了商品（经济的需要），而是商品创造了货币。

货币的职能及其之间的关系

但是，即使如此，之所以金银能成为"货币"，是因为金银自身具备适合充当"货币"的特征，这点也很重要。因为金银价格昂贵（这意味着生产金银需要付出很多的劳动），所以少量的金银就可以表现出极大的价值。而且由于金银本身质地均匀，具有能够被均等分割的良好属性。

当然，在现代社会，金属铸币仅限于小额硬币，一般都是纸币在发挥着作用。除纸币之外，各国中央银行也在讨论发行数字货币。但是，基于国家信用发行的能够流通的纸币一旦超越国境，其信用程度就会降低。在20世纪30年代以前，国际通货只能是黄金（"金本位制"）[1]。其后建立的"美元本位制"在1971年美国总统尼克松单方面停止了美元与黄金的兑换之后，也被画上了终止符，美元信用也随之暴跌。现在甚至很难想象当时日元和美元的汇率为360比1。反过来说，没有了黄金这一原始货币做支撑，纸币流通会受到很大的制约[2]。正是预料到了这一点，当下中国开始有计划地储备黄金，伺机在将来实现人民币基准货币化。而且关键的是，这是基于马克思主义经济学的观点。

国际舞台以这种形式来揭示货币的本质值得玩味。"黄金"也是源于其本身是具备价值的商品，所以才能够作为国际通货而流通。也就是说，国际货币的前提是其自身具备价值（由劳动投入而创造的产物），且能够以自身的价值来量化其他商品的价值，只有这样其才得以斡旋于国家间的商品流通中。这体现了作为"价值尺度"的货币的职能与作为"流通手段"的货币的职能的统一[3]。

其次，如果"黄金"能够在观念上也发挥其职能的话，即便现实中不存在，也仍然可以发挥其"价值尺度"的职能。而且，纸币也能作为"流通手段"，这两个

---

1 古代游牧民在与其他多数异民族进行交易时用羊和马来代替货币进行结算。在这种情况下，羊和马像小金币、大金币那样具有一定的价值比率，且不存在携带方面的问题。这也可以被理解为一种世界货币。

2 现在，随着这种状况更进一步发展，以色列等国家开始尝试通过将电子结算义务化来限制纸币的使用。反过来，这也说明了纸币并非当然的货币这一本质，各商品在客观上所保有的价值才是货币的本质。作为"黄金"的货币，因其自身带有价值而能够体现出各个商品的价值。

3 "价值尺度"和"流通手段"，分别对应于"价值形式论"和"交换过程论"中的货币职能。

职能实际上都以"黄金"的形式分别发挥作用，即作为"储备货币"与"支付手段"。这两个职能本身也证明了货币本身也必须是某种商品，而且是一种具有某种价值的生产物。这点对于理解货币为何物而言极其重要。

IV. 实现自我增值的货币资本——成为被具体化的企业生产目的的利润

以利润而非单纯的货币为目的的生产

如此，现实中商品交换是以货币为媒介进行的，更进一步而言，由此可知各个生产者首先必须努力去获取作为一般等价物的货币。进一步具体化该议题便涉及"获取利润"的问题。这是因为在资本主义社会中基本的生产者是资本主义企业，其生产目的是获取利润。其目的并非仅是单纯地获取货币，而是最终获得比先前投入的货币金额更大的货币。而其中差额即为利润，获得利润才是资本主义企业真正的目的所在。

而这也是本章中讨论的商品社会论的一个转折点。由于最早的生产者是为了消费产物而进行生产（第一章），但到了资本主义社会，消费品的获取可以通过商品交换实现（本章第Ⅱ节）。但是由于通过物物交换来进行个别商品的交换实现起来较为困难，因此现实中各个生产者便首先致力于获取"货币"（本章第Ⅲ节），而此前，导入货币的目的则是使得获取所需使用价值的交换过程顺利一些。但是，如果利润成为目的的话，那么使用价值就变得无足轻重了，人们关注的也只有"价值"这一侧面了。实际上，只看形式的话，利润其实也属于货币。只是就利润而言，用这些货币（即所获得的利润）能买什么东西已经变得毫无意义了，"价值"将以"有价值的东西"的形式独立登场。由此可知"货币"在从"商品目的"转换到"利润目的"这一过程中起到了决定性的作用。

但是，即使这样，仅有货币，且仅在商品交换过程中的话是无法创造"利润"的。因为商品交换（商品流通）是基于等价交换的[1]，在交换中付出的东西（例如货币）和得到的东西（例如商品）必须是价值等同的。这意味着在交换过程中最初的货币价值与之后获得的货币价值之间不存在差额利润。但是，现实中该过程的确创

---

[1] 像欺诈与抢劫这样不平等的交换也会创造"利润"，但是这种"利润"往往伴随着社会其他方面的损失。因此要讨论全社会中一般"利润"的产生，则需要在等价交换的前提下进行。

造了利润,而这是为什么呢?

仅在流通过程中创造利润这一外在表象

在考虑这个问题前,这里首先介绍一下,认为仅在流通过程中才产生"剩余"这一西方经济学的观点。这里的"剩余"是由"生产者剩余"和"消费者剩余"二者构成的,前者等于"利润+固定费用",后者等于"物品效用的货币价值-物品的价格"。因此,可知这里问题在于前者。如果不考虑固定费用的话,前者便等同于利润。即,这里我们将引入仅在流通过程中才产生"剩余"这一西方经济学的观点。

如下,首先我们将说明该论调所依据的西方经济学框架。按照西方经济学理论,在某消费者和生产者进行交易时,由于消费者的购买行为是自发性(非强制性)行为,所以可以理解为交易对于各自自身而言都存在某些利益。这可表示成:

$$消费商品所获得的效用的货币价值 > 商品的价格$$

文字式子两边的差额即为消费者剩余。

另一方面,该商品交易对于生产者来说也是自发性的,所以同样可以理解成该交易对于生产者来说是有利的。所以,同样:

$$商品生产所耗费相关费用 < 商品价格$$

这一关系式成立。如上述,两边的差额即为生产者剩余。

需要注意的是,此处单商品交易(流通)就产生了两个"差额",亦即"利润"[1]。前文中我们提到商品交换是等价交换,因此不产生任何形式的"利润",但是根据这里的说明,商品交换则可能产生"利润"。二者间的差异在哪里呢?或者说

---

[1] "因此,就使用价值来看,可以说,'交换是一种双方都得到好处的交易'。"马克思. 资本论(第一卷)[M]. 北京:人民出版社,2018.183.

这两种情况哪一种是对的，哪一种是错的？

为此，则需要先理解上述两个不等式中存在的"不可思议"。也就是，这两个不等式中一个是表示相对于"商品的价格"而言"商品的价值"更大，而另一个表示则是"商品的生产费用"小于"商品的价格"，通过结合上述两个式子，此处的"不可思议"便可一目了然。即：

消费商品所获得的效用的货币价值＞商品价格＞商品生产所耗费相关费用

这体现了，在该商品的生产费用低于消费者消费商品所获得的效用时，如果商品的价格的大小在效用和生产费用之间则交易能够成立。换句话说这就意味着：

消费该商品所获得的效用的货币价值＞该商品生产所耗费相关费用

是交易成立的根本条件。用本书第一章中推导出的劳动价值论来表示的话则如下，即：

消费该商品所获得的效用＞生产该商品所产生的劳动负效用

也就是说，并不存在任何"不可思议"的地方。这里重复一下，本书第一章开篇中就已经提到，把人的劳动（生产活动）看作与自然界之间的物质代谢活动，投入劳动的负效用和由劳动投入而获取的物品效用之间产生差额，人的劳动是一种获取此差额的活动。如果该条件成立的话，这里"剩余"的产生（包括"利润"的获取）则是以生产活动为前提的。即，单纯的商品交换（流通）中是不产生任何"利润"的。其之所以能产生利润是因为生产活动在商品交换（流通）之前就存在（即利润是在生产活动中所产生的）。

马克思的论证方法——生产活动是利润的来源

马克思对于该问题即利润源于生产活动的论述与上述有些不同。

马克思试图阐明，对于资本主义的生产者（资本家）而言，最初持有的货币额度（用G表示）将与交易之后（增值了）的货币额度（用G'表示）不同，即：

$$G - G' (或 G - G + \Delta G)$$

其中，ΔG是价值增值的部分，即可理解为"利润"。

但是，这个过程并非一蹴而就。首先资本家需要将其手中持有的货币（G）用于购买最初的生产资料和劳动力，从而生产产物，再通过出售产物来获得G'。更准确地，应如下（资本循环公式）：

$$G - W - G' (或 G - W - G + \Delta G)$$

这里W表示的是最初购入的生产资料和劳动力。为了进一步明确使用生产资料（用P_m表示）和劳动力（用A表示）进行生产活动的过程，则可写成如下：

$$G - W <^{P_m}_{A} \cdots P \cdots W' - G'$$

由此可得，最初购入的2种生产要素（生产资料和劳动力）的价值等于G，由其生产的产物的价值等于G'。因为最初$G-W$这一过程只是单纯的商品交换过程，所以是等价交换。最后的$W'-G'$这一过程也只是单纯的商品交换过程即等价交换。可知利润的产生（价值增值）的关键在于生产活动过程。

只不过，马克思并未止步于此，他还做了进一步的考察。马克思认为，最初购入的生产资料W中，生产资料P_m的价值只不过是保存在生产活动中，所以如果硬要说价值变化发生在哪一部分的话，那么价值增值的本质应归于劳动力A。由此可得，劳动力商品，"其自身的价值"和"劳动创造的价值"是不同的。因为，"其自身的价值"是指为了劳动力的再生产所需的劳动量，也就是为了实现劳动力的再生产所需的消费资料中涵盖的劳动量。

比如，衣食住行上所必须消耗的消费资料的价值，以及为了提高劳动力质量的与教育相关的价值，下一代劳动力再生产所必要的养育费，等等。另外，"其消耗劳动所创造的价值"指的是由劳动力的消费（支出）所生产的产物的价值。而且，这二者并没有一致的必要，相反，如果是后者比前者大的生产活动，则二者间的差额会以"利润"的形式出现。马克思认为，这便是"利润"的源泉。虽然这样的说明与笔者的说法略有不同，但是主张的观点都是一致的。

老实说，思考这种"差额"问题，对于理解人类史上的资本主义社会的产生而言至关重要。之所以这么说，是因为在资本主义社会之前虽然没有"价值"这一概念，但这个"差额"其实就是"价值"，随着原始共产体制的终结，人类社会步入阶级社会以后一直存在的"剥削"。比如，对奴隶而言，奴隶所生产的产物量超过维持其自身劳动力所必要的产物量是其存活的必要条件。如果两者一致的话，对于奴隶主而言使用奴隶的客观意义便消失了。实际上，这也是为什么在生产力更为低下的原始共产主义时代，在战争中抓获俘虏并非是为了获得奴隶，而是将之用作食物的原因。对于理解此类阶级社会而言，"劳动力的再生产费用"和"劳动力支出所生产的产物"之间的差额便成了关键。马克思虽然没有具体地对这一点进行解释，但他认为资本主义需要劳动再生产，以此为基础计算出"其自身的价值"和"消耗劳动力所创造出的价值"之间的差额，而这个差额就是资本主义剥削的根源。笔者认为，之所以如此说明也是缘于马克思注意到了资本主义剥削和古代社会剥削之间的共通性。

但是，这里笔者想追加说明对"劳动力买卖"这一概念的正确理解。虽然西方经济学不存在"劳动力买卖"与"劳动买卖"概念上的区分，但这两者是不同的。比如，就"劳动力"而言，即使在某一规定的时间内购买可以劳动的能力，如果在该期间内没有适当地使用劳动力的话，则无法获得与超过支付（工资）部分等价的价值，就只是一种浪费。也就是说，"劳动力"只不过提供了一种生产可能性，其本身并非"劳动"。"劳动"是指劳动力消费（支出），表示的是其可能性已经被实现。

此外，在理解"劳动力的买卖"时，需要对照"奴隶买卖"这一概念来理解。在资本主义社会下，工作的劳动者并非奴隶。因为，虽然说他们出售了劳动力的处分权，但这种出售仅限于一定时间内，其劳动力的所有权并未发生改变。在这一点上来说，该过程并非"劳动力的所有者自身的贩卖"（即"奴隶买卖"）。这也证明了资本主义社会较其过去社会是进步的。但是，即便如此，此处关键在于理解：被贩卖的劳动力的价值与其支出效果（新价值的创造）之间的不同。

总之，由此我们便能更具体地理解"商品生产社会"中的人类行动，并明白其实际目的在于"利润"，而"利润"的源泉是生产活动（即劳动）。进一步，在经历商品交换和生产活动之后，资本家最初持有的货币的额度将变大。这样就有了货币的"自我增值的货币"这一概念。也可以表述为"自我增值的价值"。而"自我增值的价值"＝"自我增值的货币"才是"资本"的第一定义。由此，货币的概念则升华到了资本的概念。

第三章　工业社会下的资本主义

资本主义生产力的本质、充当劳动指挥权的资本

在上一章中,我们讨论了处于商品生产社会时期的资本主义社会的情况,并在末尾提到了追求"自我增值的价值"的资本的相关内容。也就是说,上一章的探讨主要从商品的概念出发,并深入了资本这一概念。这表明资本主义社会并不是单纯的商品生产社会,而是一个被资本实际统治的社会,资本在其间扮演了劳动支配者的身份。

因此,本章将从"生产力"的本质出发,解释为何劳动必然会被支配,以及作为支配目的的剥削到底为何物。如上一章的副标题所示,其阐释了商品生产社会的产生是生产力发展的结果,而生产力发展体现在实现了一定数量的生产。与之相对,本章将对工业革命所带来的新的生产力的本质(即机器大工业)如何将资本主义塑造成"工业社会"等相关内容进行论述。

I. 享有"劳动指挥权"的资本

资本的另一个定义——劳动指挥权

通过上一章末尾的论述，我们能够较为清楚地理解资本在实现"自我价值的增值"上的内涵。在日语中，"资本"还有"资金"及"本金"的含义，即最初投入的G。而这里之所以叫做"最初的投入"，是因为之后它将会变成G'。换句话说，资本如果不实现增值则毫无意义可言。"本金"的目的就在于实现自身的增值。《资本论》第一卷第四章中明确地记述了这一点。

然而，这并非《资本论》给出的唯一关于资本的定义。《资本论》第一卷第九章中指出，"对劳动，即对发挥作用的劳动力或工人本身的指挥权"[1]，甚至还明确指出"资本发展成为一种强制关系，迫使工人阶级超出自身生活需要的狭隘范围而从事更多的劳动"[2]。关于这一点的讨论不仅限于《资本论》中的某个段落，在开始对"资本"进行全面分析的第三篇（即"绝对剩余价值的生产"）的总结性陈述中也有所提及[3]。换句话说，之所以资本可以实现自我增值，是因为它具有对劳动的强制权，而这正是资本的本质/定义。上一章的讨论主要围绕"商品交换"社会，在交易的背后所有参与者都是平等的。因此上一章中主要论述的是经济主体之间的对等性问题。这种对等性解释了即使在没有隐瞒欺诈的情况下利润也依然由资本家获得的秘密。但本章所要论述的情况并非如此，因为资本家和工人之间存在不对等性及权力差异，所以支配便成为问题的关键所在。

资本的定义自然而然地随着时代发展而发生变化。在上一章末尾处，我们厘清了消费劳动能力（劳动）所产生的价值（再加上生产资料的价值为G'）超过了劳动力价值（它的再生产成本，加上生产资料的价值为G）是导致资本"实现自我增

---

1 马克思. 资本论（第一卷）[M]. 北京：人民出版社，2018. 359.

2 同上。

3 马克思在指出资本是作为"自我增值的价值"的同时，提到"对他人劳动的指挥权（支配他人的劳动，要求占有他人的劳动）"是"资本"的属性。马克思. 资本论（第三卷）[M]. 北京：人民出版社，2018. 398.

值"的原因。但即便如此，我们依然有必要对为什么两者会出现不一致，为什么两者的大小关系不会发生颠倒等内容进行解释。为此则必然存在一种强制力，强迫劳动者付出超出其劳动力价值的劳动，而这里的劳动力价值以工资支付的形式体现。这就是所谓的"对劳动的专制指挥权"，它与劳动力的买卖属于等价交换并不矛盾。这是由于劳动者作为劳动力这一商品的所有者，在进行交易时遵循的是等价交换原则，而上述的"强制关系"是在交易完成之后，"劳动力"在规定的时间内归资本家所有以后才会发生。也就是说，工人的自由止步于工厂门口。需要注意的是，这里提到的"强制关系"是发生在工厂里的关系。如此，即使资本家确实支付了"劳动力价值"（即便是等价交换），我们依然可以解释为何 G 和 G' 之间存在差异。

置盐信雄对剥削的证明——"马克思基本定理"

尽管如此，如果仅仅只是停留在社会表象，则无法理解"劳动力消费（劳动）所创造的价值"超出了"劳动力价值"这一内容。主要的原因在于未把前者全部视为新增加的价值，例如认为"机器"本身也会创造新价值。西方经济学中也有类似的观点。这种观点之所以有误，是因为它未能正确理解以下两点。即①机器也是劳动的产物（劳动是唯一的本源性生产要素）；②包括投入机器生产在内的全部劳动投入量，是依据其与从劳动的产物中获得效用之间的比重来衡量（即劳动的无效用决定了生产量的基准）的。关于这一内容我们在第一章也曾讨论过。一旦领会了这一点，我们就不会再被"机器也能创造价值"这一错误观念所误导。其次，G 和 G' 之间差异的存在是由上述的"强制关系"导致的，马克思把这种差异的存在称为"剥削"，把差异本身称为"剩余价值"。"剥削"在资本主义之前就早已存在，所以准确而言，应该将其称作"资本主义下的剥削"。

但是，仅仅用文字来描述这种关系，对西方经济学家是没有说服力的。为了克服这一点，置盐信雄在他的文章中提出了"马克思基本定理"这一公式。这个模型的理论成就影响深远，在此，笔者对这一理论进行相应的介绍。

图3-1 为分析"马克思基本定理"的符号定义

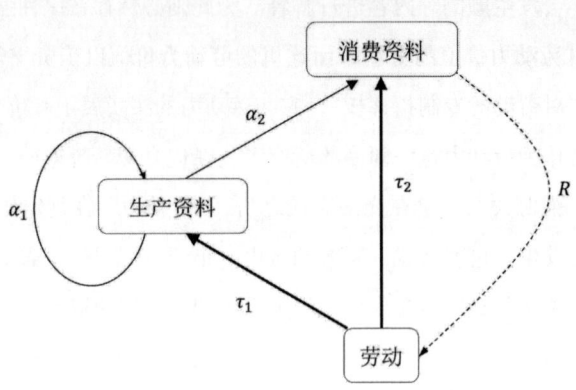

根据图3-1，我们首先对证明这个定理时需要用到的符号进行定义。此图建立在第一章图1-3的基础之上，不同的是，此处我们认为生产资料的生产也需用到生产资料。具体而言，生产一个单位的生产资料需要a_1（$0<a_1<1$）单位的生产资料和τ_1（>0）单位的直接劳动投入。生产一单位消费资料需要a_2（>0）单位的生产资料和τ_2（>0）单位的直接劳动投入。另外，假设p_1, p_2分别表示生产资料和消费资料的单位货币价格，w（>0，假设两个部门相同）为劳动者每小时工作所得到的工资（货币工资率）。此外，如果用R表示一个劳动者用这些工资能够购买到的消费资料的数量（实际工资率）的话，那么R也可以表示为$R=w/p_2$。

此时，如果资本家想要在这两个部门同时获得更多利润，那么以下关系必然成立。即：

$$p_1 > a_1 p_1 + \tau_1 w$$
$$p_2 > a_2 p_1 + \tau_2 w$$
$$w = R p_2$$

最后一个式子$w=Rp_2$是上文所述的实际工资率的定义式。首先将该公式与其他两个不等式进行变形，可得$p_1/p_2 > \tau_1 R/(1-a_1)$、$(1-\tau_2 R)/a_2 > p_1/p_2$，进一步整理可得：

$$(1-\tau_2 R)/a_2 > \tau_1 R/(1-a_1)$$

此处，由于$a_2 > 0$，可以进一步变形[1]为：

$$1 - R(a_2\tau_1/(1-a_1) + \tau_2) > 0$$

这个式子表明了实际工资率的取值范围是由图3-1中所示的各种技术系数决定的。问题在于，通过带入生产消费资料所需的直接和间接劳动投入（价值）t_2我们可以将这个复杂的系数简化为：

$$1 - Rt_2 > 0 \qquad (*)$$

简化式（*）可按以下方式推导出来。

假设将生产资料和消费资料生产中的直接和间接劳动投入总量设为t_1、t_2，此时可得：

$$t_1 = a_1 t_1 + \tau_1$$
$$t_2 = a_2 t_1 + \tau_2$$

这两个方程（一般叫做价值方程式）。联立这两个方程式求解可得：

$$t_1 = \frac{\tau_1}{1-a_1}$$
$$t_2 = \frac{a_2\tau_1}{1-a_1} + \tau_2$$

---

[1] 严谨地说，为了证明上述的说明还需要证明p_1、p_2和w的解为正值，但这里我们暂时省略这一步。

再把这两个解（特别是第二个解）代入公式 $(1 - R(a_2\tau_1/(1-a_1) + \tau_2) > 0)$ 便可计算得到式子（*）。

下面将对求得的式子（*）的含义进行解释。其中，t_2表示的是生产消费资料所必要的直接和间接的劳动投入量。R_2表示"劳动者在单位劳动（提供1单位劳动所进行的交换）中获得的消费资料所涵盖的总劳动量"。二者的乘积（*）的值小于1。换而言之，即劳动者提供1单位劳动所换来的消费资料的量低于1单位劳动所生产的消费资料的量。这可以被视为是对"劳动力价值（所获得的消费资料的价值）"低于"消耗劳动力（劳动）所产生的价值"（即剥削）的证明。

另外，如果将式子（*）的左右两边同时除以t_2的话，将赋予该式子新的含义。即可表示成：

$$\frac{1}{t_2} - R > 0 \,^1$$

此时，左边表示（在既存的生产资料下）劳动者1单位劳动所获得的生产资料的数量小于1单位劳动所能生产的消费资料的数量。如此这般，原本依据价值单位（投入劳动量单位）来证明剥削存在的式子（*）便转换成了实物单位。也就是说，我们也可以通过"劳动者只能获得其生产实物中的一部分"这一实物维度来证明"剥削的存在"。

虽然对于"同质劳动者"而言，这种关系可以说是均等的，但对于生产力低下的部分劳动者来说，也存在"实实在在地获得了自身生产的全部实物"[2]的情况。相反，当劳动者能力参差不齐时，对于企业而言合理的做法则是按劳动者的能力高低来有序地雇佣劳动者，且当雇佣劳动者的能力和工资一致时，则停止继续雇佣。也就是说，我们也可以将劳动者的雇佣情况理解成一种"边际生产力原理"，并可表

---

1 将该式子中分子分母倒置后，可写成$\frac{P_2}{w} > t_2$。此时该式子反映了，左边（即第2部门商品）的支配劳动量（可以买回第2部门商品的劳动量）比该商品所涵盖的投入劳动量大。类似的，从"马克思基本定理"中推导出的剥削又可以重新表示为其他各种形式。

2 更详细地说，出于一些原因雇佣了低于工资水平以下生产力的劳动者，也可能出现负剥削成立的情况。不过，只要企业生产存在利润，这一情况都可以被视为例外。

示成图3-2。

图3-2 边际生存力递减的情况

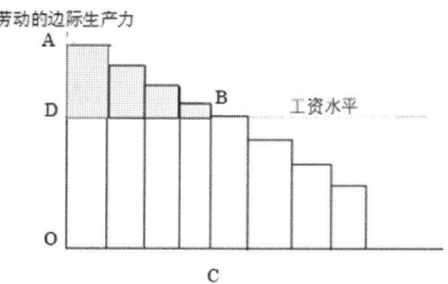

此时,灰色部分表示的是劳动力的购买者(即企业)所能得到的"消费者剩余"。按照上文的逻辑,这部分便是被"剥削"的部分。被雇佣的劳动者所生产的产物为图中梯形ABCO的面积,但以工资形式获得的实物却仅仅是长方形DBCO的面积。不过,即使工资和雇佣量并非由边际生产原理来决定,但只要出现例如劳动力的买家垄断等情况,便会导致"劳动者只能获得其自身生产实物中的一部分",即存在"剥削"。例如图3-3中所示情况(这里假定均为同质的劳动者)。可见,通过"平均的"或"总体的"劳动者所生产出的产物与其获得的产物之间存在差额,因此在此情况下"剥削"依然存在。

图3-3 边际生产力不变的情况

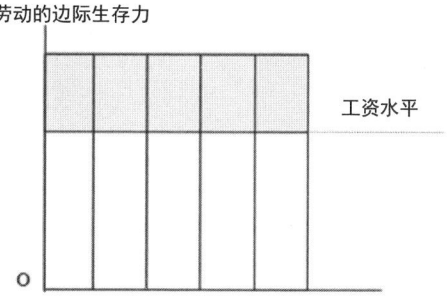

总而言之，如果忽视一些复杂的记号，从资本家获得利润的条件出发，置盐的证明揭示了资本家获得利润的条件与"劳动力价值（获得的消费资料的价值）"要低于"消耗劳动力（劳动）所创造出的价值"[1]同义。现实社会中存在"利润"[2]是不可否认的事实，这也就证明了"剥削"的存在。本书在上一章末叙述了从G到G'的"价值增值"过程。这里我们证明了价值增值的原因在于存在"剥削"。另外，虽然不值一提，但是"剥削"其实贯穿于奴隶制社会之后的整个人类社会。也就是说，支配阶级持续剥削被支配阶级劳动的产物的一部分，这种情况一直都存在。通过上述说明，我们证明了依靠等价交换而形成的资本主义社会只不过是阶级社会的一种表象，它与其他阶级社会所表现出来的差异仅限于各自产生方式的不同。在漫长的人类历史长河中，我们对于资本主义的理解无出其右。

考虑联合生产和固定资本的"马克思基本定理"

由于置盐的解释极其重要且令人震撼，所以西方经济学领域对该证明提出了很多反对意见。之后对该证明的批评和反驳也层出不穷。本书将介绍其中的两个例子。第一个例子是来自伊恩·斯蒂德曼（1975）的批判。他认为，在某些存在"联合生产"（比如在同一劳动过程中生产出一种以上的产品）的反例中，"马克思基本定理"不成立。不过，这个批判并不适用于常见的、明确区分了生产资料和消费资料的两部门模型。关于这一点的解释如下文所述。

首先，假设在第1部门中，每生产一单位的生产资料将伴随b_1单位的消费资料的联合生产，且在第2部门中，每生产一单位的消费资料将伴随b_2单位的生产资料

---

1 由于置盐的证明无法证明剥削之外的东西，于是便出现了类似"即使可以证明存在某种剥削也不能证明它是对劳动剥削"的批判，这种批判是正确的。所以，除此之外我们还必须证明这里的剥削并非是指如对水、太阳能这类东西的"剥削"，而是对"劳动的剥削"。即还必须强调"劳动价值论"的正当性。本书的第一章中证明了这一点。此外，接下来要讨论的分析学派马克思主义的主张也并非基于劳动价值论。

2 西方经济学的一般均衡理论强调在规模报酬不变的技术条件下企业的利润为零。该论点是依靠企业向资本拥有者全额支付资本租赁费用而得以成立的。但是，这里的"租赁费用（一般叫做资本收益率）"不仅包括折旧部分，还包括分给资本提供者（或是机能资本家）的红利，所以其中自然包括了"利润"。具体而言，"资本的租赁费用－折旧"等于利润。关于这个问题，第四章的第Ⅲ节及第五章的第Ⅲ节会作出详细说明。

的联合生产，那么本书86页所示的不等式就变为：

$$p_1 + b_1 p_2 > a_1 p_1 + \tau_1 w$$
$$p_2 + b_2 p_1 > a_2 p_1 + \tau_2 w$$

变形后可得：

$$1 - R\left\{\frac{(a_2 - b_2)\tau_1 + (1 - a_1)\tau_2}{(1 - a_1) + b_1(a_2 - b_2)}\right\} > 0$$

这里我们假定变形后的上述不等式$(1 - a_1)p_1 + p_2 b_1 > \tau_1 w$与 $p_2 > p_1(a_2 - b_2) + \tau_2 w$中的$1 - a_1 > 0, a_2 - b_2 > 0$。之所以可以如此表示，是因为第1部门生产资料的净产量、第2部门生产资料的净投入（大于0）是合乎实际的假设。此外，此时价值方程式为：

$$t_1 + b_1 t_2 = a_1 t_1 + \tau_1$$
$$t_2 + b_2 t_1 = a_2 t_1 + \tau_2$$

求解这两个式子可得：

$$t_1 = \frac{\tau_1 - b_1 \tau_2}{1 - a_1 + b_1(a_2 - b_2)}$$
$$t_2 = \frac{(a_2 - b_2)\tau_1 - (1 - a_1)\tau_2}{1 - a_1 + b_1(a_2 - b_2)}$$

可见，若将这里得到的t_2代入上面的不等式，就可以推导出与"基本定理"完全相同的公式，即$1 - Rt_2 > 0$。虽然相较于生产资料和消费资料之间不存在区别的假设而言，斯蒂德曼的反例更符合普遍情况，但是其中依旧存在些许问题。

需要指出的是，上述证明是以"明确区分了生产资料和消费资料的通常的两部门模型"为前提，因此接下来将对这一假定可能招致的批判进行说明，这里我们先将价格不等式变形为：

$$p_1 + b_1 p_2 > a_{11} p_1 + a_{12} p_2 + \tau_1 w$$
$$p_2 + b_2 p_1 > a_{21} p_1 + a_{22} p_2 + \tau_2 w$$

并把价值方程式写成如下形式，即：

$$t_1 + b_1 t_2 = a_{11} t_1 + a_{12} t_2 + \tau_1$$
$$t_2 + b_2 t_1 = a_{21} t_1 + a_{22} t_2 + \tau_2$$

并假定这两种商品都具备生产资料的功能。例如，可以设想这样一种情况：同样的一支铅笔，在家庭使用时是一种消费资料，而在企业运营过程中使用的话则成了一种生产资料。投入产出表就表达了这样一种结构关系，而且这也符合"现实"。但是，即使这两支铅笔是由相同的投入结构生产出来的，我们仍然可以用有相同投入结构的两个方程来分别表示"实际用作消费资料的铅笔"的投入结构和"实际用作生产资料的铅笔"的投入结构。而这种抽象作业可以通过理论模型来表示。在此意义上，"明确区分了生产资料和消费资料的通常两部门模型"的表示则显得很合理。

此外，笔者还想介绍一下森岛通夫提出的问题，即在考虑固定资本的情况下"马克思基本定理"是否成立的问题。置盐利用诺伊曼、斯拉法等人提出的固定资本的方式解决了这个问题。

首先，我们可以将在下一期中再利用相同的固定资本理解为生产了一个在当期发生过一次"折旧"的固定资本的副产品。这同时意味着在该生产过程中生产出了两种产品，即原始产品及"折旧"过的产品。此时的生产过程便可称作"联合生产"。基于这种理解，我们可以将上述中的盈利条件的表达式写成如下形式，即：

第0期生产资料部门的盈利条件 $p_1^1 + \sigma_1 p_1^0 > p_1^0 + R p_2 \tau_1$

第 1 期生产资料部门的盈利条件 $p_1^2 + \sigma_1 p_1^0 > p_1^1 + R p_2 \tau_1$

……

第 n-1 期生产资料部门的盈利条件 $\sigma_1 p_1^0 > p_1^{n-1} + R p_2 \tau_1$

第 0 期消费资料部门的盈利条件 $p_1^1 + \sigma_2 p_2^0 > p_1^0 + R p_2 \tau_2$

第 1 期消费资料部门的盈利条件 $p_1^2 + \sigma_2 p_2^0 > p_1^1 + R p_2 \tau_2$

……

第 n-1 期消费资料部门的盈利条件 $\sigma_2 p_2^0 > p_1^{n-1} + R p_2 \tau_2$

这里假设在整个耐用期间（从 0 期到 $n-1$ 期），每期投入 1 单位固定资本。因为在这一期间内固定资本将逐渐贬值，所以在表 p_1 的右上角加上表示每一时期的上角标以体现这种价格的变化。这里我们假设两个部门的消费资料价格 p_2、实际工资率 R、劳动力投入 τ_1 和 τ_2 不变。另外，假设在每次的生产过程中 1 单位生产资料能够生产的两个部门产品数量分别为 σ_1 和 σ_2。在此基础上，仔细观察"第 1 期生产资料部门的盈利条件"，会发现：其右侧表示的是投入 1 单位全新生产资料和 τ_1 单位的劳动力，而左侧的 p_1^1 表示的则是在生产出 σ_1 单位的新生产资料的同时，有 1 单位的固定资本被留到下一期。另外，如公式所示，最后第 $n-1$ 期中不存在 p_1^2 这一项。这是由于固定资本在这期被完全折旧，该情况也同样适用于消费资料生产部门。

于是接下来的问题便是求解上述不等式。将两个部门各自的 n 个不等式相加，可得：

$$np_1^0 \sigma_1 > p_1^0 + nRp_2\tau_2$$
$$np_2^0 \sigma_2 > p_1^0 + nRp_2\tau_2$$

根据 86 页的方法把这两个式子变形可得

$$1 - \left\{ \frac{(n\sigma_1 - 1)\tau_2 + \tau_1}{\sigma_2(n\sigma_1 - 1)} \right\} R > 0$$

（这个变形过程用到了下文中所推导的式子$n\sigma_1 - 1 > 0$。）于是，这里的问题则回到了式子$\frac{(n\sigma_1-1)\tau_2+\tau_1}{\sigma_2(n\sigma_1-1)}$是否可以用$\tau_2$来表示。通过求解以下的方程组，便可得到答案。即：

第0期生产资料部门的产出=投入　　$t_1^1 + \sigma_1 t_1^0 = t_1^0 + \tau_1$

第1期生产资料部门的产出=投入　　$t_1^2 + \sigma_1 t_1^0 = t_1^1 + \tau_1$

······

第$n-1$期生产资料部门的产出=投入　　$\sigma_1 t_1^0 = t_1^{n-1} + \tau_1$

第0期消费资料部门的产出=投入　　$t_1^1 + \sigma_2 t_2^0 = t_1^0 + \tau_2$

第1期消费资料部门的产出=投入　　$t_1^2 + \sigma_2 t_2^0 = t_1^1 + \tau_2$

······

第$n-1$期消费资料部门的产出=投入　　$\sigma_2 t_2^0 = t_1^{n-1} + \tau_2$

与之前的不等式不同，这里把1单位生产资料所包含的劳动量（价值）用带年份的t_1来表示，而消费资料中包含的劳动量用t_2来表示。与上述相同，将两个部门各自的n个方程相加的话，可得：

$$nt_1^0 \sigma_1 = t_1^0 + n\tau_1$$
$$nt_2^0 \sigma_2 = t_1^0 + n\tau_2$$

分别求解t_1、t_2，可得：

$$t_1 = \frac{n\tau_1}{n\sigma_1 - 1}$$

$$t_2 = \frac{(n\sigma_1 - 1)\tau_2 + \tau_1}{\sigma_2(n\sigma_1 - 1)}$$

（另外，之前假定的$n\sigma_1 - 1 > 0$也可以从这个结果中推导出来。）于是，以上式子便可变形为$1 - Rt_2 > 0$。也就是说，在该情况下"马克思基本定理"也依然成立。

分析学派马克思主义的阶级剥削对应原理

上述的说明虽然可以证明"马克思基本定理"是正确的，但是仅凭以上的说明还不足以解释剥削带有"强制关系"的性质。这是因为，关于强制关系在降低Rt_2（即"劳动者单位劳动所获得的消费资料中涵盖的总劳动量"）而实施的延长劳动时间、降低工资中是有效的这一问题只能在模型外才能得到阐释。这就意味着，马克思基本定理基本上只能说明"利润的存在"属于"剥削"。

为了弥补上述不足，这里将介绍受上述置盐模型影响，20世纪80年代在美国出现的"分析学派马克思主义"（Analytical Marxism）。该学派提出了"阶级-剥削对应原理"这一新的模型。正如其名，该原理旨在说明持有大量固定资产（生产资料）的"资本家"和持有少量生产资料的"劳动者"这两个阶级间在自发进行资本借贷的情况下，也存在着"剥削"[1]。接下来我们将对此进行简要说明，旨在揭示资本家对劳动者的强制权是"剥削"产生的必要条件。

在此之前，首先要探讨的是分析学派马克思主义中的"剥削"的具体定义。为此，笔者将列举下列数值用以说明。假设资本家和劳动者阶级各持有1单位劳动，且各自拥有如表3-1中所示数量的机器。这种情况下，他们各自的生产量分别为3和1，整个社会的生产量为4。此时，如果资本家向劳动者"出借"机器并使得二

---

[1] 严格来说，分析学派马克思主义把社会中的阶级分为5类，分别是：（不提供劳动力仅靠雇佣经营的）纯资产阶级、（自己也提供劳动力且雇佣其他劳动力的）小资产阶级、（仅凭自身劳动可维持生计的）独立手工业者、（仅凭自身劳动无法维持生计、需要出售部分劳动力的）半无产阶级、（只能靠出卖劳动力获得工资维持生计的）无产阶级。本书把第一类和第二类归为"资本家"，将最后的两类归为"劳动者"并展开讨论。

者可操作的机器数量均等的话,那么两者的生产量都将变为2.5^1,而社会的总生产量则为5。相比借贷发生之前净增加了1单位。这样一来,问题就成了社会生产量净增加的部分由哪个阶级获得。分析学派马克思主义假定生产量净增加额的大部分由前者(即资本家阶级)获得,并称之为"剥削"。其理由在于这部分生产量的净增额原本是属于他人的劳动成果。

表3-1 分析学派马克思主义的资本和剥削概念

	资本家			劳动者			全社会		
	机器+劳动 => 生产			机器+劳动 => 生产			机器+劳动 => 生产		
初期持有量	10	1	3	2	1	1	12	2	4
借贷后的使用量	6	1	2.5	6	1	2.5	12	2	5
租金的接受程度(分析学派马克思主义的设想)		+1.49			−1.49				
最终所得(分析学派马克思主义的设想)		3.99			1.01				

那么,为什么分析学派马克思主义要假定社会生产量净增加的部分是由资本家获得呢?问题的答案通过下面的假设便可以得出。即假设在此次资本出借中,资本家向劳动者索求1.49的租金,那么此时劳动者是否会接受如此高额的租金呢?从劳动者的角度来看,即使他支付了这部分租金,他的最终收入依旧比借贷前的1高出0.01。也就是说,在这种情况下,比起拒绝借贷合约,接受借贷合约对于劳动者来说更有利。此时两者(即资本家和劳动者)之间的关系则可以视为是在"自由意识"下缔结成立的契约关系。

但是,这里必须注意的是,如果此时劳动者占优势地位,那么劳动者就有权要

---

1 这里的假定并不特殊,等同于假设资本的边际生产力递减。资本从0增加到2时边际生产力为0.5(假定机械为0,生产为0),资本从2增加到6时边际生产力为0.375,资本从6变到10时边际生产力变为0.125。

求资本家支付0.51的租金并让资本家接受。此时，资本家将获得比最初所得3多一些的收入，即3.01。如此这般，只要保证租金的大小在0.51到1.49之间，契约都将在"自由意志"的前提下成立。因此，最后这二者之间的契约到底是在多少数额下成立的，则由契约以外的因素，即实力关系决定。从笔者所要论证的内容来看，"谁拥有强制力"起到了决定性的作用，即只有资本与劳动的实力关系才是问题的关键所在。在这一意义上，分析学派马克思主义的这一公式化理论很好地证明了实现"自我增值的价值"的资本也必须具备"劳动指挥权"[1]。

即便如此，该学派的理论在以下要谈到的两点上存在相应的问题。其中之一就是"资本借贷"与"雇佣"之间存在着微妙的根本性差异。

也就是说，在上述分析学派马克思主义的解释中，"资本借贷"是在劳动者留在自己的工作地点且同时被允许使用资本家的机器的情况下实现的。而这与劳动者前往有机器的地方（资本家的工作地点）工作（即"雇佣劳动"）之间存在着根本上的差异。分析学派马克思主义并未对两者加以区别，而是围绕"劳动指挥权"这一问题展开探讨，仅仅聚焦于"劳动方式"的差异。实际上，《资本论》第三篇围绕"劳动指挥权"的论述，确切地说第五章中的"劳动过程"和"价值增值过程"以及接下来的第六章到第九章，都是将二者统一起来理解。也就是说，对"劳动指挥权"的讨论必须在"劳动过程理论"下展开。围绕"雇佣劳动"的讨论亦是如此，且是回答这一问题的关键。也可以将此理解为是关于"生产力的本质"的问题，比如以何种工作方式、采用何种生产手段等。本书第二章仅仅是关注"生产力的数量"问题，而本章所要讨论的则是生产力的本质问题。

阐明"雇佣劳动"特质的抗争交换理论

实际上，在美国也存在运用博弈理论来研究"雇佣劳动"这一特质的一系列研

---

[1] 不过，分析学派马克思主义学者们认为这种分配率是由存在失业的下行压力这一市场关系决定的，并未涉及这里所讨论的"强制力"问题。但是，他们所谓的市场压力改变分配率，也是通过劳资关系的变化而实现的，无论怎么看都是"强制力"的一种。或者说，即使没有市场的介入，国家权力等的介入也会对这种分配率产生影响。那么，可知问题还是在于劳资的力量关系上。姑且不论他们持有何种见解，他们的分析框架已经明显反映了马克思主义经济学含义。这也是本书的观点。其次，关于"力量关系"发生变化对经济增长路径产生的影响，可参照本书附录2。

究。此类研究被统称为"后瓦尔拉斯学派"。虽然瓦尔拉斯学派很好地阐述了市场交易的内涵,但单凭如此还无法揭示资本主义的本质。为此还必须一并探讨发生在"市场外"的各种交涉。其中最为重要的论点便是关于劳动力的买卖,围绕该论点展开的理论被命名为"抗争交换理论"(Contested Exchange Theory)。如上文中提到的,分析学派马克思主义的优点在于"揭示了资本与劳动的实力关系才是问题的所在",但严格来说在未阐明"雇佣劳动"的特质的情况下是无法探讨该问题的。实际上,表3-1中的净生产1在劳资间如何分配这一问题也可以通过纯粹市场理论来阐释,该理论指出分配由两者间无差别曲线相接的点所决定。但是,有批判指出单凭此不能称得上是"雇佣理论",我们也可以从这个角度进行理解。

究竟什么是"抗争交换理论"呢?通过明确地描述了这一理论的图3-4,我们可以看到:

图3-4 "抗争交换理论"框架下工资与劳动努力程度的抗争性交换

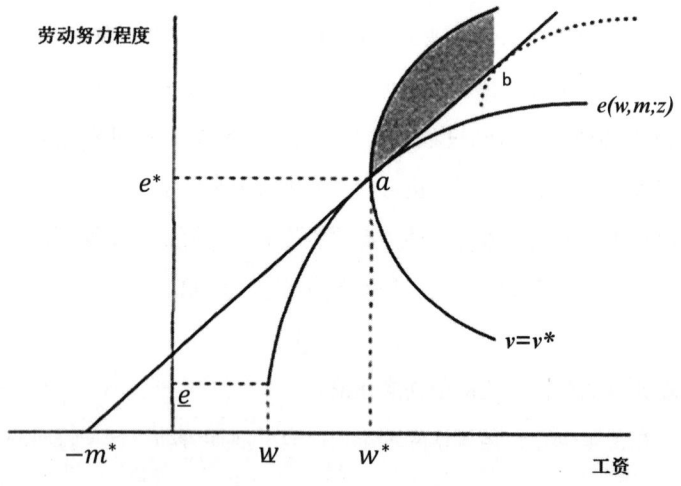

首先,图中曲线$v = v^*$表示劳动者一方特定的无差别曲线(等效用曲线)。该曲线反映了,即使是在工资水准相同的情况下,如果劳动者的努力程度降低将会导致下一期被解雇的概率上升,效用也将随之减少。同时,该曲线还体现了如果过度提高劳动者的努力程度，则劳动者会变得十分辛苦。因此，该曲线是向左边凸的曲线，当工资为w^*时，劳动者最适当的反应是选择付出点a水平的努力程度。万一，在工资为w^*时，劳动者选择了点a以外的点，则说明劳动者付出了不必要的努力，或是必须忍受较高的解雇率。由此所形成的劳动者最优反应函数则可以写成$e(w,m;z)$。这里，e表示劳动者的努力程度，m表示资本家对劳动者的监视成本，z表示雇佣合同失效时劳动者所获得的外部工资（例如失业补贴）。

以上是劳动者单方的反应。与此相对，资本家则是力争实现单位产品所耗费的成本（单位成本）最小化。这里的单位成本由从横轴上的$-m^*$向右上延伸的直线的倾斜度来表示（m^*是外生给定的最优监视成本）。由此可知，以上面所给的劳动者最优反应函数$e(w,m;z)$为前提的话，图示中直线上的点表示的是可以实现的最小单位成本的点。

如此一来，点a将作为劳资双方最优反应的点而被选定。"抗争交换理论"的特点便在于此。图中灰色部分对于劳资双方而言都是比点a更加有利的状况。当劳动者一方中，出现同僚的"搭便车"行为被抑制的情况时，劳资双方将不再进行上述的"市场交易"，取而代之的则是交涉交易（鲍尔斯称之为"抗争性交易"）。此外，如果假设不存在要求劳资双方协议的约束，且一方的背叛会换来另一方的报复的话，则可以达成博弈论意义上所谓的更好协议的履行。"后瓦尔拉斯学派"称之为雇佣劳动的特质。

另外，笔者认为宇野派经济学所主张的"劳动力商品化的不确定性"也是源于此。因为其主旨强调了"资本借贷"与"劳动力商品买卖"之间的根本差异。劳动力商品在买卖合同成立后付出了多少劳动（劳动力商品的消费）取决于劳动者的干劲及（劳动者遭受的）强制的程度。包括"抗争交换理论"在内，西方经济学通常将这种雇佣劳动的特殊性置于"雇佣契约不完善性"的问题框架下加以讨论。

资本家为何物？——剥削的第一定义与第二定义

上文中，通过与"抗争交换理论"相对比，我们就"分析学派马克思主义"的问题点之一，即对"雇佣劳动"特质的不完全阐述进行了探讨。除此之外，分析学派马克思主义中还存在另一个且在某种意义上更为重大的问题，即关于"资本家为何物"的定义问题。仅仅是根据"生产资料所有的多寡"来定义"阶级"的话，反而会导致无法清晰地看待这个问题。也就是说，即便是在全体社会成员都能得到相同工资的社会里，也存在"国家"通过使用强制力去吸收剩余价值（然后进行资本积累）的情况。那么，这又该如何理解呢？在这种情况下，即便没有诸多个人之间的"剥削"，"国家"这一社会存在也会对劳动行使指挥权。此时，国家便发挥着"资本家的职能"。而这就是第一章中提到的"国家资本主义"。

该问题与"资本家为何物？"也息息相关。或者进一步说，马克思认为资本家"只是人格化的资本"，对此的理解与"资本"原本的主体便是剥削者，"资本家"只不过是其职能的承担者（代理人）相关。这可以从马克思的原话中得以确认，即：

价值增值——是他（资本家）的主观目的；只有在越来越多地占有抽象财富成为他的活动的唯一动机时，他才作为资本家或者作为人格化的，有意志和意识的资本执行职能。[1]

以及，

作为资本家，他只是人格化的资本。他的灵魂就是资本的灵魂。而资本只有一种生活本能，这就是增值自身，创造剩余价值，用自己的不变部分即生产资料吮吸尽可能多的剩余劳动。[2]

如前文所述，资本（capital）带有自我增值的欲望，因为资本本身不会说话，必须由谁来为这个欲望代言。而这个代言人便是资本家（capitalist）。如果是这样的话，单纯地说"资本家"从劳动者的雇佣中获得利益是不充分的。问题在于通过这样的获利方式是否使得资本的增值欲望得到了满足，即是否就能实现"资本增

---

1 马克思. 资本论（第一卷）[M]. 北京：人民出版社，2018.178.
2 马克思. 资本论（第一卷）[M]. 北京：人民出版社，2018.269.

值"。这个"人格化的资本"实际上就其个人来说毫无利益可言，也可以认为只不过是单纯的"劳动指挥权"（对于劳动的强制力）的执行者。这当然也包含利用"国家"机关来推进资本积累的政府官僚、政治家及作为其代言人的意识形态理论家们。

图3-5 资本主义发展的机制

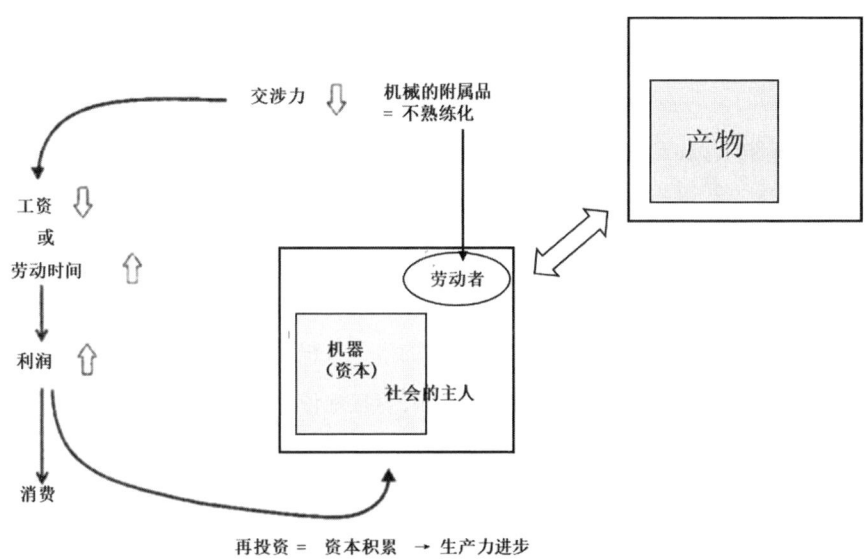

下文将提到的另外两个事例也有助于从上述角度对分析学派马克思主义的"阶级"概念进行批判。即，一方面是①不归属于任何一方，但在雇佣上充分发挥上述"资本家的职能"的经营者，另一方面是②有时以低于劳动者收入的工资长时间工作的中小资本家。分析学派马克思主义虽然很好地定义了诸多个人间的资产差距（拥有的生产资料的差距）是雇佣关系→剥削关系形成的原因，但由于缺乏"资本家的职能是什么"或者"资本是劳动指挥权"这样的视角，最终也未能明确地揭示"所有"是独立存在并发挥作用的"劳动指挥权"。因此，即使该理论（分析学派马克思主义理论）是能够表现不存在所有与功能分离的初期资本主义的优秀理论装置，但并非适用于分析"国家资本主义"及其他"特殊"资本主义的框架。

虽说如此，笔者并非轻视将因所得或资产之间存在差距而产生的影响进行了理论模型化的分析学派马克思主义的研究成果。由于他们所处的现实美国社会是一个存在着极大差距的社会，理所当然地，他们会试图通过经济学理论来揭示差距所导致的结果和问题。其实，日本社会中差距问题也在不断地深化。所以，笔者认为应该对他们定义的"剥削"概念持有敬意，并将这种等价于（资本）借贷的"剥削"称做"剥削的第二定义"。上述中，包括"国家"、被雇佣经营者、贫穷的中小资本家等"阶级"的"剥削"（为了资本储蓄而限制消费的剥削）则是"第一定义"，是一个对研究差距问题有益的道具，也是极为重要的概念。

生产资料起决定性作用的社会——资本主义社会

笔者对分析学派马克思主义研究框架感兴趣的另一个点在于，其对生产资料的关注。不过，分析学派马克思主义关注的是生产资料的"所有"问题，与此不同，笔者关注的是生产资料技术层面的特征。如前文所述，只有在劳动过程理论或是将劳动过程理论和价值增值过程论统一论述的生产过程论的框架下，才能透彻地分析作为"劳动指挥权"的资本的本质。也可以直接地说，对资本本质的阐释需要依靠技术决定社会结构这样的历史唯物主义框架进行论述。

因此，这里实际要考虑的是，工业革命终结了生产资料（排除一部分运输业等）充当"道具"的时代，取而代之的是在生产过程中起着决定性因素的"机器"。本书中，自始至终都在强调生产资料的重要性，但都是从劳动过程或者生产过程的技术性特征着手，并分析作为"劳动指挥权"的资本的重要性。不过，此处的分析旨在理解"机器"的特性，所以下文将把视角放在过去，从"道具"特征被特定化之时开始论述。

首先，试想一下工业革命前，不存在"机器"时的手工业体系。此时，人类生存社会中不存在"机器"而只有"道具"。想要提高生产物的产量和品质的话，唯一可行的便是提高"手工熟练度"。为此，从业者要和师傅之间达成"师徒关系"，并在此关系下数十年如一日地重复着同样的操作。此时，跟随师傅重复地进行作业就成了确保生产力的唯一方式，社会也因此形成尊重师长的传统，构筑了"温馨"的人际关系。儒教精神［或者是将儒家思想发扬光大的朱子理学中的"敬"（模仿→习惯化）这一原理］就是这一意识形态的重要体现。然而，在工业革命后的现代出现了"退休制度"。在组织中长期担任领导职位的人被认为是"老害",这是在工业革命前很难产生的一种观念。也就是说,对于需要经历时间历练的熟练操作而言,技艺最精湛的一般都是年长者,让他们离开作业现场则是最愚蠢的决定。换句话说,由于在过去生产力依赖的是技术特性,因此过去并不存在退休制度。

类似的变化不仅限于手工业作坊内的人际关系。比如,为了确保上述熟练度的形成,必须控制各个作坊内师傅所指导的工匠数量。这种熟练度不像大学课程体系中教授们所传授的"科学"知识,而是类似让"手"掌握"技艺"这样的言传身教。而这种教授只有控制在能够与师傅进行人格交流的范围内(大约10个人左右)才能够实现。为此,需要各个经营体保持较小的规模(即小规模经营),且形成了限制经营体间竞争并抑制大规模经营的封建行业联合会。由此可见,行业联合会也是这一时代技术条件下的产物。行业联合会的工作还包括严格限制每个工坊中的从业者人数。

但是,这样"温馨"的时代随着机器的登场而终结。随着机器的出现,生产物的质量就不像以前手工业那样依赖于熟练度,而是取决于机器的质量。这样一来就不再需要熟练劳动者,熟练劳动者便失去工作。取而代之进入工厂的则是不熟练的劳动者,其因"不熟练"而随时都有可能被取代。(《共产党宣言》中称之为"机器的单纯的附属品",《资本论》中称之为"机器的附属品"、"资本的附属品")。因此,劳动者与雇主间的交涉力变弱,工资和劳动时间等劳动条件将恶化("贫困法则")[1],其结果导致利润增加,而后利润再次作为资本投资机器("自我增值")。如此,在工业革命后的社会中,机器如社会主人公一般,以增值为目的持续运作。大多数情况下,"机器"等同于"资本",所以"机器的增值是宛如实现自我目的一般运作的社会"就等同于"资本的增值是宛如实现自我目的一般运作的社会"。工业革命后的社会之所以被称为资本主义社会(资本制社会,capitalist society)正缘

---

[1] 不过,这里的劳动条件恶化的下限必须能够维持劳动者阶级的再生产。至少要保证劳动者阶级的总人数(劳动力人口)不变,因为这是能否维持生存可能的资本再生产的零界值。因此,劳动者阶级的工资、劳动条件必须超过其自身和子孙的再生产费用。这里的最低限度也被叫做"生存工资"。

于此。因为资本主义社会是"把资本积累作为第一课题的社会"[1]。

总之,机器在生产过程中占比越大,也就意味着生产力越高[2]。在生产力的高低依赖于机器的质与量,而不再依赖熟练程度的资本主义社会中,对技术性特征而言,除了机器的增值(社会财富更多地分配给了机器而非劳动者这一情况)之外,任何无法改善生产力的东西都变得毫无意义。实际上,上述资本自我增值机制是"资本主义"社会完全自发地构筑而成的。

需要明确的是,工业革命之后,新的生产手段(机器的技术性特征)使得这种"自我增值"变得不可或缺。同时,为实现自我增值从而导致了劳动者的雇佣条件恶化、劳动分配率降低,最终导致了"劳动指挥权的强化"。本书始终一贯在强调技术决定社会整体构造这一历史唯物主义命题,而这里我们首次从"机器"这一新技术的本质特征出发推导出了"资本主义"社会体系的必要性。"劳动指挥权的强化"指的是资本和劳动关系本身,所以是"生产关系"的中心内容。不仅如此,这里我们同时还明确了"劳动指挥权的强化"是"生产力本质"的必然归结。

其次,为了明确此处涉及的"资本主义"与其他一般资本主义的区别,笔者还想补充以下两点。其中一点是关于"市场"的定位问题,另一点则是关于"私有"的定位问题。虽然在马克思主义经济学界中,对"市场"和"资本主义"、"私有"和"资本主义"不加以区别的学者很少,但即便如此,社会上的一般认知则是通过"市场"和"私有"来理解"资本主义"的定义或者基本特征的。笔者认为没有比"把资本积累作为第一课题的社会",即"以获取资本为目的的社会"更符合"资本主义社会"的社会定义的了。之所以这样认为是因为:如果以"市场"来定义的话应该称其为"市场主义社会"或者"市场社会",如果以"私有"定义的话应该称其为"私有社会"。虽说如此,但这并不意味"资本主义"与"市场"和"私有"无关,读者必须清楚地意识到这一点。

---

[1] 马克思反对将"资本主义生产本质"理解为是以消费为目的的储蓄。"资本主义生产目的"并非是"消费"而是"剩余价值的攫取和资本化"等。马克思. 资本论(第二卷)[M]. 北京:人民出版社, 2018. 566.

[2] "因为生产过程的规模(在生产力的发展不变的情况下)取决于一定量劳动力所能掌握的生产资料的数量和规模,而不是取决于这种生产资料的价值,也不是取决于劳动力的价值(劳动力的价值只会影响价值增值的量)。"马克思. 资本论(第二卷)[M]. 北京:人民出版社, 2018. 124.

首先是关于"市场"。实际上在上一章中已经详细讨论过这个问题。上一章的讨论主要围绕"资本主义社会是商品生产社会"。基于此，本书把"资本主义社会"描述成是在"市场"交易普及后的社会。更进一步而言，"市场"事实上也是"资本积累"这一资本主义本质的推进者。比如，企业间市场经济的激化也会强化劳动者间的竞争，从而导致工资下降。另一方面，劳动者之间竞争的强化会引起生产效率的改善，进而使得资金积累的确保变得愈加容易。

即便如此，这里必须强调的是，这样的"市场"即使是"具备资本主义性质"，也仅限于其有助于资本积累这一点，而并非说单凭"市场"一词就足以定义资本主义。虽说"资本主义社会是商品生产社会"，但是对于"资本主义"这一命名来说，重要的是"具备资本积累性质"，而并非"市场"。在这种意义上，即使是被类似"国家资本主义"这样的某种因素限制着的经济体系，只要其进行"资本积累"就可以视之为"资本主义"。

另一点是关于"私有"。在资本主义初期私有是实现资本积累的一个重要条件。例如，在私有资本的产生初期，"资本家"能否宣称"这个生产手段是属于我的"直接影响到他们对劳动者的指挥权的强弱。因为不知道自己是否处于生产资料所有者一方，所以这些人无法对劳动者行使强大的指挥权，而这些劳动者也不知道自己使用的生产资料归属何方。

但是，这里还必须强调的是，这也仅限于"私有"处于"具备资本积累性质"这一前提下，而非"私有"其本身。因为，即使没有特定的"所有者"支配，"生活协同组合"（简称生协，主要从事自有商品的开发、供给等，倡导会员间的互相帮助）、"私立大学"或是"私立大学法人"也都是根据基本相同的原理来降低工资，从而确保新店铺或新学部的运营资金的。总之，为了更好地理解这一点，需要我们能区别事物的定义和特征，并充分理解和提取事物的本质。

关于"资本"与"资本主义"的辩证法理解——定义—关系—具体的整体性

最后，必须澄清的是，本书中提到了把现实中的机器视为资本，并以此来理解"资本主义"。这在马克思学派内部存在一些分歧。具体来说有以下两种批判，即①认为资本不是物品而是关系；②认为资本家初期投入的资本中不仅包含机器（生产资料），也包含作为"可变资本"的劳动力。

首先，关于第一点，笔者认为仅凭本书中从机器技术特性中引导出"劳动指挥权的强化"这一"生产关系"就足以构成反论。也就是说，本书中的资本概念中已经包含了"关系"，而不仅仅指单纯的物品。或者换句话说，具备了作为物品的实质技术也可归结为社会特定的关系。唯物主义社会观其本身便是如此。

其次，为了反驳第二点的批判，笔者认为首先要讨论的是在何种情况下可以用"机器"来定义"资本"，而又是何种情况下不可以单纯地用"机器"来定义"资本"。当然，仅将"机器"所代表的生产设备称为"资本"这一西方经济学的见解显得十分狭隘。根据本书的理解，"机器"的登场所带来的新的剥削社会的本质也被揭露出来。因此我们必须尝试从西方经济学朴素的理解出发，深入学习马克思主义经济学并不断地拓展对马克思主义经济学的理解。这便是我们应该如何去理解马克思所采用的方法论（即辩证法）这一问题的题中之义。

用更一般的形式来表达的话，则如下文所示。例如，现在，社会中存在一个被普遍认为是A的事物。但是，这个A无法只作为A而存在，而是在与他者的关系中才能证明A的存在。或者说，这个A作为A不是一直停滞在自身的状态，而是存在于不断变化之中的。因此，在前者中，只有通过与非A的关系去理解这个A才能够全面地认识A。而在后者中，严格来说，一分钟过后的状态是接近其自身包含非A这一自我同一的普遍性（"本质"）的，而这需要更深的认识。在这个意义上，笔者认为所谓的认识普遍是通过A—非A—A'这一过程发展而来的。并且，就此意义而言，最开始就不应该否认从"A"这一认识出发。

或者，同样地，将A—非A—A'这一认识拓展到三者关系来理解，即定义—关系—具体的整体性。也就是说，如果将某个对象进行"定义"，虽然用简单的"一句话"就能表达，但在大多数情况下仅凭这"一句话"会导致表达不充分。因此，在用"一句话"定义某个对象时，还必须附带说明"一句话所无法完全表达的内容"与"能够表达出来的内容"两者之间的关系。并且，如果能够说明这两者间的"关系"，便说明能够理解同时涵盖"一句话所无法完全表达的内容"与"能够表达出来的内容"这两者的"具体的整体性"。

本书依据辩证法的框架，对"资本主义"做出如下的理解。即，本书中理解的

"资本主义"的出发点是工业革命所带来的"机器的登场"。因此，在这个意义上，可以说"资本主义"首先是作为"机器时代"而被定义的。这也与西方经济学中关于"工业时代"的理解相对应。

但是，本书对资本主义的理解并不止步于"资本主义"＝"机器时代"这一层面。因为，如上文所述，在分析资本主义的"定义"时，首先想到的是其涵盖了"熟练的解体（即去技能化）"与"直接生产者地位低下"，即"机器"与"劳动"这二者间的关系。更准确地说，是涵盖了"资本与雇佣劳动的关系"。通过这些，能让我们在"具体的整体性"下加深对"资本主义"的理解。

实际上，超越"资本与雇佣劳动的关系"的认识，我们还可以从"正—反—合"即"A—非A—A'"这一层面上来理解"资本主义"。根据上文我们可以推导出"资本与雇佣劳动的关系"所带来的利润增加部分被用作再投资，并由此获得新的"资本增值"这一再生产运动（增值运动）。因此，就此意义而言，最初的"定义"已经被数次超越。而且我们的理解实际上也已经超越了"增值运动"的含义。这也可以拓展到（包含了"非资本制部门"的）"具体的整体性"的情况下，或是（包含了上层结构的）更深层的"具体的整体性"的情况下，来理解"资本主义"。用图来表示的话，则如图3-6所示。

图3-6　"资本"＝"资本主义"的整体认识过程

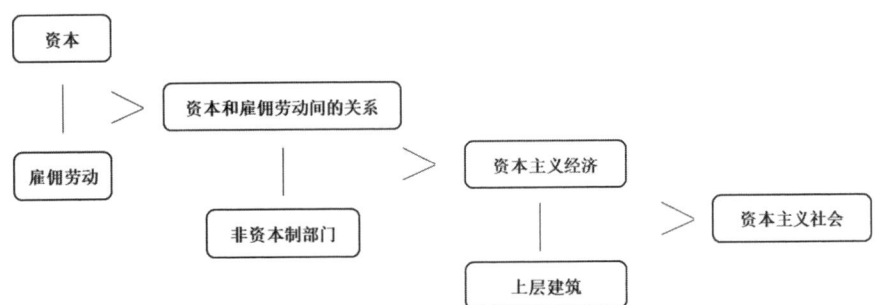

即首先：

①单凭资本自身是不能完结的，只有结合资本对立面的雇佣劳动，我们才能理解直接生产过程的"具体的整体性"，即资本与雇佣劳动的关系。

②但是，被"定义"为资本制体系的资本与雇佣劳动的关系实际上并未覆盖资本制生产体系的全部。或者，即使日本在战前就已经是"资本制社会"，但是当时过半的人口仍然在农业等非资本制部门工作。也就是说，带有资本与雇佣劳动的关系的先进部门，即使从就业人口上决定了社会结构的基本框架，但其中依旧保留着落后的非资本制部门，而这又将成为另一种剥削素材。在这个意义上，只有以狭义上的资本制部门为主、非资本制部门为辅这样的有机关系来理解资本制经济"具体的整体性"，才能够把握资本主义（具体的）整体情况。

③但是，上述这些理解仅仅是从狭义经济体系来理解资本制。资本制为了维持及再生产其经济基础，则需要相应地构筑意识形态与政治体系这一上层建筑。只有包含了这些"具体的整体性"，我们才能更进一步地理解"资本主义"。

因此，这里必须明确的是，辩证法下的对象认识带有一定的阶级结构，A—非A—A'这样的认识结构的发展是多次重复的，即以A—非A—A'—非A'—A''—非A''— A'''……这样的形式循序推进。在黑格尔的辩证法逻辑学中，像"存有论"中的"有"，"量论"中的"纯量"，"本质论"中"作为现存在根据的本质"，"现象论"中的"现象世界"，"概念论"中"主观概念"等，都是同一范畴下的不同维度被分别"定义"的。改变A的维度，时而用A'来定义A，时而用A''来定义A，时而用A'''来定义A。

也许上述的论述过于着重对"资本主义"的理解，但是这里的关键在于无论是"资本"还是"资本主义"都存在着多重"定义"。而这也构成了形式逻辑学与辩证法逻辑学在学问上的差异。如前文所述，虽然《资本论》确实是把"资本"概括为后来所提到的生产资料（不变资本）与劳动力（可变资本），但是，此类"定义"与最早期"定义"并不矛盾。一般而言，两者所讨论的维度不同，后者讨论的是初始时的定义，而前者则是分析之后的概念。

II. 剩余价值的数量变动

绝对剩余价值的生产——延长劳动时间所带来的剩余价值的生产

上文从各个方面对资本主义及资本本质的理解进行了论述。接下来，将对由这种"劳动指挥权"与剥削所导致的结果，即剩余价值的数量变动问题进行探讨。为此，首先必须对下文将出现的一些符号，以及"可变资本"及"不变资本"等马克思用到的一些术语进行说明。

如前章末尾所述，通过劳动力这一特殊商品可以创造出超出其被支付价值以上的价值，价值差额便是"剩余价值"。其中所支付的工资部分在价值维度上可表现为"可变资本"，一般的生产资料（劳动资料、中间投入）在价值维度上的表现则为"不变资本"。基于上述内容，虽然无论哪一个都是资本家最初投入的生产要素的"资本"，但是使用前者所创造的价值较之最初发生了变化，而后者则无变化。另外，通常将"剩余价值"用m（德语剩余价值"Mehrwert"的首字母），将"可变资本"用v（Variable capital的首字母），将"不变资本"用c（Constant capital的首字母）来表示。此时，各商品的总价值则为$c+v+m$，利润率则为$m/(c+v)$。劳动者所产生的价值/支付给劳动者的工资价值则被定义为"剩余价值率"（也叫"剥削率"）用m/v来表示。

实际上，前一节中介绍的置盐模型也能表示这些变量。置盐模型用：

$$t_1 = a_1 t_1 + \tau_1$$
$$t_2 = a_2 t_1 + \tau_2$$

来分别表示生产资料生产部门和消费资料生产部门。其中$a_1 t_1$和$a_2 t_1$部分表示不变资本c，τ_1和τ_2部分表示可变资本v和剩余价值m的总和。此时，因为两部门的劳动者一共投入1单位的劳动力却只获得Rt_2的工资，所以把上述两个式子写成完整的$c+v+m$形式的话，则为：

$$t_1 = a_1 t_1 + \tau_1 R t_2 + \tau_1 (1 - R t_2)$$
$$t_2 = a_2 t_1 + \tau_2 R t_2 + \tau_2 (1 - R t_2)$$

因此，两部门的利润率 $m/(c+v)$ 则可分别写成：

$$\frac{\tau_1 (1 - R t_2)}{a_1 t_1 + \tau_1 R t_2}$$

$$\frac{\tau_2 (1 - R t_2)}{a_2 t_1 + \tau_2 R t_2}$$

那么全社会的剩余价值率 (m/v) 则如下[1]，即：

$$\frac{1 - R t_2}{R t_2}$$

可知，置盐的模型其实是马克思模型的延伸，且更加地缜密。实际上这种公式化更清晰地体现了扩大剩余价值的方法。单位劳动时间的剩余价值为 $1 - R t_2$，简单来说，只要缩小 $R t_2$ 就可以使剩余价值变大。如果在劳动生产率决定的消费资料价值 t_2 不变的前提下，则只要缩小每单位劳动的实际工资 R（即实际工资率）便可以提高剩余价值。虽然这也可以通过降低薪资的方式来实现，但马克思更注重的是劳动时间的延长。因为，实际工资是劳动力的再生产费用，存在下限（也可以说，社会已经基本确定了劳动再生产费用），因此无法无限降低。相比之下，劳动时间的把控则更具有灵活性。实际上，即使每天将劳动时间延长20%，劳动力的再生产费用也不会马上增加，而且实际上这相当于把每单位劳动的实际工资 R 减少17%。但

---

[1] 如此，马克思引入了部门间剩余价值率均等这一理论假设，将该剩余价值率命名为"一般的剩余价值率"。这背后其实暗含了剩余价值率的平均化是由劳动者之间的竞争带来的劳动者在生产部门间的转移实现的这一假设。马克思. 资本论（第三卷）[M]. 北京：人民出版社，2018.195.

是，上述方式仅仅只是缩短了劳动者的自由时间（以至于劳动者不容易察觉到其切实利益受损）。马克思认为这一方法是扩大剩余价值最为本质的方式，并称其为"绝对剩余价值的生产"。

实际上，在日本，这个世界上罕见的长时间劳动的国家，该问题尤为严重。据统计约40%的非正式劳动者的增加缩短了平均劳动时间，但是就正式劳动者的劳动时间而言，和欧洲各国依然存在着很大的差距。他们从早到晚为雇主工作，没有"私人时间"，直到死亡。其实，自由时间的存在意味着劳动者并非奴隶，只是把其规定好的一定的时间卖给雇主而已。但是，反过来说，没有自由时间的劳动者其实与奴隶没什么区别。马克思主张，人类真正的财富是拥有自由时间，其意图也在于此。

因此，不愿沦为奴隶的劳动者就会争取缩短劳动时间，但是资本家却只会一味地策划延长劳动时间。于是在这个过程中就重复着各种各样的斗争，其原因在于劳动时间具有弹性，即在任何的时间里都允许不确定性的存在。于是，就会出现劳工运动，或者规定劳动时间的法律等。比如日本的《劳动基准法》规定基本的劳动时间为一天工作8小时，每周40小时。但是世界上最早对劳动时间进行规定的是英国的《劳工法》（1349年），它是一部站在资本立场上规定劳动时间下限的法律。也就是说，在英国实际存在过国家直接代表资本延长劳动时间这一资本诉求。英国在1496年和1562年也制定过类似这样为了延长劳动时间的法律。

当然，现代的英国和日本一样在法律中规定了劳动时间的上限，最早的具有法律效力的是1833年颁布的《工厂法》[1]。该法律是不断发展起来的劳动者反抗和劳工运动所推动的结果。也就是说，法律并非单纯地从外部规范资本和雇佣劳动的关系，而是在资本和雇佣劳动的博弈关系中形成并发展起来的。日本的《劳动基准法》实际上并没有贯彻落实，这也是现实中资本和劳动间博弈关系的一种反映。为了实现劳动时间的缩短，必须改善其本源的资本和劳动间的博弈关系。

对于理解这个问题，马克思也做出了重要的指示。《资本论》第一卷第八章和

---

[1] "从1802年到1833年，议会颁布了五个劳动法，但是议会非常狡猾，它没有批准一文钱用于强制地实施这些法令，用于维持必要的官员等等。这些法令只是一纸空文。"马克思.资本论（第一卷）[M].北京：人民出版社，2018.321.

第十三章在讨论劳动时间和规范儿童劳动时，提到"资本要求把一切生产领域内剥削劳动的条件平等，因此针对某个部门的限制会成为其他产业受到限制的原因"[1]。也就是说，劳动者如果想要改善自身劳动条件，没有必要一次性要求全部产业进行改善，先在一个产业或是个别企业进行也可以。这个最初的突破也可以通过企业或产业一级的工会活动来实现。于是，一部分的企业或产业的改善（也就是接受这个新条件的资本）又将以劳工同盟的身份对其他资本施加压力。劳动者会时不时称赞劳动条件有所进步的企业或产业正是为了得到这种效果。

相对剩余价值的生产——生产力上升而实现的剩余价值生产

劳动时间是决定剩余价值的决定性因素，同时在上述的置盐模型中t_2（单位消费资料的价值＝单位消费资料生产所需的必要劳动量）也是一个重要因素。因为t_2的缩减会导致Rt_2减少，从而使得$1 - Rt_2$增大。

但是，在上述情况下是什么导致t_2变小的呢？很明显这可以通过提高生产资料生产部门的生产力来实现，但是为了更详细地分析，我们将引用置盐模型中t_2的计算结果。即：

$$t_2 = a_2\tau_2/(1 - a_1) + \tau_2$$

t_2的大小依赖于生产资料生产部门的a_1以及τ_1，更确切地说，生产资料生产部门的生产力的提高（a_1和τ_1的减少）也会造成t_2缩小[2]。由此可知，社会中不论哪一个部门的生产力上升都会导致t_2缩小，从而实现剩余价值的扩大。马克思把通过这种方式所带来的剩余价值的扩大称作"相对剩余价值的生产"。

那么，现实中这样的剩余价值的扩大又是如何被实现的呢？马克思通过对协同的工作方式带来的生产力的上升，分工的产生所带来的生产力的上升，最后机器出

---

[1] 马克思. 资本论（第一卷）[M]. 北京：人民出版社，2018. 457.

[2] 这样一来这里虽然可得出，社会部门整体技术条件，由于t_2的减少从而促成剩余价值率上升，但是如果在生产体系中引入奢侈品生产部门的话，结论就不同了。因为奢侈品生产部门的生产力上升不会影响涵盖在工资商品中的劳动量。

现所带来的生产力的上升，进行了逐一说明，对用"技术进步"一言概之的生产力变化进行了质的分析。具体如下文所示。

首先是关于协同工作。此时，最初的生产力扩大效果源于节约。这是因为通过多人共同使用作业现场、仓库、容器、用具、装置等，可以节约这些东西的使用。另外，有些作业只有通过协同劳动才能完成，在协同劳动中"独特的兴奋"和因竞争心态所带来的生产力效果或是人们列队搬运砖瓦，也会带来时间和劳动的节约效果。

不过，不同作业的协同（即工厂手工业分工）代替了人们并排做相同工作这样的简单协同，实现了作业效率的进一步提高。比如，各个作业的专业化提高、累积和传播手工业技术，同一作业现场内不同种的劳动缩短了中断时间，根据劳动者熟练度以及个人特性不同来适当分配作业程序来改善效率，实现劳动工具的特殊化及改良等。

但是，以上的方法都还只停留在改变劳动编制的层面，生产力的真正发展是由于工业革命后机器的引进。用"机器可以代替人类劳动力的程度"来衡量的"机器生产力"，它所带来的生产力提高是任何协同方式都无法比拟的。马克思以英国为例，机器引入之前纺366磅[1]棉花需要27000小时的劳动，但是在使用轻型纺织机以后其时间缩短到150小时。虽然这与这台轻型纺织机在寿命内能纺的棉花的数量有关，但即使假设它在使用寿命内只能纺366磅棉花（我们假定一个极端情况，即它运作150个小时后就会报废），只要能在（27000-150 = 26850小时=2685个工作日=每年300天）大约9个劳动年限以内制造出纺织机，就说明机器的导入具有生产性。如此，生产力的提高便一目了然。

绝对以及相对剩余价值的生产——劳动对资本实际上的从属

然而，由此生产出的绝对剩余价值和相对剩余价值，在什么范围内属于前者，又是在什么范围内属于后者，无法严格区别开来。如果是延长追加的劳动时间或是与此同等意义上的劳动强化带来了剩余价值的追加，那么这些属于"绝对剩余价值

---

[1] 1磅约为453.59克。

的生产"。如果是生产性提高使得劳动力再生产费用减少,从而通过降低工资来提高剩余价值的话,则属于"相对剩余价值的生产"。后者是以劳动强制为条件(该劳动强制要求超过劳动力再生产所必要的劳动时间),而前者是以劳动生产力的提高(该劳动生产力变现为以工资形式支付的劳动时间部分小于总的劳动时间)为前提。

上文中,对协作、分工和机器大工业的讨论仅仅围绕"生产力提高"这一层面。但其实,在协作、分工和机器大工业下,"劳动指挥"(劳动指挥权的行使)随着各自相应的技术需求而强化。因此,我们也认为"劳动指挥"也服务于"绝对剩余价值的生产"。例如,协作本身就要求有一个人来指导大多数劳动者,这就衍生出对劳动的强化。此外,在劳动分工中,后续工序的工人不可避免地要根据前面工序的工作进度来继续工作。而这也是一种劳动强度的提高。最后,当引进昂贵的机器时,由于需要在机器技术"最新"的时期内充分利用它,那么伴随昂贵机器的引进而来的便是对高运作时间→长工作时间的强烈需求。

然而,事实上,正是最后提到的机器的出现才真正意义上实现了协作和分工的必要性。显然,这是因为机器大工业化本身既是一种"协作"又是一种"分工"。也就是说,机器大工业化既具有多数人在同一个工厂劳作的"协作"性质,又具有大多数人从事着不同作业的"分工"性质。但是,问题在于,在历史上的"简单合作"或"原始制造"中还没有将这种特性提升到由劳动资料本身的性质所决定的"技术上的必然性"。反言之,机器和机器大工业生产的出现使得全社会范围的协作和分工成为可能。

关根通过揭示机器大工业生产方式下特定的生产函数的方式阐明了这一点。为了讨论劳动者之间协作和分工的关系,这里首先必须确定与生产资料K一起投入的劳动力L的内部结构。为此,我们把分配给有n个种类的工序的第k个工序的劳动力定义为L_k,其生产遵循以下生产函数,即:

$$Y = AK^\alpha \left(\sum_{k=1}^{n} L_k^{\alpha k} \right)^\beta$$

在这里，我们假设 $a_i(i=1,\ldots\ldots,n)$ 满足 $0<a_i<1$；关于 α,β，我们设 $\alpha<1,\beta<1$，且 $\alpha+\beta=1$。a_i 代表关于生产的各个工序的劳动投入弹性。在这个生产函数中，需要注意的是，即使是投入相同量的总劳动 $L=\sum_{k=1}^{n}L_k$，工序间关于分配（L_k 的分配）的方式，即生产组织的形态也会影响到 Y 的生产。具体而言，即：

①任何一个工序中的 L_k 为零，则 $Y=0$。这说明任何一个工序的劳动都是不可或缺的，换言之，这体现了"分工"作为技术方式的不可或缺性。结果将导致工厂中任一个工序出现罢工都会导致整个生产停止等情况的产生。

②个别劳动的边际生产力，即：

$$\frac{\partial Y}{\partial L_i}=a_i\beta AK^\alpha\left(\sum_{\substack{k=1\\k\neq i}}^{n}L_k^{a_k\beta}\right)L_i^{a_i\beta-1}=a_i\beta\frac{Y}{L_i}$$

递减。这是由于根据我们定义的 a_i 和 β，可得 $a_i\beta-1<0$。这也表明，熟练度的提高并未带来劳动的"质"的提高。也就是说，这代表的是与封建生产方式下熟练度不同的机器大工业生产下的不熟练劳动。

③由于在劳动的最优配置状态下，每个过程中微小的追加劳动的边际生产力相同，所以虽然一般而言，$\frac{a_i}{L_i}=\frac{a_j}{L_j}$ 成立。但这也表明了每个工序中的劳动配置必须满足 $\frac{L_i}{L_j}=\frac{a_i}{a_j}$。这样的话，我们就认为这个生产函数在"技术上的必然性"上表现了特定的协作和分工的方式。

如此，工业革命后机器的出现对于实现"资本主义"在全社会范围内真正的普及至关重要[1]。马克思把在此之前没有达到"技术上的必然性"阶段的资本对劳动的

---

[1] 马克思评价这种机器大工业生产的结果为，"资本主义生产方式……现在第一次作为一种独特的生产方式出现"［马克思. 资本论原稿集（日文版）第九册，386.］。换句话说，即使资本主义在那之前是以一种经济制度（系统内几种并存的生产关系之一）而存在，但是它不可能是"一种特定的生产方式"。在这个意义上，必须理解的是在机器大工业以后的社会里，资本主义才被视为一种体制。

支配称为"劳动对资本的形式上的从属",将达到了"技术上的必然性"之后的资本对劳动的支配,称作"劳动对资本实际上的从属"。

劳动的去技能化是这种"劳动实际上的从属"的决定性因素,这里有必要详细地探讨这个问题。因为,机器所带来的技术上的必然性导致了劳动者熟练度的解体(即劳动的去技能化),非熟练劳动力的普遍化,使得妇女和儿童参与到劳动中。而妇女和儿童的劳动参与在提高维持生计的工资收入的同时也导致了人均工资的下降,或直接地降低了劳动力的再生产成本即工资(劳动力价值)。马克思主义经济学将此称为"劳动力的价值分割"。虽然简单合作不具有这种属性,但在制造业的分工中,随着劳动过程从由熟练的技术人员参与逐渐变为部分未经训练的劳动者也可以参与其中,必然会带来一大批不熟练劳动者。而伴随着机器大工业化不断发展,原则上劳动者的劳动的去技能化变得越来越严重。这里的劳动的"去技能化"是相对于封建生产方式下的"熟练劳动"而言。在本书对资本主义的理解中,它起到了决定性的作用[1]。

那么,在现代社会中熟练劳动是否占据主导地位呢?事实上,笔者尚不确定能否把以办公劳动为主的现代劳动称为过去意义上的"非熟练劳动"。这是因为现在每个人都可以自由地使用电脑和互联网办公。如果办公人员不能使用这些东西,反倒令人难以置信。但事实上,这些文职办公人员恰恰就是当今的非熟练劳动者。

计算机作为一种"什么都可以完成的机器",在办公室工作(以下称为"文职工作")中是一种"办公劳动机械化"的手段。这就是为什么,所有的文职工作都因Excel、Word以及上网等一系列操作而变得简单。从这个意义上来说,这也是为什么文职工作沦为任何人都可以轻松完成的工作。如今,非正式劳动者中有很大一部分人在从事文职工作,其原因正是这种"文职工作的机械化",这是缘于"文职

---

[1] 所有发达的机器实际上都由三个本质上不同的部分组成:工具机(或工作机)、发动机(如蒸汽机等)、把运动分配并传送到工具机上的传动机构(传导器)。本书将机械的本质理解为"去技能化"旨在强调机器的建立及普及。在这种情况下,"至于动力是来自人还是本身又来自一台机器,这并不改变问题的实质"(马克思. 资本论(第一卷)[M]. 北京:人民出版社,2018.430.)。在此之前已经存在的蒸汽机的迅速发展,以及它在生产过程中的应用,也都是由机器实现的作业简化的结果。然而,由蒸汽机结合的机械发展所带来的巨大影响是不容忽视的。例如,蒸汽机让城市地区具备了设立工厂的可能性,并形成了"城市与农村对立"的技术基础。

工作的劳动的去技能化"。

另外，也可以通过分析"封建社会的熟练劳动"与"现代社会的熟练劳动"之间的根本差异来阐明上述的问题。这是因为，正如在上一节中所看到的那样，"封建社会的熟练程度"是以师徒制为基础的。在师徒制下，熟练程度只有通过多年地重复练习才能提高。"熟练"一词就完全地概括了这层含义。例如，只有制作了数万把相同刀具的"万年锻冶屋"（铁匠铺）的工匠才能获得的东西，我们称之为"手艺"。之所以叫手艺，是因为是"手"掌握了这种技能而非大脑。但是，"现代社会的熟练程度"与"封建社会的熟练程度"有着本质上的区别。在现代，我们既不用耗费几年时间去学习怎么使用Word或Excel，也不用去向老师拜师学艺。当然，在此之前必须具备基本的阅读和计算能力，为此人们需要先在学校学习基础知识。而这就是关键的区别所在。为了掌握固定的特定"封建社会的熟练程度"，最好的就是在很小的时候就去当学徒，那时还不需要学校。而现代学校制度的设立是为了让人们掌握基础能力，对人们熟练掌握封建社会下的固定技术没有任何帮助。在过去，比起一路读书更重要的是尽快找一个大师拜师学艺。就此意义而言，"熟练"一词只适用于"封建社会的熟练程度"，而"现代的熟练程度"应该用如"高级劳动技能"等不同的术语来表达。相反，所谓"现代社会的熟练程度"的本质并非"熟练程度"，而是"非熟练程度"。

在工业革命之后，成为决定性因素的劳动的去技能化促进了熟练劳动的解体，从而削弱了劳动者的力量，并导致了劳动力的再生产成本→工资下跌。但是在另一方面，考虑到获得现代知识的必要性和上学的费用等，从长久的历史来看工资的下降只是暂时的现象。如上一节所述，资本主义原本就是人类为了扩大生产力而必须采用的一种制度，所以它自然会促进人均收入的增加，且长期平均工资也会不断提高。可见，这里描述的劳动的去技能化→工资下跌是非常有限的。不过，也存在着一些"由非熟练劳动存在导致的薪资下降"的典型例子，比如现代日本文职工作的临时工化导致了整体工资下跌等。

然而，这种"非熟练化"的重要之处在于，它不仅单纯地具有提高生产力的作用及影响工资趋势的作用，它还将劳动者从封建的、固定的劳动分工中解放出来。上述的学校教育体系通过教授劳动者们阅读和写作，使他们有能力去应对不断变化的劳动过程。由马克思、恩格斯的《共产党宣言》可知资本主义的本质是不断变化。由于机器总是不断地被改进,这个特征也因机器成为生产过程的中心而被凸显出来。也正因如此,资本主义才需要培养可以应对任何状况的通用劳动技能,而不是固定的技术熟练劳动。

这种变化意义深刻。笔者在这里引用一小段《资本论》原文进行说明。即:

因此,大工业的本性决定了劳动的转换、职能的更动和工人的全面流动……那么,大工业又通过它的灾难本身使下面这一点成为生死攸关的问题:承认劳动的交换,从而承认工人尽可能多方面大的发展是社会生产的普遍规律,并且使各种关系适应这个规律的正常实现。大工业使下面这一点成为生死攸关的问题:用适应不断变动的劳动需求而可以随意支配的人,来代替那些适应资本的不断变动的剥削需要而处于后备状态的,可供支配的、大量的贫穷工人人口;用那种把不同社会职能当做互相交替的活动方式的全面发展的个人,来代替只是承担一种社会局部职能的局部个人。[1]

为了应对这个"生死攸关的问题",工业革命后便形成了近代学校教育体系。这也是《资本论》里特别重视的内容。上一节提到的"工厂法",在其最初制定的条文里就有关于教育条款的事项。这正表明了近代学校教育体系是根据工厂的需要而出现的。马克思随后还指出,学校教育体系的出现使得劳动者有了更广阔的视野,也催生了推动社会变革的力量。事实上,例如,当今世界正在发生什么,什么是劳动者的权利,甚至是科学的经济学知识等,都可以依靠学校教育获得。当然,国家权力支配下的学校教育也会传播一些具有反劳动者性质的意识形态。

关于伴随机器大工业的劳动的去技能化而带来的另一个"无意识的"对人类发展的影响,马克思继上述段落后写下了如下内容。

不论旧家庭制度在资本主义制度内部的解体表现得多么可怕和可厌,但是由于

---

[1] 马克思. 资本论(第一卷)[M]. 北京:人民出版社,2018.561.

大工业使妇女、男女少年和儿童在家庭范围以外，在社会地组织起来的生产过程中起着决定性的作用，它也就为家庭和两性关系的更高级的形式创造了新的经济基础。[1]

换句话说，马克思（和恩格斯）将视野延伸到了妇女和儿童参与社会劳动从而使他们从旧的家庭体系中解放出来的问题上。从附属于丈夫的女性到独立的女性，以及将年轻人从封建主义的论资排辈（长者统治）中解放出来所需要的经济条件，这些也都是机器大工业化导致的结果。而且，引文中写到的"不论旧家庭制度在资本主义制度内部的解体表现得多么可怕和可厌……"也非常重要。这样形成的新的"家庭和两性关系的更高级的形式"只有在破除旧的家庭制度的基础上才能够形成，因此就必须忍受这种痛苦/苦难。在许多情况下，正如马克思在引文中所述的那样，这种进步的变革"表现得多么可怕和可厌"。所以，身处这种转变中的人们往往只有感叹和抗拒。然而，也正如马克思所说，我们不能局限于它们的外在表征，而要看到它们为下一代的出现提供了条件。在笔者看来，市场经济的发展和全球化与其如出一辙。关键是我们要从更长远的角度来审视它们的历史作用。

总而言之，劳动对资本实际上的从属不仅孕育了"全面发展的个人"（这是超越资本主义的要素），而且也在不断地推进自身的发展。

---

1 马克思. 资本论（第一卷）[M]. 北京：人民出版社，2018. 563.

III. 非工业部门内的"工业革命"与资本主义化

建筑业的"工业革命"与资本主义化

使资本主义走向必然的工业革命（机器的出现），并不只局限于制造业部门。虽然目前为止的说明都是关于制造业，但是这种现象在不同时期的其他部门也相继发生着。本章的最后将对这些现象进行说明。

首先要提到的是建筑业。"工业化以前"，人们对建筑业的印象大致等同于木工。此时典型的劳动资料是凿子、刨子、锯子和锤子等"工具"。即使使用相同的"工具"，技术高超的工匠会做得非常好，而其他技术较差的人便只能生产一些较次的东西。由于只有"工具"，所以"熟练程度"在这里成了最重要的因素。因此，在该时期出现了师徒制，且该时期的经营体也一直维持在较小的规模，并没有大规模的"木工"作坊。此外，由于并没有协作、分工这些技术上的必然性，此时的木匠有底气说出类似"这房子是我建的"这样的话。

然而，在建筑业中，随着电动工具的普及、木框架建筑法等工厂内生产的进步所导致的建筑劳动向"组装式劳动"的转变，以及建筑物本身从木质结构到钢筋混凝土的变化，劳动过程的特点也随之发生了转变。简单地说，劳动的去技能化以及由此而来的劳动分工的深化，如表3-2所示的职业种类（工种）也明显有了增加。这些数据来自笔者认识的一个建筑工会。从表中可以看出，在建筑业中，木匠比例不断下降且分工不断深化。随着"建筑工程"转变为由多人完成的共同作业，如今再也没有人有底气说"这房子是我建的"了。

表3-2 日本京都建筑业工会伏见支部各职业工会成员比率的变化趋势（%）

工种	2010	2005	2000	1995	1990	1987	1980
木匠	14.5	16.7	19.0	20.4	25.5	32.1	42.5
电工	5.0	4.9	5.7	6.0	6.8	8.3	7.3
水管工	5.0	5.2	5.1	4.5	4.6	3.7	4.4

续表

铸膜工	4.2	4.5	4.5	4.7	4.1	3.1	
内部装修工	4.0	4.4	4.6	3.9	3.4	2.2	
泥水匠	3.5	4.0	4.4	4.7	5.6	6.0	5.4
涂装工	5.2	4.1	4.6	3.8	5.3	4.1	1.7
土木工	4.3	3.9	4.7	4.7	5.5	6.3	8.4
拆解工	3.5	2.4	1.1	0.8	0.9		0.2
（尖塔、烟囱等的）高空作业人员	2.5	2.2	1.8	0.7	0.5		
操作员	2.0	2.1	1.8	2.0	1.3	3.5	
土木建筑事务人员	2.6	1.7	1.6	2.6			
铁工	2.0	2.3	3.1	3.1	4.1	4.6	4.4
搬运工	2.3	2.1	1.4	1.4	0.1		
建筑设计师	2.3	2.1	1.0	1.1	0.4		
钻凿工人	2.2	2.0	0.8	0.6	0.2		
土工	1.1	1.3	1.6	2.1	3.3		3.3
钣金工	2.3	1.7	1.4	1.3	1.0		
造园人员	1.1	2.0	1.9	1.8	1.0		
住宅设配安置工人	1.8	1.4	1.8	1.3	0.8		
防水工	1.9	1.4	0.8	0.6	0.2		0.2
钢筋	1.5	1.3	1.4	2.2	1.5		0.8
建材工人	1.2	1.3	1.0	1.1	1.1		0.6
监工	1.2	1.5	1.0	1.0	0.9		
清洁工	1.9	1.4	1.3	1.3	1.5	1.3	
空调配管工	1.9	1.6	1.7	2.0	1.4	1.9	3.8

续表

帮工	1.0	1.3	1.0	0.7		
电话安装工	1.6	1.2	2.1	1.9	1.3	1.7	0.6
机械工	1.1	1.1	1.0	1.0	0.9		0.6
建筑承包工	0.9	1.1	1.4	1.5	0.9		
房地产人员	1.6	1.0	0.8	0.5	0.5		
瓦工	0.9	0.9	1.0	1.3	1.6	1.6	2.3
内部装修工	1.3	0.8	0.7	0.6	0.3		
窗户安装工	0.9	0.8	0.8	0.7	0.8		
瓦工	0.5	0.7	0.9	0.9	1.0		
外装工人	0.6	0.7	0.7	0.4	0.1		
五金	0.9	0.7	0.4	0.7	0.1		
木工	0.8	0.7	0.3	0.7	0.8		1.9
显示板安装工	0.5	0.6	0.7	0.8	1.0		
煤气配管工	0.8	0.6	0.6	0.6	0.3		
铺路工	0.5	0.5	0.4	0.2	0.5		
外装工	0.3	0.4	0.4	0.3	0.6		0.6
裱褙工	0.5	0.4	0.3	0.5	0.5		
泥瓦工	0.3	0.4	0.3	0.5	0.4		
外墙	0.4	0.3	0.3	0.4	0.4		
装饰板金工	0.2	0.3	0.2	0.2			
屋顶装修工	0.3	0.5	0.7	0.4			
石工	0.2	0.4	0.4	0.1	0.2		0.6
熔接工	0.2	0.3	0.3	0.2	0.6		

续表

木制装修工	0.1	0.3	0.4	0.1	0.1		0.2
测量工	0.5	0.2	0.2	0.2	0.2		
切削工	0.1	0.2	0.3	0.3	0.3		
家具工人	0.2	0.2	0.3	0.4	0.2		
榻榻米安装工	0.2	0.1	0.1	0.2	0.1		0.4
玻璃安装工	0.1	0.1	0.2	0.2	0.3		0.8
混凝土工	0.0	0.1	0.0	0.1	0.1		0.2
隔热设备安装工	0.1	0.0		0.0	0.1		
隔板安装工	0.0	0.1	0.1	0.1	0.1		
道路工	0.1	0.1	0.1	0.1	0.1		0.2
筑炉工	0.1	0.1	0.1	0.1	0.3		
钻孔工	0.0	0.0		0.1	0.1		
保温设备安装工	0.0	0.0	0.1	0.2	0.2		
帐篷安装工	0.0	0.1	0.1	0.1			
挖井工	0.1	0.0	0.0	0.0	0.1		
制冷设备安装工	0.0	0.0	0.1	0.1	0.1		
卫生和防虫人员	0.1	0.0	0.0	0.1			
不锈钢金工	0.0	0.0	0.0	0.0	0.1		
其他	0.6	3.0	2.7	2.7	4.1	19.7	8.4
总计	100	100	100	100	100	100	100

资料来源：京都府建筑业工会伏见支部各年度资料

图3-7 京都府建筑业内熟练劳动者比率与建筑业工会组织率（1990年）

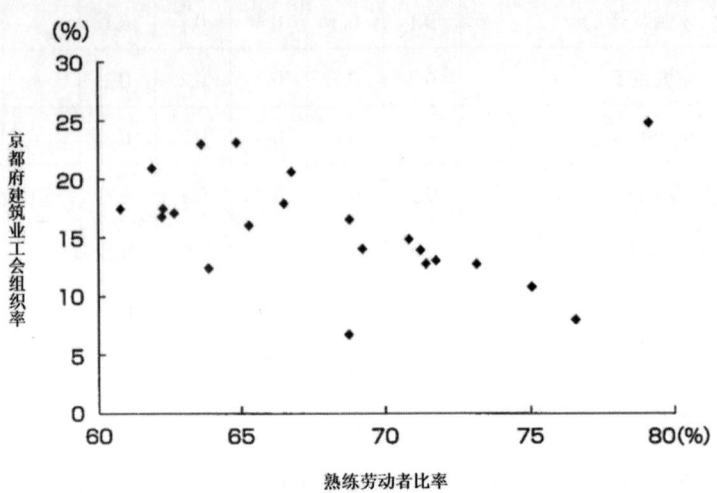

资料来源：建筑业熟练劳动者的比例是按照1990年日本国势调查（相当于中国人口普查）中建筑工人中的"技能工、生产工程作业者和劳务工人"的比例来计算的。建筑工会组织率是用全京都建筑工人工会各分会的会员人数除以1990年人口普查中各地区的建筑业从业人数计算得出的。

更有意思的是，这个过程使得建筑业从业人员集体地从"匠人"身份转换为"劳动者"身份，进而导致了劳动工会的集结。如图3-7所示，京都府建筑业内的熟练劳动者比率和劳动工会率，除一些特例外，大体上呈现负相关关系。这意味着随着劳动的去技能化（木工比率的下降），人们"劳动者的自觉性"意识有所提高。实际上，该图是笔者在1992年制作的，从结果可以看出，劳动工会主张淡化"（木工等的）业者工会"，强化"劳动者工会"。此类提倡进一步促进了工会成员的扩张。总之，像这样，在该时期建筑业也经历了劳动从熟练劳动向非熟练劳动的转化，即生产方式向资本主义的转变。

医院的"工业革命"与资本主义化

与建筑业类似，医院的医生/医疗技术者间也存在着资本主义化的趋势。建筑业从业者和医生虽然在社会身份、地位上完全不同，但是如果仅关注业务的熟练/

不熟练等技术问题的话，医疗行业也存在着医疗技术水准由熟练到不熟练的变化趋势。试想一下，以前"城镇医生"仅凭借听诊器和注射器来较量医术的高低。使用同样的听诊器，有的医生能够准确地判断出真正病因，然而有的医生却会出现误诊。或者同样是给患者打针，技术较好的护士和技术不好的护士给病人带来的疼痛感完全不同。这并非听诊器或是注射器的区别，而是取决于"技术"区别。而"技术"的磨练是要通过大量问诊和重复同样作业来实现的。大学医学院的教习非常严格，我们可以认为这是以封建师徒制中的上下关系为背景而产生的制度。

但是，现在的医院（或者地方医院——包括以大医院为核心而构成的医疗体系下的医院）却与之完全不同。因为，在现代人们不再那么关注医院中有怎样的医生，而是更关注该医院是否具备CT扫描等先进的医疗器材。这就意味着检查、治疗开始依赖"机器"来完成，如此一来"技术"就变得不那么重要。当然，虽然在心脏外科等科室"技术"依然很重要，但是即便如此，这也是建立在医院具备心脏手术所需的最新器械的前提下。

这个演化过程催生了各种新技师的出现。例如，笔者1975年进入京都大学学习时，那时的医学部附属看护学校是以培养"护士"为主。随着医疗技术的发展，其后更名为医疗短期大学部、医学部保健学科、医学部人类健康学科等，如今该校培养的检查技师、理学疗法师、作业疗法师的数量远远超过其所培养的护士数量。这表明现今医疗相关工作已变成被细分化的分工体系且彼此协同作业。因此没人能够说出"他是由我治愈的"这样的话，最终各个作业都沦为以机器操作为主的（本文所述意义上的）"非熟练劳动"。当然，现代的医院是一个巨大的组织，普遍是基于雇佣者和雇主间的资本与雇佣劳动的关系。这和曾经只由医生和护士构成的"城镇医生"形成了鲜明的对比。可见，"资本主义化"在医院行业里同样明显。

零售业界的"工业革命"与资本主义化

现今，日本的医院体系主要由德州会、明理会、明芳会、爱仁会、和同会、爱友会，还有全日本民主医疗机构联合会（简称"民医联"）等大规模医院连锁组织共同维系着。就"大规模连锁店的登场"这层意义来说，超市经营其实与前文所讨论的资本主义化很相像。大规模连锁超市是由过去占绝大多数的个人经营零散小卖铺这样的零售业体系转变而来的。

用"工具体系"来解释零散小卖铺的演变有些困难。但是，就超市系统依赖于店铺、流通系统等"资本"而言，其实质则如出一辙。相反，比起超市系统依赖于"资本"，零散小卖铺经营则是以店主的才能和人脉等属人的要素为基础的。事实上，笔者老家曾经营过农村家用电器店，笔者父亲很擅长根据买家的状况来出示价格。他对同村村民很了解，比如谁是竞争店铺的亲戚、谁不是，谁家近期会"迎亲"需要操办家电，这都是他常年和村民们相处得知的，我们也可以把这些理解为某种"熟练"。顺带一提，其实类似重视与小学同学、亲戚和邻里等日常的交往，都是可以被视为确保产品销路的经济活动。而且，尤为重要的是，这些能力都可以被认为是笔者父亲自身的"生产力"，而这种生产力与从业者不可分割。

在上一节中，我们提到对"资本主义"的基本理解最为重要的是，存在于人类外部（第一章的概念中所说的"自然"）的"资本"是生产力的主要源泉，所以要最优先进行资本积累。也就是说，如果熟练程度这种人类内在的东西是生产力的主要源泉的话，则必须予以重视。这样一来，问题的本质就变为主要生产力是来自于人类外部还是内部。从这种意义上来说，从零散小卖铺制度向超市（家电销售则是家电专卖店）的转化也可以理解成是"资本主义化"的一个典型例子。而在这个过程中，店铺的规模将逐渐扩大，分工化不断发展，雇主和被雇佣者之间的关系也将发展为资本与雇佣劳动的关系。

学校的"工业革命"和资本主义化

最后，我们要讨论的是从"寺子屋"（在寺庙学习等，教普通人家的孩子读书习字的小规模私塾）到"近代学校教育制度"这一"学校"制度的转变。虽然时间有些久远，但因为寺子屋里面只有笔墨纸砚和算盘，我们可以把"寺子屋"视为一个"工具体系"。而且这些工具的质量并不是很重要，重要的是使用这些工具的师僧的教学能力。因为师僧负责教授包括阅读、写作、算盘和道德等所有的知识。所以他可以明确地说："此人是我的弟子。"

然而，工业革命后出现的近代学校教育制度引入了一套教科书体系，在现代更是配备上了各种机器设备。最近，私立大学里甚至还设置了漂亮的咖啡角、体育馆等代表着"享受大学生活"的一系列设施。这些都作为学校宣传的亮点被印到了学校宣传册的前页上。所有这些都属于"资本"的生产力，而不属于在那里工作的人的劳动能力。也正因此，一些私立大学在强行增加劳动强度以及减薪的同时，还一味地投入巨资来创建新的院系并开设新的校园。从这个意义而言，典型的"资本主义"贯穿于私立学校的管理之中。然而，根本的问题在于对现实生产力而言究竟是什么起着真正的作用。如果"技术"或"劳动者"一方并非是主要生产力来源的话，也就是说，当主要生产力来源于如新的院系或新的校园等"资本"一方的话，那么学校的资本主义化便成了不可避免的趋势。归根结底，生产力的性质决定了是否需要"资本主义"抑或是其他制度。这就是本章从"生产力的实质"出发来讨论"资本主义"的缘由。

第四章 资本主义的发展与灭亡

基于资本积累理论、量变引起质变

I. 阐释资本主义产生、发展、灭亡的模型——马克思主义最优经济增长模型

问题设定

上一章我们从资本主义生产力的特征出发，对资本主义剥削的证明、剩余价值变动以及非工业部门资本化议题进行了探讨。这些议题通常被概括为"剩余价值理论"及"剥削理论"。但是，随着历史的演进，剩余价值/剥削又是如何变化的呢？尤其是，既然置盐的研究已经从数学上证明了利润存在这一现实源自剥削，那么，同理，我们应该也可以"证明资本主义的产生、发展和灭亡"这一过程。恩格斯在《社会主义从空想到科学的发展》[1]中基于剩余价值学说和历史唯物主义论将马克思的理论定义为"科学"理论。既然置盐的研究证明了前者，那就得有人来证明后者。本章通过构建"马克思主义最优经济增长模型"这一框架，旨在证明资本主义的产生、发展、灭亡的规律。

首先我们要考虑的是如何将"工具"和"机器"之间质的差异模型化。笔者认为这两者质的差异可以归述为：前者（即工具）的增加不会带来生产力的提高，而后者（即机器）的增加促进了生产力的提高。这是由于，在封建时期，即使给一个使用锤子的劳动者提供第二把或第三把锤子，也不会起到提高生产力的作用。相反，在机器大工业时代，一个劳动者可以使用的机器数量和规模直接关系到生产力水平的提升。上述这种关系可以通过生产函数中的生产资料对生产力的贡献度（即 α 的设定）来表示。换言之，就是通过假设在工业革命前生产函数中生产资料的幂指数（即 α）为零，而在工业革命后生产函数中生产资料的幂指数（即 α）为正数（$\alpha > 0$）来表示。其次，生产要素不仅包括生产资料，还有劳动投入，所以这里我们采用西方经济学中最常见的生产函数——柯布—道格拉斯型生产函数来表示。具

---

[1] 这原本是《反杜林论》的一部分。

体如下，即：$Y = AK^\alpha L^\beta$（工业革命前$\alpha = 0$，工业革命后$\alpha > 0$）。

其中，Y表示最终消费资料的产量，A表示全要素生产率（即技术系数），K表示生产资料投入量，L表示劳动投入量。在这里，在工业革命前后实现产量Y最大化的生产资料投入量也大不相同。在工业革命前，实现产量最大化所需要的K是一个非零的极小数值；在工业革命后则需要满足某一个定值。后一种情况中（即工业革命后），很明显K的增加会直接导致Y的上升。

对于理论公式化而言的另一个要点是，需要重新定义第一章的图1-3，以及第三章的图3-1中所示的迂回生产图示中的符号。虽然在图3-1中"机器生产机器"是用投入系数a_1表示，但是为了简单起见，这里我们假定机器生产仅由劳动这一生产要素来完成[1]。此时，上述Y、K和L之间的关系则如图4-1所示。

图4-1 对应马克思主义最优经济增长模型的再定义

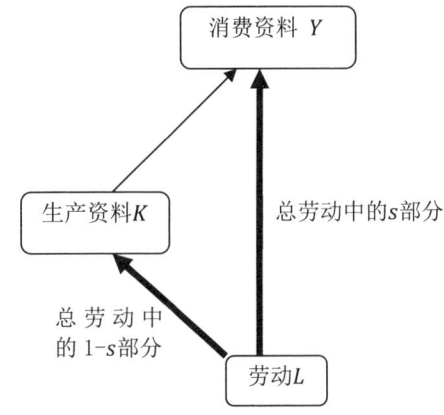

---

[1] 当然，这个假设也可以放宽。可以假设生产资料（机器）同时由生产资料和劳动力这两个生产要素来生产。然而，基于本书的目的，这里我们采用的是最简化的形式。

此处的关键在于，人类的总劳动量 L 被分配给生产资料生产部门和消费资料生产部门。图 4-1 中用 $s(0 \leqslant s \leqslant 1)$ 来表示劳动投入比例，即总劳动的 s 部分用于消费资料的生产，$1-s$ 部分用于生产资料的生产。如此，消费资料生产部门的生产函数则可以写成：

$$Y = AK^{\alpha}(sL)^{\beta}$$

另一个方面，生产资料生产部门的生产函数则可以简化为：

$$\dot{K} + \delta K = B(1-s)L$$

如前所述，该函数并未考虑"机器生产机器"的状况，且采取了最简单的一次函数形式。其中，K 表示生产资料的存量，$\dot{K}$ 表示每期（如一年）的增量[1]，B 表示劳动生产率，$\delta(0 < \delta < 1)$ 表示资本的耗损（折旧）率。例如，一个机器在使用 20 期后磨损和折旧的话，则 $\delta=0.05$。由于损耗的这部分也是由生产资料生产部门生产的，所以在式子的左边要加上表示折旧部分的 δK。

工业革命后的目标——最优资本设备量

如此，接下来的问题便成了：社会总劳动中分配给消费资料生产部门的比例（s）以及分配给生产资料生产部门（$1-s$）的具体应该是多少。该问题实际上等同于"均衡"状态下资本和劳动的比例（人均生产资料使用量）的问题。在最优分配下，该问题可通过考虑以下条件来求解。也就是说，在最优状态下，当总劳动小幅度增加 ΔL 时，只要初始状态处于均衡状态，总劳动的边际增额 ΔL 不论是追加在消费资料生产部门还是生产资料生产部门，其对最终目的的消费资料生产都具有相同效果。为了求导该条件，追加 ΔL 对图 4-1 中右侧所产生的效果（ΔL 直接作用

---

[1] 用数学方式表达则为 $\dot{K} \equiv \frac{dK}{dt}$（这里 t 表示"期"）。

于消费资料生产部门的效果）可以通过以下式子求得。即：

$$\frac{\partial Y}{\partial L} = \beta A K^{\alpha} L^{\beta-1}$$

此处计算并未考虑 s 和 $1-s$。因为这里考虑的是追加 ΔL 的情况，所以此时问题就只存在于生产函数的"形式"上。另一方面，追加 ΔL 对图 4-1 中左侧所产生的效果（ΔL 通过增加生产资料生产，间接作用于消费资料产生的效果）则如下，即：

$$\frac{\partial K}{\partial L} \cdot \frac{\partial Y}{\partial K} = B\alpha A K^{\alpha-1} L^{\beta}$$

但是，还必须进一步考虑以下情况。即这里讨论的生产力效果是由追加可长期使用的机器设备实现的。因此就必须考虑这种效果所带来的累积效果。更进一步而言，即这种效果本期不会立即显现，而是从下一期开始，并一直持续下去。因此，为了说明问题，这里用0.1这样的具体数字来表示未来利益的主观"贴现率 ρ"（也称作"时间偏好率"），那么由资本追加带来的生产水平的提升的总效果则如下，即：

$$\frac{B\alpha A K^{\alpha-1} L^{\beta}}{1+\rho} + \frac{B\alpha A K^{\alpha-1} L^{\beta}}{(1+\rho)^2} + \frac{B\alpha A K^{\alpha-1} L^{\beta}}{(1+\rho)^3} \cdots\cdots$$

只是，严格来讲，追加积累的 K 的增额会随着每期折旧而缩小，所以这里还必须考虑其追加效果会逐渐减低这一事实，如下：

$$\frac{B\alpha A K^{\alpha-1} L^{\beta}}{1+\rho+\delta} + \frac{B\alpha A K^{\alpha-1} L^{\beta}}{(1+\rho+\delta)^2} + \frac{B\alpha A K^{\alpha-1} L^{\beta}}{(1+\rho+\delta)^3} \cdots\cdots$$

依据无穷等比数列求和公式可得：

$$\frac{B\alpha AK^{\alpha-1}L^\beta}{1+\rho+\delta} \frac{1}{1-\dfrac{1}{1+\rho+\delta}} = \frac{B\alpha AK^{\alpha-1}L^\beta}{\rho+\delta}$$

即：

$$\beta AK^\alpha L^{\beta-1} = \frac{B\alpha AK^{\alpha-1}L^\beta}{\rho+\delta}$$

追加ΔL对图4-1中右侧和左侧具有相同的效果。进一步整理上式可得：

$$\beta(\rho+\delta)K = B\alpha L$$

实际上，还有一些必须考虑的问题。即在上述计算当中，没有将每期资本损耗（折旧）导致的总资本K自然减少的部分计算在内。如果将这一部分也计算在内的话，为了维持"最优的资本存在量K^*"，则需要从总劳动当中扣除每期必须耗费的$\delta K^*/B$部分的劳动[1]。于是，上式则可改写成：

$$\beta(\rho+\delta)K^* = B\alpha\left(L - \frac{\delta K^*}{B}\right)$$

---

[1] 由上文中生产资料生产部门的生产函数推导得出。

第四章 资本主义的发展与灭亡 基于资本积累理论、量变引起质变

最终整理得到的最优资本-劳动比率$(K/L)^*$如下[1]：

$$\left(\frac{K}{L}\right)^* = \frac{B\alpha}{(\alpha+\beta)\delta + \beta\rho}$$

从该计算结果中可以得到很多启示。第一，当$\alpha = 0$时，即工业革命之前的封建社会时期技术条件为零。更严谨地说，在数学上无法定义$\alpha = 0$，$K = 0$情况下消费资料生产部门的生产函数[2]，所以这里必须假设工业革命前的K是无限接近于零

---

[1] 如果把这里的假设改为：生产资料生产部门的生产要素中也涵盖资本这一更现实的假设的话，则

$$Y = AK_c^{\alpha_2}L_c^{\beta_2}, \qquad \dot{K} + \delta K = BK_k^{\alpha_1}L_k^{\beta_1}$$

此时的最优单位劳动资本（即人均资本）为：

$$\left(\frac{K}{L}\right)^* = \left(\frac{\alpha_1}{\rho+\beta}\right)^{\frac{\alpha_1}{1-\alpha_1}} \frac{B^{\frac{1}{1-\alpha_1}}}{\delta}\left\{\frac{\alpha_2\beta_1\delta}{\alpha_2\beta_1\delta + \beta_2(\rho+\delta-\alpha_1\delta)}\right\}^{\frac{\beta_1}{1-\alpha_1}} L^{\frac{\beta_1+\alpha_1-1}{1-\alpha_1}}$$

将$\alpha_1 = 0$、$\beta_1 = 0$带入该式中可计算出最优资本－劳动比率。此时，该式子右边的对数部分，

$$\lim_{\alpha_1 \to +0} \frac{\alpha_1}{1-\alpha_1}\log\frac{\alpha_1}{\rho+\delta} = \lim_{\alpha_1 \to +0}\frac{1}{\frac{1}{\alpha_1}-1}\log\frac{\alpha_1}{\rho+\delta} = 0$$

即$\left(\frac{\alpha_1}{\rho+\delta}\right)^{\frac{\alpha_1}{1-\alpha_1}} = 1$。

此外，同样重要的是，该式与本文中计算结果有共通的地方。其中一点则是，最优资本－劳动比率$(K/L)^*$都可以写成$L^{\frac{\beta_1+\alpha_1-1}{1-\alpha_1}}$的倍数。这表明最优资本－劳动比率是增函数，还是定值，或是减函数主要依赖于生产资料生产部门生产是规模报酬递增，还是规模报酬不变，或是规模报酬递减，而不依赖于消费资料生产部门的性质。其次，当经济存在不确定性因素时，"储蓄（积累）"变得必须，此时最优资本－劳动比率将上升。

[2] 数学上无法定义0^0。

的值。这其实也是符合实际认知的。从本书的理论立场出发，因为封建社会时期的课题只是熟练度的形成，所以不需要"工具的积累"。基于该理解，上述也可视为是这一命题的数学证明。

此外，通常情况下，新技术下的最终人均消费$(Y/L)^*$通常大于旧技术水平下的人均消费$(Y/L)^-$，但也有例外。新、旧技术水平下的人均消费量可分别表示为：

$$\left(\frac{Y}{L}\right)^* = A\left(\frac{B\alpha}{\delta + \beta\rho}\right)^\alpha$$

$$\left(\frac{Y}{L}\right)^- = AL^{\beta_0 - 1}$$

为简单起见，这里假设新技术水平满足规模报酬不变，即 $\alpha + \beta = 1$，且旧技术水平满足 $\alpha = 0$、$\beta = \beta_0 (0 < \beta_0 < 1)$。此时，当且仅当

$$L > \left(\frac{\delta + \beta\rho}{B\alpha}\right)^{\frac{\alpha}{1-\beta_0}}$$

成立，从长远来看采用新技术才更为合理[1]。这是由于在假设规模报酬递减的旧技术水平下L越小，人均产量（消费）越大。另外，随着生产资料部门的B和α等与生产力有关的参数值增大，该情况越容易发生。彭慕兰（2000）所阐释的廉价的煤炭和海外资源对英国工业革命至关重要，恰恰反映了这一情况。只是，到19世纪末，该情况在包括日本在内的国家中变得普遍。

第二，该式（即 $\left(\frac{K}{L}\right)^* = \frac{B\alpha}{(\alpha+\beta)\delta + \beta\rho}$）的值随着$\alpha$的上升以及$\beta$的下降而上升。$\alpha$和$\beta$的大小关系体现了消费资料生产部门的生产函数中，资本投入和劳动投入对

---

[1] 只是，这仅仅是时间偏好为ρ的主体的最优解。时间偏好率ρ越大的主体，更愿意维持旧技术水平。由此（即为维持旧技术水平）引发的劳动者抵抗运动有卢德运动。

生产贡献程度的大小，所以，与该式值大小直接相关的其实是α和β的比例。实际上，资本和劳动同时增加两倍，生产量也将随之增加两倍，这种"关于规模报酬不变"的假设在宏观经济中很常见，即$\alpha + \beta = 1$[1]。此时随着α上升，β下降。因为此时劳动经由生产资料生产的投入效果相应增大，所以会生产更多生产资料。因此最优资本-劳动比率（单位劳动资本）也会上升。

第三，这里A和B对均衡值的影响也值得关注。B的上升会使得经由生产资料生产部门的劳动投入变得更有效，从而带来更多的生产资料的生产，并实现更高的资本-劳动比率。这和α的影响一样，相反，A值的变化并不影响最优资本-劳动比率。这是因为对直接向消费资料生产部门追加劳动以及追加生产生产资料→投入更多的生产资料时而言，A值的上升起到完全相同的效果。

只是，正如上述式子所示，A也是决定产量Y的一个重要因素。假设B的增长率为η_B，A的增长率为η_A，此时人均消费Y/L将以$(1+\eta_A)\cdot(1+\eta_B)^\alpha$的倍数逐年上升。这是由于，在迂回生产体系下生产资料部门生产力的提高会间接地影响到消费资料的生产。因此，迂回生产体系的深化（例如，更多的生产资料生产部门趋于生产资料生产专门化），会给生产力的增长带来进一步的协同效应。例如，$(1+\eta_A)\cdot(1+\eta_B)^\alpha\cdot(1+\eta_C)^{\alpha\beta}\cdots\cdots$。就此意义而言，问题的关键在于，即使迂回生产体系的深化呈递减趋势，但其还起着促进技术创新的作用。

接下来要讨论的是资本损耗（折旧率）δ的影响。如果资本折旧率变大的话，好不容易积累的生产资料将相应地减少，这就削弱了K的积累效果。可知，δ对最优资本-劳动比率的影响，与α减少或B下降时产生的效果一样。

最后，我们要分析的是时间偏好率。与其他的变量不同，人们的偏好虽然是一种主观的东西，却影响着最优资本劳动，这一点十分耐人寻味。比如，美国的犹太人和黑人，东南亚的华人和当地人，这些人的投资志向各自存在着明显的差异。这些差异也导致他们在经济方面、社会方面、政治方面身份的差异[2]。由推导结果可知，这种差异体现在最优资本-劳动比率的差异上。无须质疑，高时间偏好率（贴

---

[1] 例如假定消费资料生产部门的生产函数中，K和L同时增加两倍，则新的生产量$Y' = A(2K)^\alpha (s2L)^\beta = 2^{\alpha+\beta} AK^\alpha(sL)^\beta = 2^{\alpha+\beta}Y$，可知当$\alpha+\beta=1$时，$Y'$是$Y$的两倍。

[2] 笔者认为这是资本主义制度下民族间矛盾产生的主要原因所在。

现率）将会导致人们低估由生产资料积累所带来的下一期之后的生产效果，从而拉低最优资本-劳动比率。

另外，根据上述中最优劳动比率中的"最优"，可以计算出在"最优"时点下消费资料生产部门和生产资料生产部门的劳动分配比率。此时上述的生产资料生产部门的生产函数中 $\dot{K} = 0$，即：

$$B(1-s)L = \delta K^*$$

将上述中求得的 K^* 带入该式可得：

$$1 - s^* = \frac{\delta\alpha}{(\alpha+\beta)\delta + \beta\rho}$$

由于左边的系数全部为正，可知此时 $s^* < 1$。

II. 忽略储蓄的再生产条件——简单再生产

马克思的简单再生产公式

上述模型中将社会总生产划分为消费资料生产部类（部门）[1]和生产资料生产部类，通过分析两者的关系揭示了社会全体运行状况，这种构思来源于马克思。在西方经济学领域，东京大学教授宇泽弘文于20世纪60年代构建了两部门经济增长理论，他也曾提到其理论源于马克思的构想。也就是说，本书中的上述模型，也是依靠这一始于马克思并输入西方经济学当中的构想而建立的。

但是两者之间自然也存在不同之处。本书中马克思主义最优经济增长模型中的变量是直接用"实物单位"来衡量的，而马克思的模型则采用"价值单位"。本书之所以采用这一设定，是为了说明机器积累在生产中是有效的。因此这里必须依靠"实物单位"。另外，通过"实物单位"而构建的马克思主义最优经济增长模型也可以被改写成表示"价值单位"（投入劳动单位）的形式，这里我们首先需要对马克思的模型进行说明，因为其明确地揭示了资本主义社会运行的必要条件。

马克思的模型通常被称为"再生产理论"。再生产理论由忽略资本积累的"简单再生产公式"和引进资本积累的"扩大再生产公式"这两种再生产模式构成。这里首先对前者（简单再生产公式）进行说明。其出发点是本书第109页中简要讨论过的 $w = c + v + m$ 这一价值构成。马克思把生产生产资料和消费资料的部门分别命名为第1部类和第2部类，使用符号（1，2），我们首先可以把两部类的 $c + v + m$ 表示成如下形式。即：

$$W_1 = c_1 + v_1 + m_1$$
$$W_2 = c_2 + v_2 + m_2$$

---

[1] 为遵循马克思在《资本论》中的描述，本文在说明再生产公式时用"部类"代替"部门"，二者意思相同。——译者注

其中，W_1和W_2分别表示生产资料生产部类和消费资料生产部类在一年中生产的总生产物的价值量[1]。由此可知，马克思的两部类公式的优点在于，其不仅表明了c_1、c_2、v_1、v_2、m_1、m_2各自所代表的"价值"，同时通过1、2部类的区分还表现了"素材（即原材料）"层面上的不同产物。具体而言，c_1、v_1、m_1表示的是生产资料部类的价值投入，而c_2、v_2、m_2则表示消费资料部类的价值投入。然后，如下，我们可以对作为素材的消费资料和生产资料的消耗，以及作为价值构成和价值分配[2]的c、v、m之间的关系进行一一确认。即：

①第1部类投入的c_1是第1部类的产品，因此由第1部类生产的c_1来补偿。

②第2部类中劳动者和资本家所消耗的消费资料$v_2 + m_2$是第2部类的产品，因此由第2部类的$v_2 + m_2$来补偿。

③然而，与第1部类中$v_1 + m_1$相对应的消费资料必须由第2部类的总产量减去$v_2 + m_2$这部分来补偿。这是由于$v_2 + m_2$这部分会被第2部类的劳动者和资本家消费掉。

④此外，第2部类中与c_2相对应的生产资料必须由第1部类的总产量减去c_1这部分来补偿。这是因为c_1部分会被第1个部类自身的生产消耗掉。

根据上述4点，尤其是③和④，我们可以肯定的是：

$$v_1 + m_1 = c_2$$

必须成立。而事实上马克思列举了满足该条件的如下数例。即实际上"简单再生产公式"的原型如下：

$$6000W_1 = 4000c_1 + 1000v_1 + 1000m_1$$
$$3000W_2 = 2000c_2 + 500v_2 + 500m_2$$

---

[1] 再生产公式中的符号同样适用于扩大再生产公式。

[2] v与m的比率是由分配比率决定的。而$v + m$与c的比率则是由劳动和生产资料的投入比率决定的。

这种在W_1、W_2、c_1、c_2、v_1、v_2、m_1、m_2各个符号前标注表示各自的价值量的方法略显特别，但习惯了也就不奇怪了。基于该数例，对上述①~④这4点进行验证，可得：

$$1000v_1 + 1000m_1 = 2000c_2$$

由此可知，上述条件式（$v_1 + m_1 = c_2$）成立。总之，不同部类间也存在某种特定关系，且这一特定是确保简单再生产成立的条件。只有满足这一条件，才能确保在当期、下一期以及之后的每一期中创造的剩余价值被资本家消耗殆尽，资本家没有任何资本积累，生产规模年复一年保持不变。

其次，此时资本家依靠自身消费来完成自我的再生产，劳动者也是如此。这也就是为什么工资被称为劳动力的再生产成本。只是，劳动者只能进行自身劳动力的再生产，且在再生产结束时除了自己的身体之外别无其他。也就是说，因为劳动者并不能成为生产资料的所有者，所以他们只能继续靠出售自己的劳动力来维持生活，进行自身劳动力的再生产[1]。换言之，这种方式不仅实现了资本家和工人劳动者的自身的再生产，同时还实现了"资本与雇佣劳动的关系"的再生产。作为社会科学，这一点非常重要。

马克思主义最优经济增长模型对简单再生产的阐释

那么，接下来要探讨的就是"简单再生产公式"和本章第Ⅰ节中的模型之间的关系。第Ⅰ节后半部分针对最优资本设备数量的计算是"最优"、"均衡值"的计算，就这一点而言，它体现了"简单再生产"的状态。因此，如果把K^*和s^*，以及$\dot{K} = 0$（由于在此时资本设备量恒定）带入前述两个部类的生产函数中，并同时与再生产公式进行对照，可得：

---

[1] 因为每个劳动者的寿命有限，所以这里的"自身劳动力的再生产"是指跨越世代阶级的再生产。为了满足这个设定，劳动者必须生养后代。因此这里提到的"劳动力的再生产成本"中还包括"子女的抚养费用"。

$$W_1 = c_1 + (v_1 + m_1) \qquad \delta K^* = 0 + B(1-s^*)L$$
$$W_2 = c_2 + (v_2 + m_2) \qquad Y = A(K^*)^\alpha (s^*L)^\beta$$

此外，用含L的式子替代K^*和s^*可得：

$$W_1 = c_1 + (v_1 + m_1) \qquad \delta K^* = 0 + B\left(\frac{\sigma\alpha}{(\alpha+\beta)\delta+\beta\rho}\right)L$$
$$W_2 = c_2 + (v_2 + m_2) \qquad Y = A\left(\frac{B\alpha L}{(\alpha+\beta)\delta+\beta\rho}\right)^\alpha \left\{\left(1 - \frac{\sigma\alpha}{(\alpha+\beta)\delta+\beta\rho}\right)L\right\}^\beta$$

表4-1　马克思主义最优经济增长模型最优状态下劳动投入量的构成

	c	$c+v$
第1部类	0	$\left(\dfrac{\delta\alpha}{(\alpha+\beta)\delta+\beta\rho}\right)L$
第2部类	$\dfrac{\delta\alpha}{(\alpha+\beta)\delta+\beta\rho}$	$\left(1-\dfrac{\delta\alpha}{(\alpha+\beta)\delta+\beta\rho}\right)L$

这里需要注意的是，这种表现形式直接体现了两部类各自的劳动投入量。也就是说，如果理解了消费资料生产部门生产资料的使用，以及生产资料都是劳动的产物这一点，便不难理解所有的要素投入都源于劳动。而事实上，上述式子恰恰就采用了这种表现形式。

这一点非常重要。因为右侧（即本书中采用的表现形式）也可以改写为体现劳动投入量的形式。那么，也就几乎可以改写成$c+v+m$。实际上，表4-1就是其改写后的形式。如前所述，在第1部类即生产资料生产部门中，为简单起见，我们假定在生产过程中不使用生产资料，所以此处c_1为0。其次，考虑到每一期中K^*的一部分，即仅δK^*这一部分折旧，则对应c_2部分的值为K^*的δ倍。最后，必须说明的是，这里并未对$v+m$内部进行划分。本书对剥削的理解，即在"剥削的第一定义"中应如何定义m这一点将在后文中进行讨论，所以对v和m的划分将在之后的

表4-3中进行。

其次，还应特别留意的是，在表4-1中两部类的$v+m$相加后等于L。这意味着两部类在当期所创造的总附加值等于总劳动投入量。劳动价值论认为，总劳动投入量等于总附加价值，这可以通过表4-1中两部类的$v+m$相加后等于L这一点来体现。

但无论如何，对于本节而言最为重要的是，根据"简单再生产公式"推导出的$v_1+m_1=c_2$这一条件得到了满足。因为表4-1中，式子的左边和右边都为$\left(\frac{\sigma\alpha}{(\alpha+\beta)\sigma+\beta\rho}\right)L$。由此可知，基于"马克思主义最优经济增长模型"也可以推导出与"简单再生产公式"相同的结论。

III. 剩余价值的资本转化——扩大再生产

马克思的扩大再生产公式

如上文所示,虽然我们推导出了持续生产的条件,但上述的"简单再生产"只是为了方便解释而临时引入的一个假说。如前文所述,资本主义的本质是变化,因此,现实问题中,不能用恒定的再生产模式来探讨资本主义社会。为此,马克思提出了下述"扩大再生产公式",来表示当期生产出来的剩余价值除了用于满足下一期资本家的消费外,还用于进行新的劳动雇佣和投资。也就是说,沿用简单再生产公式的一部分表述的话,可将扩大再生产公式写成如下形式,即:

$$W_1 = c_1 + v_1 + m_1(c) + m_1(v) + m_1(k)$$
$$W_2 = c_2 + v_2 + m_1(c) + m_2(v) + m_2(k)$$

此式子表示两部类的剩余价值 m_1 和 m_2,在被用于资本家私人消费部分 $m_1(k)$ 和 $m_2(k)$ 的同时,还被用于投资新的 c 和 v。那么,不同于简单再生产公式,这里新的 $m_1(c)$ 和 $m_2(c)$ 必须由第 1 部类以素材的形式来提供,而 $m_1(v)$、$m_2(v)$、$m_1(k)$、$m_2(k)$ 必须由第 2 部类提供。

因此,生产资料和消费资料的社会供需一致条件分别如下:

$$c_1 + v_1 + m_1(c) + m_1(v) + m_1(k) = c_1 + m_1(c) + c_2 + m_2(c)$$
$$c_2 + v_2 + m_2(c) + m_2(v) + m_2(k) = v_1 + m_1(v) + m_1(k) + v_2 + m_2(v) + m_2(k)$$

分别对式子两边进行整理可得两个完全相同的式子,即:

$$v_1 + m_1(v) + m_1(k) = c_2 + m_2(c)$$
$$c_2 + m_2(c) = v_1 + m_1(v) + m_1(k)$$

这里，上一行式子表示：第1部类供给的生产资料中，有多少是第2部类所需要的，下一行式子则表示第2部类所供给的消费资料中，有多少是第1部类所需要的。那么，二者的区别在于是从生产资料还是消费资料来看待素材的不足问题。但其中，当各个部类从对方部类获取不足的素材时，必须相应地提供同等价值的产品。因此，上述式子的两边以等号连接。相反，也可以认为是等价地向对方供给对方所缺少的素材。也就是说，上述式子可以视为交换彼此双方所不足的交换式。那么，不论哪个式子都表示互相提供对方不足要素的式子，即两式意义相同。这样，简单再生产公式下成立的条件式$v_1 + m_1 = c_1$，在扩大再生产公式下就可以写成上述形式。

另外，上述式子$v_1 + m_1(v) + m_1(k) = c_2 + m_2(c)$中，当$m_1(c) + m_2(c) > 0$时，简单再生产条件下的$v_1 + m_1 = c_1$可改写成如下，即：

$$v_1 + m_1 > c_2$$

这意味着扩大再生产条件下第1部类（生产资料生产部类）的生产大于简单再生产，即为了实现储蓄带来的经济增长，生产资料的产量必须大于简单再生产情况下生产资料的产量。用公式表示的话，简单再生产情况下部类间的比例必须满足以下公式：

$$\frac{c_1 + c_2}{v_1 + m_1 + v_2 + m_2}$$

相对地，扩大再生产下的部类间比例则应满足如下条件，即：

$$\frac{c_1 + c_2 + m_1(c) + m_2(c)}{v_1 + m_1(v) + m_1(k) + v_2 + m_2(v) + m_2(k)}$$

此时如果c_1、c_2、v_1、v_2以及剩余价值的总额（m_1、m_2）相同的话，则后者将明显大于前者。

马克思主义最优经济增长模型对扩大再生产的阐释

本节主要阐释了扩大再生产问题。本节以及本书模型（马克思主义最优经济增长模型）假设剩余价值必须主要用于购买劳动力和生产资料从而实现扩大再生产，而并非全部由资本家消费。因此，这里将扩大再生产公式中资本家消费设定为0，即假定极端情况 $m_1(k) = m_2(k) = 0$[1]。

这一假设虽然看起来极端，实则并非如此。也就是说，资本家仅仅是"资本的人格化"，他可以只过着勉强维持自身最低标准的生活，也可以比一般劳动者付出更多的劳动。问题在于，资本家只要行使"对劳动的专制指挥权"，进行剥削，并为资本增值而努力工作即可，所以资本家收入可以理解为是 v 的一部分。应该可以确切地认为被雇佣的经营者"也是工薪族"。但这里并非否认资本家是"资本的人格化"。这里的目的是解释为何 $m_1(k) = m_2(k) = 0$ 这一假设并不极端。

相反，如此一来就出现了类似剩余价值究竟是什么、剥削是为了什么的疑问。剩余价值如果不是为了满足资本家的私欲，那应该是"为了资本"，即为了积累。如果遵照前文中对"资本主义"的理解，即只有进行资本积累才能够实现工业革命之后的经济发展。也就是说，可以将其认为是为了实现某种全社会的任务，所以才有了为此而来的一系列空想家，为确保积累资金而进行争论，并以此获得政治家和官僚们的不断支持。用本书第一章的叙述来说，即就生产力水平来看，"剥削"也有其存在的意义。

另一个笔者想要引入马克思学派最优增长模型中的是，人口不变且全员参与劳动这一假设。虽然人口在经济学中也是一个十分重要的变量，但将其内生化处理并不简单。另外，虽然模型化经济景气循环过程中，劳动人口的吸收和排除机制并不复杂，但是这里的研究对象是这种持续变动的长期平均趋势。因此，本书的模型当中，在研究"扩大再生产"时也假设总的劳动力不变（即使存在部类之间的劳动力移动），且引入追加的生产要素仅包括生产资料这一假设。即假设

---

[1] 马克思自己在《资本论》第二卷第二章中也进行了同类的简化。"为了不使公式复杂化，最好还是假定剩余价值全部积累起来"（马克思. 资本论（第二卷）[M]. 北京：人民出版社，2018.92.）。"就资本家仅仅是产业资本的人格化来说，他自己的需求就只是对生产资料和劳动力的需求"（马克思. 资本论（第二卷）[M]. 北京：人民出版社，2018.134.）。

$m_1(v) + m_2(v) = 0$。这样一来，上述"扩大再生产公式"则如下：

$$W_1 = c_1 + v_1 + m_1(c) + m_1(v)$$
$$W_2 = c_2 + v_2 + m_2(c) + m_2(v)$$
$$m_1(v) + m_2(v) = 0$$

也就是说，从两部类的总和来看，除去既存设备补偿部分的投资才是"剥削部分"（剩余价值），实际上资本主义正是这样的"剩余价值向资本的转化"过程。资本主义并非前文提到的"简单再生产"下的恒定状态，而是持续扩大的经济、积累资本的过程（增值的过程）。

下文将在"马克思主义最优经济增长模型"的框架下对上述理解进行进一步说明。前文中，仅仅是以 $\dot{K} = 0$ 为前提推导出"稳态"，即不能保证能立即实现这一状态，或者也可以认为，这是在经历长期的积累后才能达到的一个状态。

图 4-2 日本国内净投资的长期下降

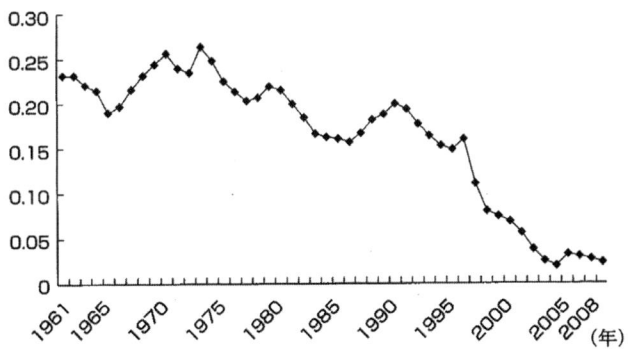

资料来源：日本总务省统计局《国民经济计算年报》历年版。
净投资率是按照"（国内总固定资本形成＋存货增加－资产折旧）/国内净生产"计算的。之所以通过国内净生产而非国内总生产来计算，是为了对应马克思主义最优经济增长模型中的 $1-s$。

例如，众所周知，较之发展中国家，发达国家的经济增长率较低，这是由于在朝着$\dot{K}=0$发展的过程中资本积累率逐渐下降。图4-2表示的是日本的净投资率，反映了上述情况。另一方面，发展中国家表现的并不相同。根据大西（2016）的计算，2009年中国资本积累只达到其"稳态值"的11%，大西（1998a）粗略计算了韩国、菲律宾、印度尼西亚1994年的资本积累，分别为36%、21%、51%。也就是说，这些数据表明，除了一些已经达到"零增长"点的发达国家以外，其他国家都还在经历资本积累这一过程。因此，它们并非处于"简单再生产"状态，或者可以说是距离"稳态"还有一定的距离。为了易于理解，本文在说明"扩大再生产"前先分析了"简单再生产"，但二者的历史顺序则与此相反。

如此，问题就变成了这样的资本积累过程（增长过程）是如何推导出来的。此处可以使用上述公式化的两个生产函数，将最终消费的最大化问题模型化。只是，我们还需要同时考虑单位消费资料的边际效用递减问题，将瞬间的人类效用表示为log(Y)函数，因为该形式的函数可以表现边际效用递减。另外，这里也将引入表示未来与现在的偏好态度的贴现率ρ，并将未来所有消费效用换算成依据当下时点来衡量的总效用。所以，效用函数公式可以改写成如下，即：

$$U = \int_0^\infty e^{-\rho t} \log Y(t) dt$$

该式子被称为"历时（通时）效用"函数。e是自然对数的底数，$Y(t)$表示Y是时间变量。另外，式子右边积分符号里面的函数可以通过离散方式推导得出。

比如，当假设时间偏好ρ等于0.1时，t时期的瞬时效用log(Y)折算成现在价值则可表示为$\left(\frac{1}{1+0.1}\right)^t \log Y(t)$，这里$\rho$表示年利。其实，严格来讲，应该把贴现率$\rho$按半年复利$(\rho/2)$、4个月复利$(\rho/3)$、3个月复利$(\rho/4)$不断细分来计算，如此不断细分的话可以得到下式：

第四章　资本主义的发展与灭亡 基于资本积累理论、量变引起质变　　149

$$\lim_{n\to\infty}\left(\frac{1}{1+\frac{0.1}{n}}\right)^{nt}\log Y(t) = \lim_{n\to\infty}\left(1+\frac{0.1}{n}\right)^{-nt}\log Y(t) = \lim_{n\to\infty}\left\{\left(1+\frac{1}{\frac{n}{0.1}}\right)^{\frac{n}{0.1}}\right\}^{-0.1t}\log Y(t)$$

$$= \lim_{n\to\infty}\left\{\left(1+\frac{1}{m}\right)^{m}\right\}^{-0.1t}\log Y(t) = e^{-0.1t}\log Y(t)$$

其中，$m = \frac{n}{0.1}$ 即 $n = 0.1(m+1)$。

另外，最后的等号中使用了自然数底数 e 的定义式。今后，0期后、1期后、2期后、3期后、4期后……的各个期间的瞬时效用分别为 $\log Y(1)$、$\log Y(2)$、$\log Y(3)$、$\log Y(4)$……将其折算现在价值表示的连续函数并求和（积分）可得上述表示 U 的公式。

因此我们的问题就变为基于前述两个生产函数下，历时效用（连续时间）的最大化问题。即如下所示：

$$\max U = \int_{0}^{\infty} e^{-pt}\log Y(t)dt$$
$$s.t. \ \ Y(t) = AK(t)^{a}(s(t)L)^{\beta}$$
$$\dot{K}(t) + \delta K(t) = B(1-s(t))L$$

在这里，"$s.t.$"表示问题的约束条件，即跟随其后的两个式子为模型的约束条件。$K(t)$ 和 $s(t)$ 表示 K 和 s 是时间变量。更确切地说，由于每期总劳动力按 $s(t)/1-s(t)$ 的比被分配到两个生产部门，因此这里的变量 $s(t)$ 为"人类"的操作变量。之所以称这个模型为"马克思主义最优增长模型"，是因为它刻画了经济增长过程中的"最优化"问题，并将其公式化。

接下来我们将具体对这个模型进行求解。这里设定的是一个满足一定条件的最大化效用（连续时间），即"带约束条件的最优化问题"，所以依据本书卷末数学附录中提供的解法，这里先设定现值汉密尔顿函数H_c为：

$$H_c \equiv \log Y(t) + \mu(t)[B\{1-s(t)\}L - \delta K(t)]$$
$$= \log A + \beta \log s(t) + \beta \log L + \alpha \log K(t) + \mu(t)B[1-s(t)]L - \mu(t)\delta K(t)$$

其最优化一阶条件以及横截条件分别如下，即：

$$\frac{\partial H_c}{\partial s} = 0 \Leftrightarrow \frac{\beta}{s} - \mu BL = 0$$

$$\frac{\partial H_c}{\partial K} = \rho\mu - \dot{\mu} \Leftrightarrow \frac{\alpha}{K} - \mu\delta = \rho\mu - \dot{\mu}$$

$$\frac{\partial H_c}{\partial \mu} = \dot{K} \Leftrightarrow \dot{K} + \delta K = B(1-s)L$$

最后一个式子与资本积累方程完全一致。这一点在本书末尾的数学附录中也有说明。为了简便，这里省略$Y(t)$、$K(t)$、$s(t)$、$\mu(t)$中表示时间的下标t。此时基于第一个式子可推导出：

$$\frac{\dot{\mu}}{\mu} = -\frac{\dot{s}}{s}, \mu = \frac{\beta}{sBL}$$

将其带入第二个式子可得：

$$\frac{\alpha}{K} \cdot \frac{sBL}{\beta} = \frac{\dot{s}}{s} + (\rho + \delta)$$

变形后可得：

$$\dot{s} = \frac{BL}{K} \cdot \frac{\alpha}{\beta} s^2 - (\rho + \delta)s = s\left\{\frac{BL}{K} \cdot \frac{\alpha}{\beta} s - (\rho + \delta)\right\}$$

由于该式是用于分析s在$0 < s < 1$范围内的变化过程即$s \neq 0$，因此首先将$\dot{s} = 0$代入上式便可得到满足$\dot{s} = 0$的关系式，即：

$$s = \frac{(\rho + \delta)\beta}{aBL}K$$

另外，把$\dot{K} = 0$带入生产资料生产部类的生产函数，可得：

$$B(1 - s)L = \delta K$$

上述两式（$s = \frac{(\rho+\delta)\beta}{aBL}K$、$B(1-s)L = \delta K$）的交点是同时满足$\dot{s} = 0$和$\dot{K} = 0$的稳态值。计算求解可得：

$$\left(\frac{K}{L}\right)^* = \frac{Ba}{(\alpha + \beta)\delta + \beta\rho}, \quad 1 - s^* = \frac{\delta\alpha}{(\alpha + \beta)\delta + \beta\rho}$$

这与上节中通过其他方法计算得到的稳态值完全一致。

不过，这里除了要确认推导出的稳态值与上节结果一致以外，还要探索积累（增长路径）的重要特征。

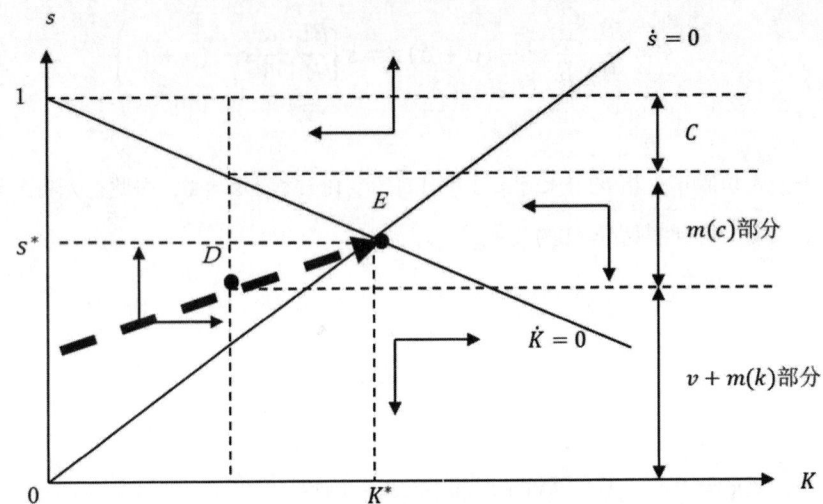

图4-3 资本积累推动下向长期均衡演进的动态路径图

如图4-3所示,将$\dot{s}=0$和$\dot{K}=0$两个方程绘制成图后,不仅可以求得交点坐标(K^*, s^*),还可以考察相位图中被$\dot{s}=0$和$\dot{K}=0$两条线分割出来的四个区域的动态移动特征。图中$\dot{s}=0$线上方的区域内s将上升,$\dot{s}=0$线下方的区域内s则将下降;$\dot{K}=0$线右侧区域内K会减少,$\dot{K}=0$线右侧区域内K则增加。如图所示,这些说明可以用两个不同变化方向的箭头来表示。这里需要注意的是,由图可知如果从常识性的前提即小于K^*的资本K出发,那么向K^*演进的积累路径(增长路径)则是鞍点路径,且一定是向右上倾斜的。这表明在资本积累(增长)的过程中分配给消费资料生产部类的劳动比例[1]会增加。同理,分配给生产资料生产部类的劳动比例会缩小。这一结论与列宁所主张的[2]"第一部类优先增长规律"相悖[3]。

---

1 正如第二章所讨论的那样,马克思主义经济学中区分了劳动与劳动力。此处严格意义上来说讨论的是"劳动"的分配。这是由于此处关注的是实际进行了多少劳动这一问题。但是,如果每个资本家都同等且充分地利用所购买的劳动力的话,这种"劳动"的分配则等同于"劳动力"的分配。

2 该相位图的分析参照了田添和大西(2011)的研究。

3 只是,该结论是以两个部类的技术系数恒定为前提。例如,当两个部类的全要素生产率/劳动生产率即A和B以相同的速度增长时,稳态下的资本-劳动比率$(K/Y)^*$增加将可能导致"第1部类优先增长"。

因此，资本积累过程（"扩大再生产"过程）中所出现的情形可归纳为以下两点。

①随着资本积累的推进，总劳动分配给生产消费资料的比例s将会增大。换言之，分配给生产资料的比例$1-s$将会缩小。

②资本积累将向稳定值靠近，其终点值（稳态值）与"简单再生产公式"下计算得到的值相同。换言之，资本主义发展过程可以理解为是一个向这种稳态值趋近的长期过程。

依据价值维度的再生产公式无法推导出这两个结论。因为通过再生产公式，虽然能够推导出$v_1 + m_1$和c_2之间的，即两部类间的价值素材补偿的条件式，但并没有将效用最大化这一人类的行动目的公式化。

只是，到目前为止对"效用最大化"问题的探讨，是以个体代表（"代表性主体"）是否有计划地在运行着，完全同质的个体的集合所构成的社会为前提展开的。实际上，我们必须将这个前提改写为持有不同效用的个体的最优化行为，以及依靠各自的生产函数经营的企业利润最大化行为。借用西方经济学的话来讲，这意味着我们必须构建一个"分权市场模型"，而不是"社会计划者模型"。在不存在外部性和不完整信息的情况下，分权市场模型和社会计划者模型的结果一致。到目前为止，本章仅仅讨论了社会计划者模型，分权市场模型将在本书的附录1中进行讨论，敬请参考。

庞巴维克"时差利息论"的再阐释

本节第150页推导出的最优化一阶条件的第二个式子（即"资本最优化的一阶条件"），即：

$$\frac{a}{K} - \mu\delta = \rho\mu - \dot{\mu}$$

对于分析"剥削是什么"，实际上具有重大意义。因为该式在进行如下转换后，非常有助于我们深入理解什么是"利润"。

$$r_k - \delta = \rho - \frac{\dot{\mu}}{\mu} \qquad (**)$$

或

$$r_c - \delta = \rho - \frac{\dot{\mu}}{\mu} \qquad (**)'$$

此处，r_k、r_c分别表示基于生产资料和消费资料来衡量的资本的实际租赁价格。式子$(**)'$可以通过以下几个步骤得出。即：

① "资本的最优化一阶条件"式子中，左边的a/K是通过将边际效用$\log Y$对K微分得出的，因此是$\frac{\partial \log Y}{\partial Y}$与$\frac{\partial Y}{\partial K}$的乘积。这可以理解为是"用效用单位衡量的消费资料价格p_c（边际效用对消费资料微分的结果）"与"基于消费资料衡量的资本实际租赁价格r_c"的乘积。

② 从上一节阐述的现值汉密尔顿的形式可以看出，μ是资本的影子价格，也就是"以效用为单位衡量的生产资料价格"。将式子$(\frac{a}{K} - \mu\delta = \rho\mu - \dot{\mu})$的两边同时除以$\mu$，并且带入$r_c \cdot p_c/\mu = r_k$，便可推导出式子$(**)$。

③ 另一方面，为了简化问题，如果假设①当中的"用效用单位衡量的消费资料价格"等同于"用效用单位衡量的生产资料价格"，那么关于资本的最优化一阶条件便可变形为$(**)'$。该假设忽视了生产资料和消费资料的区别，实际上等同于将2部类模型转化成了1部类模型。

仔细观察推导出的式子$(**)$可以发现，资本的实际租赁价格r_k以及r_c是由补偿资本折旧部分、时间偏好率及生产资料价格的变化率共同决定的。马克思主义经济学中将"补偿资本损耗（折旧）部分"定义为不变资本c。这样一来，式子$(**)$右边就变成了"剩余价值"。也就是说，"资本的实际租赁价格"是马克思主义经济学中"不变资本c"和"剩余价值m"的总和。

其次，该式子揭示了即使在西方经济学所谓的"收入的完全分配"的前提下，资本也会获取剩余价值。以本书模型中消费资料生产函数为例，当柯布—道格拉斯函数中的两个生产要素的弹性α、β的和为1时（即规模报酬不变时），资本家的所得（单位生产资料实际的租赁价格r_c × 生产资料使用量）和劳动者的所得（用消费资料来衡量的实际工资所得 × 投入劳动量）的和等于总生产量。即：

$$r_c K + RL = \frac{\partial Y}{\partial K} K + \frac{\partial Y}{\partial L} L = \alpha \frac{Y}{K} K + \beta \frac{Y}{L} L = (\alpha + \beta) Y = Y$$

也就是说，虽然就表象而言，收入完全分配给资本和劳动且企业并未保留任何剩余价值，但是实质上资本分配r_c以及r_k的部分中已经涵盖了马克思主义经济学中所说的"不变资本c"和"剩余价值m"[1]。另外，此时马克思主义经济学中的利润率（$m/(c+v)$）可写成如下形式。即：

$$(\rho - \dot{\mu}/\mu) K / (\delta K + RL)$$

另外，更重要的一点是，如式子(**)右边所示的"剩余价值"当中包含了其重要因素时间偏好率。在稳态下，该式子可变形为：

$$r_k - \delta = \rho \quad (***)$$

或

$$r_c - \delta = \rho \quad (***)'$$

上述变形使问题变得更加清晰（用r_c表示的后一个式子在说明该问题时还需要进行

---

[1] 上述式子中，α、β分别是资本分配率和劳动分配率。因此当二者发生变化时相应的分配率也将变化。托马斯·皮凯蒂提到的战后发达国家的资本分配率上升，其原因很可能是如本书第三章第Ⅲ节中所讨论的非制造业部门发生"工业革命"而导致的α进一步变大。

上述③中的变换)。此时可知，"剩余价值"的产生源于时间偏好的差值。这个问题最早由欧根·冯·庞巴维克提出，之后根岸隆也重提了这个问题。根岸熟知置盐提出的"马克思基本定理"，也认同他的论证方法。但是，他也指出置盐的证明只不过解释了劳动价值论的利润，而并不能解释"利润"或者"剩余价值"产生的原因。另外，根岸也主张庞巴维克的"时差利息论"（时间偏好率源于利息或者利润）揭示了"利润"产生的原因。重点是上述反映现实经济运行的式子(**)(***)也支持这一主张。就某种程度而言，本文对由庞巴维克和根岸指出的"各个经济主体运行结果、时间偏好是'利润'产生的一个重要因素"这一论点进行了补充。

不过，即使这种人们较之未来更重视当下的时间偏好，导致了现实经济中价格与成本的差额即"利润"的产生，但并不能把它当作"利润"的本质。回顾上一章中谈到的"马克思基本定理"可知，马克思基本定理中并未考虑"期间"这一要素[1]，因此其在分析剥削时并没有涉及时间偏好率。也就是，这里所讨论的"剥削"（与"时间偏好"无关）指的是劳动者所生产的东西和其所获得的东西之间的差额。因此，上述式子仅仅只是揭示了作为劳动剥削成果的剩余价值在"利润"维度是以何种机制被分配的。实际上，在现实中以"利润"形式存在的"剩余价值"主要有两种形式，一种是由c/v所示的与资本有机构成的差异相对应的产业部门之间的利润再分配，另一种则是在生产当期产品（效用）的企业和生产将来产品（效用）的企业间的利润再分配。总之，就是如何正确区分劳动投入量衡量下的"价值"维度以及价值如何分配的维度问题。

另一方面，上述式子(**)中，还揭示了另一个重要内容，即"利润"的构成部分不仅包括时间偏好率，还包括式子(**)左边第二项即折旧率δ。实际上，这点对于"马克思主义最优经济增长理论"而言意义更大。这里，首先回顾一下150页的式子即$\frac{\dot{\mu}}{\mu} = -\frac{\dot{s}}{s}, \mu = \frac{\beta}{sBL}$。因为式子中$s$呈上升趋势，所以通常情况下$(-\dot{\mu}/\mu)$为

---

[1] 下一章将提到的 TSSI 学派则重视时间构造，所以该学派无法接受"马克思基本定理"中不考虑时间因素这一点。只是，这样一来，此处所讨论的ρ指代剥削将无法被认同。马克思确实强调过初期资本是"预付"的，马克思的资本循环理论也涵盖时间因素。但是，笔者认为，马克思学派中的时间构造必须符合本书中与"马克思基本定理"兼容的马克思最优增长理论中所谈论的时间构造问题。

正值。但是，这里更为重要的是在稳态即当$\dot{\mu} = 0$时，该项将被消除。更进一步而言，当探讨$\dot{\mu} = 0$的原因时，我们会发现这是资本积累的必要性下降（即$(1 - s)$下降）导致用效用单位衡量的生产资料的价格下降而引起的。相反，"资本积累的必要性"促成了"利润"的形成，这意味着本书第102页讨论过的"以限制消费来实现的资本积累的剥削" = "剥削的第一定律"将消失。即当到达稳态即"不需要进行资本积累的时代"时，该部分就消失了。上述式子(**)反映了这一深层含义。相比而言，由于前述的时间偏好率ρ带来的利润部分等同于资本借贷下产生的"剥削"，所以我们称这部分为"剥削的第二定律"。

上述各种关系也可以用于解释近年由皮凯蒂提出的资本收益增长率和劳动收入增长率之间存在不平等的问题（皮凯蒂通过$r > \rho$来表示这一现象。不过，本书附录1中用$\tilde{r}$指代利息率，即$\tilde{r} > g$表示。这里g指的是收入增长率），不平等的原因在于资本折旧和"剥削的第二定义"。皮凯蒂认为劳动收入增长率等同于GDP增长率并用g来表示。但是，笔者认为相比GDP增长率，消费增长率更接近劳动收入增长率。皮凯蒂将研究对象划分为仅依靠劳动收入生活的人和仅依靠资本收入生活的人这两类，并在此基础上分析了二者之间收入的不平等问题。那么，将本书附录1第282页中所示的

$$\frac{\dot{Y}}{Y} = \tilde{r} - \rho$$

用皮凯蒂所定义的符号来表示的话则可以写成：

$$g = r - \rho$$

也可以写成：

$$r = g + \rho$$

由该式可知，利息率大于劳动收入增长率，其原因在于，资本收益涵盖了由时间偏好所产生的利得。皮凯蒂认为无论哪个时代，r和g之间都存在某一特定差值。的确如此，当时间偏好率一定时，r和g之间的差值也保持在某一定值。这样一来，存在于"皮凯蒂不等式"即$r > \rho$中的秘密也就解开了。

但是，更为重要的是，如上所述，这里的差值ρ在马克思主义经济学中被认为是构成剩余价值的重要成分。由(***)式可知，至少在稳态下剩余价值的形成仅源于时间偏好率ρ。

因此，皮凯蒂通过ρ大于g的现象对资本主义进行的定罪，总的来说是对源于时间偏好率的所得的定罪，也是对上述"剥削的第二定义"的定罪。皮凯蒂不认为其自身是马克思主义学者，并认为其论述与马克思的剥削理论毫无关联。但是，实际上，皮凯蒂最关注的经济关系（$r > \rho$）恰恰是马克思所主张的"剥削"所导致的结果。美国的马克思主义学者大卫·哈维强调皮凯蒂要做的其实应该是论述"剥削"，就此意义而言，这与本文论调一致。

另外，最后还要补充一点，即在发达国家随着r和g同时下降，资本家与劳动者之间的差距也将变得更加明显。如果劳动收入增长率较高的话，不论资产收益增长率多大，劳动收入工作者（劳动者）的不满相对能够得到抑制。但是，如果劳动收入不变，而资产收益获得者（富人）收入持续上升的话，则会加深劳动者的不满。这也大大制约了一部分劳动者凭借所谓的"成功故事"实现阶级跨越的可能。正因如此，皮凯蒂等人提出的对经济不平等的弹劾，在发达国家才能引起极大的反响。相反，皮凯蒂在走访世界各国之后感叹道："发展中国家不接受我的观点。"这也说明了r和g都接近0的发达国家和还处在增长阶段的发展中国家之间的差异。

IV. 资本主义积累的普遍趋势——资本主义积累的终结

马克思主义最优经济增长模型的价值表现

但是，比起将"社会计划者模型"改写成"分权市场模型"，更重要的是要将其改写成"价值模型"。马克思自身也曾探讨过古典经济学中以"鲁滨孙漂流记"展开的"社会计划者模型"，并提出"价值的一切本质上的规定都包含在这里了"[1]。为此，这里需要先求得生产资料和消费资料生产所需要的直接和间接劳动投入总量t_1、t_2。其次，计算表4-1中所示的积累过程（成长过程）模型。以下将对此进行详细说明。

首先，引入上一章中置盐定理的论证方法来表示两部类的单位产物价值（投入劳动量）t_1、t_2即

$$t_1(\dot{K} + \delta K) = (1-s)L$$
$$t_2 Y = t_1 \delta K + sL$$

解该联立方程式可得：

$$t_1 = \frac{(1-s)L}{\dot{K} + \delta K} = \frac{(1-s)L}{B(1-s)L} = \frac{1}{B}$$

$$t_2 = \left(\frac{\delta K}{B} + sL\right) / (AK^a(sL)^{1-a}) = \left(\frac{\delta}{AB}\right)k_2^{1-a} + \left(\frac{1}{A}\right)k_2^{-a}$$

在第二个式子中，为了计算方便，我们引入一个新的变量，即$k_2 \equiv \frac{K}{sL}$。并且，为了简化计算，这里假设$\beta = 1 - \alpha$（即假设规模报酬不变）。由第1个式子可知，t_1是一个仅由技术参数表示的常数。而t_2则需要详细分析，由于它是一个随k_2变化而变化的函数，因此接下来我们需要分析k_2的变动趋势。这个计算过程较为复杂，具体计算将放在注释当中。由结果可知，k_2的值随着时间变化而上升，并导致t_2下

---

[1] 马克思. 资本论（第一卷）[M]. 北京：人民出版社，2018.94.

降[1]。t_2的减少意味着生产消费资料所需的劳动量持续下降（即消费资料的价值持续减小），同时也意味着生产效率的提高。该结论证实了本书的立场，即积累是人类

---

[1] 计算如下所示。首先，把关于t_2的式子对k_2求导可得：

$$\frac{dt_2}{dk_2} = \frac{k_2^{-a}}{A}\left\{\frac{(1-a)\delta}{B} - ak_2^{-1}\right\}$$

当$\hat{k}_2 = \frac{aB}{(1-a)\delta}$时，该式子的值为0，因此当$k_2$小于$\hat{k}_2$时，$k_2$的增加会导致$t_2$的减少，反之亦然。但是实际上$k_2$又在式子的哪一边呢？为了分析这一问题，首先应该重新探讨一下本章第Ⅲ节151页的式子：

$$\dot{s} = s\left\{\frac{BL}{K}\cdot\frac{\alpha}{\beta}s - (\rho+\delta)\right\}$$

因为，由相位图4-3可知，s上升就意味着$\dot{s} > 0$，如果把这个条件带入这个方程便能够分析k_2的动态。也就是说，这里首先要利用$\alpha+\beta=1$以及k_2的定义式求出当$\dot{s}=0$时k_2的值，即：

$$k_2^* = \frac{aB}{(\rho+\delta)(1-a)}$$

这是稳态下资本积累的目标值即稳态下的k_2的值。但是根据上文，由于这里探讨的是$\dot{s}>0$的情况，则

$$\frac{BsL}{K}\cdot\frac{\alpha}{\beta} - (\rho+\beta) > 0$$

但是，该条件也可以改写成如下形式，即：

$$k_2 < \frac{aB}{(\rho+\delta)(1-\alpha)} = k_2^*$$

整理后可得：

$$k_2 < k_2^*$$

该式表示k_2随着时间变化不断上升。

另外，上文虽然推导出了$\hat{k}_2 = \frac{aB}{(1-a)\delta}$，但是这个值明显大于$k_2^*$，所以$k_2$可能的取值范围为：

$$k_2 < k_2^* < \hat{k}_2$$

可知，当k_2处于该范围内，随着k_2增加t_2将减少。上述计算源于田添、大西（2011）。

理性选择的结果。然而，正如上一节所讨论的那样，生产力的提高是有上限的，因此随着经济增长向稳定状态趋近，生产力提高的速度会逐渐变慢。以日本经济为例，图4-4揭示了这一状况。

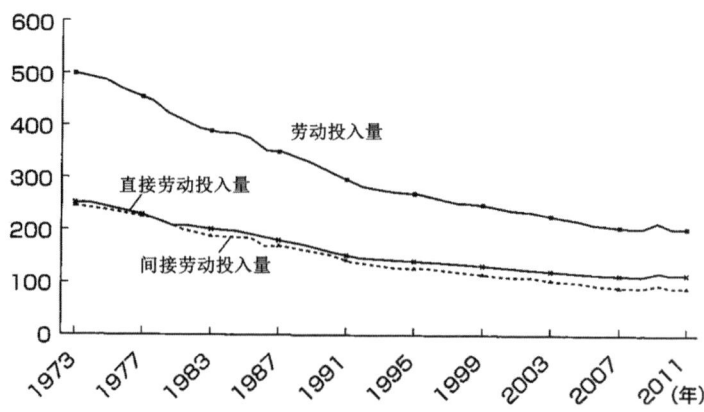

图4-4 日本经济单位劳动投入量的改善

另外，基于表示增长路径上各个部类的劳动投入量（价值）的值，按上述表4-1的形式（再生产公式的形式）计算$c+v+m$的价值形式，可得表4-2。

表4-2 马克思主义最优经济增长模型下经济增长过程中劳动投入量（价值）的构成

	c	v	m	总
第1部类	0	$(1-s)L$	0	$(1-s)L$
第2部类	$\dfrac{\delta K}{B}$	$\beta t_2 Y = \beta\left(\dfrac{\delta K}{B}+sL\right)$	$sL - \beta\left(\dfrac{\delta K}{B}+sL\right)$ $= (1-\beta)sL - \beta\dfrac{\delta K}{B}$	$\dfrac{\delta K}{B}+sL$

续表

	c	v	m	总
全社会	$\dfrac{\delta K}{B}$	$\beta\left(\dfrac{\delta K}{B}\right)+(1-s+\beta s)L$	$(1-\beta)sL-\beta\dfrac{\delta K}{B}$	$L+\dfrac{\delta K}{B}$

具体计算过程可参照注释[1]。此处重点在于不仅是在不再变动的稳态，而且在过渡的过程中，劳动投入量也能以这种简单的方式转换成$c+v+m$的形式。即便马克思主义经济学中已经开发了"再生产公式"这个便利的方程式体系，但到目前为止，它的表达依旧只停留在价值维度上。然而，如本文所示，如果根据投入劳动量的分配问题来进行公式化并建模的话，即使是基于"西方经济学模型"的框架，（结果）也可以简单地改写成$c+v+m$的形式。"西方经济学模型"最早表现了"效用最大化"这一人类行动目标，并对模型结果进行分析。另外，依据上述方法，还可以基于$c+v+m$的形式对分析结果再次进行分析。

其次，与表4-1的形式相同，自然就意味着扩大再生产的条件公式即$v_1+m_1>c_2$，也能在表4-2中得到证实。实际上，由于

$$v_1+m_1-c_2=(1-s)L-\frac{\delta}{B}K\left(=\frac{\dot{K}}{B}\right)=m(c)>0$$

成立，所以$v_1+m_1>c_2$也成立。

此外，一旦完成了对增长"过程"所满足的条件检验，接下来就要对增长之

1　①这个表格中最容易填写的部分是两个部类的"合计"，即总价值。
②接下来最容易理解的是c部分。这是因为，第1部类里不存在这部分（因为没有资本K的投入），又因为第2部类K的折旧为δK，所以只需要补充补偿这一部分所需的劳动量$\delta K/B$即可。
③接下来要填写的是两部类的v。这是通过假设两部类的工人的工资都等于边际劳动生产力，并使用先前计算得到的t_1和t_2将其换算为劳动投入量来求解。
④最后要计算的是m部分。这是通过用两部类各自生产的总价值减去c和v部分来计算得出的。
⑤经过上述计算，表格的两边一致。

后的"稳态"的性质进行分析。要计算 $c+v+m$ 维度上的情况，只需将上一节中计算得到的 K^* 和 s^* 代入表 4-2 即可。其结果见表 4-3。虽然计算略微复杂，但应注意的是该结论与表 4-1 完全相同。换言之，其表明经济朝着表 4-1 中计算得出的"简单再生产"的值趋近，并且达到该值后停止增长。

像这样，通过把包括增长终点的整个过程用 $c+v+m$ 的形式表示出来，可以得出两个重要的趋势规律，即"资本有机构成趋向提高的规律"和"利润率趋向下降规律"。图 4-3 中以图标的形式刻画了增长过程中各个变量的变化趋势。但需要留意的是在图 4-3 中，m 部分分为 $m(c)$ 和 $m(v)$ 两部分。通过观察图 4-3 可知各个变量的长期变化趋势如下，即：

① 观察表 4-3 表示"全社会"状态下的 c 和 v 列可知，马克思所定义的"资本有机构成"即 c/v 比率上升。具体而言，从表中可得：

表 4-3　将 K^*、s^* 分别带入表 4-2 中 K、s 后的结果

	c	v	m	总
第 1 部类	0	$\dfrac{\delta\alpha}{(\alpha+\beta)\delta+\beta\rho}L$	0	$\dfrac{\delta\alpha}{(\alpha+\beta)\delta+\beta\rho}L$
第 2 部类	$\dfrac{\delta\alpha L}{(\alpha+\beta)\delta+\beta\rho}$	$\begin{array}{c}\beta((1-s)+s)L\\=\beta L\end{array}$	$\left(\dfrac{\beta(\delta+\rho)}{(\alpha+\beta)\delta+\beta\rho}-\beta\right)L$	$\dfrac{\delta\alpha}{(\alpha+\beta)\delta+\beta\rho}L + \dfrac{(\beta\delta+\beta\rho)L}{(\alpha+\beta)\delta+\beta\rho} = L$
全社会	$\dfrac{\delta\alpha L}{(\alpha+\beta)\delta+\beta\rho}$	$\dfrac{\delta\alpha}{(\alpha+\beta)\delta+\beta\rho}L$	$\left(\dfrac{\beta(\delta+\rho)}{(\alpha+\beta)\delta+\beta\rho}-\beta\right)L$	$L + \dfrac{\delta\alpha L}{(\alpha+\beta)\delta+\beta\rho}$

$$\frac{c}{v} = \frac{\delta K/B}{\beta(\delta K/B) + (1-s+\beta s)L} = \frac{1}{\beta + \dfrac{B(1-s+\beta s)}{\delta} \cdot \dfrac{L}{K}}$$

这是缘于s和K/L都具有上升的趋势（假定$0 < \beta < 1$）[1]。

② 另一方面，图4-3中$m(c)/(c+v+m(k))$的值呈下降趋势，且最终变为零。虽然这是缘于资本积累的必要性逐渐消失，但为了分析剩余价值的另一部分，即$m(k)$这一部分的变化趋势，这里有必要对表4-2中剩余价值的总体变动进行分析。m_2部分的动向取决于下面两个部分中哪一个变化幅度更大，即随着呈上升趋势的s而增加的$(1-\beta)sL$这一部分，以及随着呈上升趋势的K而增加的$\beta\dfrac{\delta K}{B}$这一部分。但是，由图4-3可知，K的增加率即$\Delta K/K$，大于s的增加率$\Delta s/s$。因此，$\beta\dfrac{\delta K}{B}$的增加效应大于$(1-\beta)sL$的增加效应，所以不难理解m_2呈下降趋势。

③ 从表4-2可知，$c_2+v_2+m_2$、$c+v+m$呈上升趋势，相比而言$m_2=m$呈下降趋势。因此，显然$m_2/(c_2+v_2+m_2)$、$m/(c+v+m)$呈下降趋势。这意味

---

[1] 实际上，这个问题关系到对"剑桥资本争论"的评价。许多数理马克思主义经济学家偏向于沿用马克思采用的线性生产函数。也正因此，在"剑桥资本争论"中他们更偏向于支持琼-罗宾逊等人对新古典生产函数的批判。笔者认为这是缘于他们并未理解"剑桥资本争论"围绕的是凯恩斯主义的分配理论，其含义与马克思的利润率趋向下降规律背道而驰，因此产生了误解。马克思的利润率趋向下降规律探讨的是资本-劳动比率上升所带来的影响。马克思不仅仅指出了资本与劳动之间存在的替代关系，而且还提出了与后凯恩斯主义者完全相反的主张，即资本-劳动比率的上升会导致利润率下降。剑桥资本争论源于后凯恩斯主义对萨缪尔森提出的以下两个观点：①即使使用线性生产函数，通过把多个生产函数并列的形式推导一个允许生产要素之间存在替代关系的新古典生产函数；②此时资本-劳动比率的增加会引起利润率的下降。但是，在帕西内蒂的总结中，他指出①生产要素之间的替代本身并不是后凯恩斯主义者所反对的；②资本-劳动比率的增加不一定会导致利润率的下降。也就是说，帕西内蒂认为萨缪尔森的论证本身符合逻辑，但是单凭该论证还不足以说明资本-劳动比率的上升会导致利润率的下降。但问题是事实上发达国家的利润率的确低于发展中国家。由此可以认为新古典生产函数能更好地刻画现实经济，马克思的利润率趋向下降规律也是如此。此外，列宁在《帝国主义理论》第四章中指出，作为"资本输出"原因的发展中国家所面临的高利润率问题也缘于资本的稀缺。基于上述说明，笔者认为罗宾逊等人对萨缪尔森的批判即使就逻辑而言是正确的，但其结论并不符合实际。这也是本书通篇使用"新古典生产函数"的原因所在。

其次，笔者还想提及的是，虽然在资本-劳动比率上升这一过程中，实际工资率呈上升趋势，但实际工资率的上升并非资本-劳动比率上升的原因。资本-劳动比率上升是通过资本-劳动比率的上升会导致投入生产最终产物所必要的总劳动投入量缩小这一基本关系推导而出的。尽管这里并未进行具体计算，但这实际上也符合个别资本家的利益。

着"利润率"（社会全体的$m/(c+v)$）下降。马克思将此类变化趋势称作"利润率趋向下降规律"，只不过马克思认为其原因在于相对于生产资料量（价值）而言，作为剩余价值源泉的活劳动减少幅度更大。对此，"马克思主义最优经济增长模型"揭示了，随着经济增长资本/劳动的比例接近饱和（由于单位资本的劳动稀少化），资本边际生产力将会下降。以上两种解释本质上相同。另外，这是价值（投入劳动量）层面上的利润率下降，关于价格层面上的利润率变化将在第225页脚注部分进行说明。

④但是要指出的是，并非剩余价值的全体（这里指的是$m(c)+m(k)$的全体），而是只有$m(c)$这部分将最终收敛于0。

如此一来，①③基本与马克思的结论一致，所以比较容易获得读者的认同，而关于第④点，应该会有一部分读者持有疑义。因为马克思本身并没有明确地探讨过这个问题。倒不如说，这可以理解为是通过马克思主义最优经济增长模型这一特殊模型而得出的特殊结论。但是，就以下三点而言，该结论可以视为马克思主义经济学的一个新的结果及崭新的发现。

第一点，马克思主义的历史唯物主义论不仅要强调资本主义于某个时代具有正当性，也必须强调这种正当性将会消失。其中，就应该既要主张在某一时期剥削即剩余价值的获得具有正当性，同时也要主张这种正当性在未来将会消失。而这恰恰在上述结论中有所表明。据笔者所知，包括马克思所做的在内的过去的研究当中，没有任何一个研究成果能对这一至关重要的命题进行有说服力的剖析。虽然存在对剥削"不正义性"的分析，也有证明剥削存在的分析，但是，至今还不存在能在同一个框架下剖析剥削在某个时代是具有正当性，而在其后的时代这种正当性将会消失的研究。

第二点，这里想再次对马克思主义最优经济增长理论框架能带来这种新突破的理由进行确认。也就是说，为了论证上述的"正当性"，则必须分析对"社会全体"而言什么是重要的。为此，引进视社会全员为"代表性主体"进行公式化的"社会计划者模型"，并设定以历时效用最大化为目的的效用函数将有益于对该问题的探讨。因为，如果不能阐明以"剥削"为前提的资本积累的目的是什么的话，类似的证明充其量只能视为对剥削是"不正义"的解释。在这种意义上，如果想要推导历史唯物主义的结论，仅基于 $c+v+m$ 这一模型框架是不充分的，必须以实物维度的效用来表示积累（成长）的目的。另外，这意味着，马克思主义最优经济增长理论是"实物维度"模型，同时它又是能分析如何将作为"实物"的总劳动投入量在两部门间分配的"价值＝投入劳动量维度"模型，即实现了如表4-2和表4-3中的价值分割[1]。

第三点，要理解资本积累存在着不可逾越的上限这一点的重要性。实际上，该认识的得出关键依赖于 m 部分将收敛于0这一结论，而这又来源于起关键作用的"机器"生产归根到底是源于劳动这一理解。如本书图1-3、图3-1、图4-1中反复表明，最终生成物（消费资料）是由图右侧中的直接劳动生产的，还是由其左侧中的间接劳动生产的，这归于效率问题。关键在于，当积累达到某最优值（$(K/L)^*$）时，超过这一最优值的积累部分就意味着间接劳动生产所占比重过大，以至于生产变得没有效率。也就是"积累过剩"。只要经济增长是合理的，就必须在某个时点停止资本积累，此时增长和积累都将停止。倘若当真如此的话，就有必要重新审视未考虑经济停滞这一问题的马克思等的研究。

最后，值得注意的是，从该模型结论中我们无法排除在最终均衡状态下即使 $m(0)$ 等于0，m 也不为0（$m(k)$ 不为0）。即上一节末尾分析"时差利息论"等的分权市场模型结论中所得出的，时间偏好部分将以 $m(k)$ 形式持续存在。这与上上节中得出的结果（即简单再生产下剩余价值存在）相对应，但其并非从"社会计划者模型"中得出的结果。就此意义而言，不能将 $m(k)$ 认为是历史性"最优"。这也意味着，在资本主义达到其终极状态时需要有市场外部的力量来消除这一部分。《资本论》就其整体而言，强调的是等价交换下的商品生产社会中剥削的存在。若当真如此，那么这里的论题就变成了，如果不存在某种市场外部力量来破坏等价交换原则的话，就无法消灭剥削。另外，因为这里"消灭"的对象只是作为资本家个人消费本金的 $m(k)$，所以并不会导致经济转向缩小再生产。

---

[1] 斯蒂德曼指出在实物维度上分析剥削时不需要考虑价值概念，但是从第一章中所论述的本书立场出发，马克思主义最优经济增长模型是用于分析自然物质代谢过程中的最优劳动投入量决策的模型，因此模型自身就可当作"劳动价值论的模型"。斯蒂德曼模型之所以未能洞察到这点，是由于其模型并非基于研究人类劳动投入的最优化行为。

另外，存在于市场外部的力量实际又指的是什么呢？笔者认为，最理想的是劳动工会等劳动团体壮大，从而形成"民间的"对资本的规制。但是在这种关系还未成熟时，就必须依靠如最低工资规定等无差别的（无斟酌余地的）国家性的规制来实现。比如图3-2中强制提高工资水平就是一个很好的例子。此时，基于利润原理行动的企业应该会开始削减雇佣人数。也就说，由于此时雇佣和生产规模都缩小了，所以必须有能够容忍这种状况的社会生产力成熟度。换言之，这必须以本节中所讨论的资本积累饱和状态（到达零增长经济）为前提。不过，工资的上升如果导致劳动者必要劳动时间缩小的话，那么社会整体水平上缩小的总劳动需求可以由相同数量的劳动者来分担。即可以在不减少雇佣的情况下实现社会整体工资的上升，并把该负担以利润减少的形式转嫁给资本家。

当然，此时资本家很可能会采取反抗行为。所以此时需要团结政治以及社会上全体劳动者阶级。马克思提出需要进行政治革命也是基于上述理由[1]。

资本有机构成和相对过剩人口增大法则

实际上，上述四点中的第三点可以看作对迄今为止马克思学派研究中大量存在的、资本有机构成无上限的假设的批判。比如，马克思主义经济学中一般被用于阐释失业率上升的理论为"相对过剩人口理论"，但该理论是以资本有机构成可以无上限增大为前提的，该理论如下。

"价值"维度下，$v + m$表示总劳动投入量即可用L表示，这也意味着可认为$\frac{L}{c}$指代资本有机构成。可写成：

$$L = \frac{L}{c} \cdot c$$

---

[1] 有很多关于"信息化社会"的议论，保罗·梅森所谓的"不会劣化的机器"的信息商品的概念，可从表4-3中得出令人感兴趣的结论。即，根据保罗·梅森，信息商品①就其生产需要劳动这点而言，其满足劳动价值论，同时②信息商品的生产不像一般机械那样会出现损耗，如果其在生产过程中起到的作用变得更重要的话，那么表4-3中δ将趋近于零。而且，如果$\delta = 0$，那么表4-3中所示的最终稳定状态下第1部类的生产和总价值总c部分都将消失。这意味着，分配给"资本生产"的劳动比例为零（$1 - s^* = 0$），即全部劳动都被用于生产消费资料（$s^* = 1$），且就其每年生产的各个商品价值都是由劳动构成的附加价值的流量而言，其也符合"劳动价值论的状况"。

可知，该式子是由$\frac{L}{c}$，即资本有机构成的倒数和总资本c决定的。这里我们假定前者减少，后者增加，那么问题就变成了研究这两者之间增长率的大小。

为了分析这个问题，关注c的年增加部分的制约条件则可得：

$$\Delta c \leq m \leq v + m = L$$

因此可推导出：

$$\frac{\Delta c}{c} \leq \frac{L}{c}$$

由上式可知，c的增长率本身与$\frac{L}{c}$密切相关。即c的增长率不能超过$\frac{L}{c}$，且$\frac{L}{c}$持续下降（资本有机构成上升）将导致L下降。

以下是更严谨的说明。为了便于计算，假设：

$$\frac{L}{c} \equiv v$$

则可得：

$$\frac{dL}{dt} = \frac{d}{dt}\left(\frac{L}{c} \cdot c\right) = c\frac{dv}{dt} + v\frac{dc}{dt}$$

由上可得出制约式$(\Delta c/c)$，

$$\frac{dL}{dt} = c\frac{dv}{dt} + v\frac{dc}{dt} \leqslant c\frac{dv}{dt} + v(cv)$$

进一步计算可得：

$$\frac{dL}{dt} = \leqslant c\left(\frac{dv}{dt} + v^2\right)$$

上式中$\frac{dv}{dt}$为负，v^2理论上无限接近于0。由此可知，无论公式左边如何都将为负。即这里我们证实了马克思主义经济学中的通论。

但是，本书之前的推论并未推导出v无限接近于0。本书之前的推论都在证明资本积累存在"上限"且并没有推导出上述结论。也就是说，马克思的"相对过剩人口理论"的成立取决于劳动者单位资本积累的进程问题，因此其最终是否具有合理性只能通过考虑明确了经济主体行动原理的模型才能够断定。反过来说，迄今为止合理性问题之所以未得到解决，是因为缺少类似马克思主义最优经济增长理论这类的模型。

因此，笔者认为虽然有必要充分研究失业率的动向，但还是提倡不应单纯地将其归因于资本有机构成的上升，而是在讨论时考虑其他更多因素。例如，欧洲各国比日本的失业率高，但具有完善的失业保障制度。这表明，其社会更加发达，且完成了制度的构建。完善的失业保障制度可能在一定程度上提高了失业率。但是如果确实存在这一关系的话，那么这些国家所面临的高失业率在某种程度上则是劳动者选择的结果，从这个意义上来说，这不是什么大问题。

当然，失业率会随着景气变动而变动。但是贯穿于这种循环变动核心的长期趋势，除了与上述失业保障制度有关之外，还与职业介绍制度及职业培训制度的完善程度有关。本书中更倾向于认为失业（过剩人口）的基本动向，应该被看作上述这些制度因素的函数。

利润率趋向下降规律和柴田—置盐定理

上文中我们谈及了在理解上述马克思的各种趋势法则时考虑经济主体行为的重要性。这其中一个与利润率趋向下降规律相关。该定理由置盐雄信提出，即在现行的价格体系下只要资本家采用降低成本的生产技术，那么利润率则会上升。由于在这个定理的文献综述部分，明确引用了持有同样见解的柴田1935年提出的理论，所以称该定理为"柴田—置盐定理"。其主张如下。

即在第86页图3-1定义的各个变量的基础上，追加表示两部门间均等的平均利润率r，并表示成如下形式，即：

$$(1+r)(\alpha_1 p_1 + R\tau_1 p_2) = p_1$$
$$(1+r)(\alpha_2 p_1 + R\tau_2 p_2) = p_2$$

这里假设p_2不变。因为问题的关键在于两种商品的相对价格，所以固定其中一方的价格并不会改变问题的实质。此时，如果假设第1部门采用新的技术(α_1', τ_1')并产生新的平均利润率。那么，可得：

$$(1+r')(\alpha_1' p_1' + R\tau_1' p_2) = p_1'$$
$$(1+r')(\alpha_2 p_1' + R\tau_2 p_2) = p_2$$

成立。由于p_2一定，因此：

$$p_2 = (1+r)(\alpha_2 p_1 + R\tau_2 p_2) = (1+r')(\alpha_2 p_1' + R\tau_2 p_2)$$

其实第2个等式表明①$r' < r$且$p_1' > p_1$，或者②$r' > r$且$p_1' < p_1$中必须有一个成立。而且，具体其中哪一个成立则可以根据资本家以降低生产费用为目的导入新技术之间的关系推导出。

新技术水平下第1部门的式子为

$$(1+r')(a_1'p_1 + R\tau_1'p_2) + (1+r')a_1'(p_1' - p_1) = p_1'$$

但是，就资本家引进新技术的目的是降低生产成本这个假设而言，则：

$$a_1 p_1 + R\tau_1 p_2 > a_1'p_1 + R\tau_1'p_2$$

成立。将该式带入新技术水平下的第1部门的式子，可得：

$$(1+r')(a_1 p_1 + R\tau_1 p_2) + (1+r')a_1'(p_1' - p_1) > p_1'$$

两边同时减去第1部门在旧技术状态下的式子，可得：

$$(r' - r)(a_1 p_1 + R\tau_1 p_2) + (1+r')a_1'(p_1' - p_1) > p_1' - p_1$$

这可以改写成：

$$(r' - r)(a_1 p_1 + R\tau_1 p_2) > \{1 - (1+r')a_1'\}(p_1' - p_1)$$

从第1部门的新技术方程式可知，$\{1 - (1+r')a_1'\}$这部分为正。这意味着，如果将表示第1部门的新技术式子的两边都除以p_1'并整理，可得：

$$(1+r')a_1' + (1+r')R\tau_1'\frac{p_2}{p_1'} = 1$$

将其变形后可得：

$$1 - (1+r')a_1' = (1+r')R\tau_1'\frac{p_2}{p_1'} > 0$$

这样的话可得：

$$(r'-r)(a_1p_1 + R\tau_1p_2) > \{1-(1+r')a_1'\}(p_1'-p_1)$$

由该式子可知，前文提到的两个可能（① $r' < r$ 及 $p_1' > p_1$ 和② $r' > r$ 及 $p_1' < p_1$）中的①将不成立，只有②有可能成立。这意味着利润率的增加，并与马克思的观点背道而驰。上述内容便是所谓的"柴田-置盐定理"的内容。

但是，如前文所述，"柴田—置盐定理"的结论与本书的结论不同。因为本书中的推导结果证明利润率趋向下降规律。当分析二者差异的原因时，我们会注意到"柴田-置盐定理"中假设了实际工资率R为常数。而这一假设与本书中的马克思主义最优经济增长模型的结论不同。换言之，此时关键点又回到了能否通过一个明确经济主体行为原理的模型推导各种变量的变化这一点。"柴田—置盐定理"体现了引进新技术之后资本家的行动原理，这一点超出了其之前的"利润率趋向下降规律"的研究框架，然而却忽略了长期工资率会发生变动这一理所应当的变动因素。

事实上，正如置盐所承认的那样，利润率受实际工资率的长期趋向影响。[1]。这也是本书引入考虑了实际工资率的变动趋势的马克思主义最优增长模型的原因所在。

"零增长社会"——后资本主义社会

讨论过资本主义积累的各种一般趋势之后，最后自然要探讨一下"趋势"之后的状态。而这个状态就如同前文描述的那样，是一个净投资为零，即一个增长率为零的稳定状态。熊彼特等人都曾用稳态来描述"社会主义"这一状态。因此，也可以认为这里所探讨的"趋势"之后的状态是对这个理念（即社会主义这一理念）的回归[2]。本书定义"资本主义"是"一个以资本积累为目的的社会"和"一个以资本积累为社会第一要务的社会"，因此，一个"零资本积累"的社会被定义为一个"后资本主义社会"，即"社会主义"或"共产主义"社会。这个社会中，除了折旧外，所有净生产都直接用于人类消费，可谓是"以人为本"[3]。这一资本积累过程可

---

[1] 为了证明这一点，置盐（1965）构建了如下的三部门模型，旨在揭示与实际工资率无关的奢侈品部门的技术条件不影响利润率。具体而言，即在本节中的两部门模型中加上奢侈品部门的价格方程，即：

$$(1+r)(a_1 p_1 + \tau_1 R p_2) = p_1$$
$$(1+r)(a_2 p_1 + \tau_2 R p_2) = p_2$$
$$(1+r)(a_3 p_1 + \tau_3 R p_2) = p_3$$

其中，带有下角标3的式子表示奢侈品部门。此时，仔细观察可以发现，p_1/p_2的相对价格和平均利润率r由前两个价格方程决定。而奢侈品部门的技术条件a_3和τ_3则是决定奢侈品部门的价格p_3的。这表明社会平均利润率仅由前两个部门的技术条件和实际工资率决定。反之，不难发现，如果技术是恒定的，那么社会平均利润率就仅由实际工资决定。

[2] 这种社会的产生以资本主义的成功为前提，其完全符合马克思对黑格尔辩证法的阐释。马克思把黑格尔辩证法理解为"在对现存事物的肯定的理解中同时包含对现存事物的否定的理解"（马克思.资本论（第一卷）[M]. 北京：人民出版社，2018.22.）。

[3] 田添（2011）通过更加严密的计算，将这个问题重新定义为"一个除去为平衡技术进步带来的资本存量增额的投资部分之外，所有净生产都直接用于人类消费的社会"。

以用图 4-5 来概括[1]。即：

图 4-5 工业革命之后资本积累的时间路径

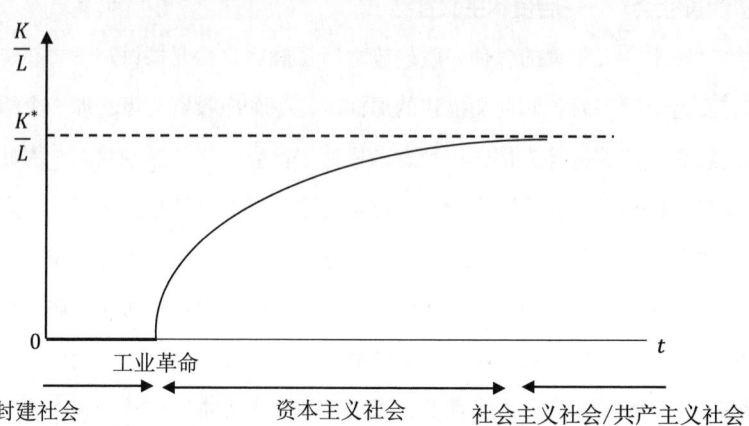

也就是说，封建社会随着工业革命的到来而结束，之后，以资本积累为第一要义的资本主义社会代替封建社会。然而当资本积累基本结束之后，这个社会便不能再被称为资本主义社会，而是按一般用语被称为"社会主义"社会或"共产主义"社会。本书将这一过程阐释为对"资本主义社会灭亡的证明"即源于此认知。当然，这里的关键在于承认资本积累存在上限。

然而，这里还需要对这一阐释进行几点补充。首先是"零增长"的范围以及部分增长恢复的可能性。所谓的"零增长"并不一定是增长率完全等于0的增长，而是一种涵盖了存在某种程度上较低增长的可能性的状态。如像上述稳态下资本-劳动比率的计算结果：

---

[1] 图中工业革命以来的资本积累速度从高→中→低的推移过渡取决于图 4-3 中的结论。这是因为在图 4-3 中从 $D \rightarrow E$ 的鞍点路径由一个向右上方倾斜的直线 $1-s$ 表示，这体现了（劳动力分配上）积累率的下降。此外，通过数值计算可知，从第五章表 5-5 所示的完整的两部门模型中推导出的积累路径并非如此简单，而是一条积累速度由低到高再到低变化的 S 型曲线。这可能与生产资料部门生产函数中引入的资本存量的增大所伴随的投资加速效应有关。

$$\left(\frac{K}{L}\right)^* = \frac{Ba}{(\alpha+\beta)\delta + \beta\rho}$$

所示，第1部门的全要素生产率 B 和 α 这一技术变化会提高资本积累目标值，从而带来相应程度的增长。这也是为什么说"技术创新是延长资本主义寿命的一种方式"。然而，即便如此，因为这些是在达到"目标值"之后，由"目标值"本身的变化而产生的积累，所以不同于原本的"达到目标值的积累"。这种积累是以技术和其他条件的变化为前提的，因此可以认为这只不过是一种由偶然因素所促进的资本积累[1]。

因此，被视为"零增长社会"的发达国家，并非严格意义上的增长率为0。例如，美国在2000年至2020年实际经济增长率为1.7%。但在此期间美国的人口增长率为0.9%，换算成实际人均增长率，则其实际增长率为0.8%。这个增长率可以被视为"零增长"。事实上，美国与其他发达国家不同，其境内存在着大量移民，因此可以认为它是一个内含"发展中国家"的国家。从这个意义上说，美国的增长率应该超过"发达国家的平均值"。相反，尽管存在这些条件，但其人均实际增长率仅为0.7%左右，所谓的"零增长"社会就是这样一个社会。

然而，长期以来，人们一直误认为美国经济强劲。被誉为"新经济"的克林顿时代就是一个典型的例子。但事实上，克林顿时代是一个持续推行强势美元政策而致使美国丧失了工业竞争力的时代。反过来说，美国不断采取各种措施是为了在形式上维持与实际发展潜力对称的增长速度。例如，"新经济"下的强势美元政策旨在继续让美元回流美国，避免美国发生"资金回流"短路。我们可以理解，随后层出不穷的泡沫经济，如互联网泡沫和次贷危机（2009年后显现出来的欧洲危机实际上也是缘于房地产泡沫）、阿富汗战争和伊拉克战争都是毫不合理的经济刺激措施。而这种"毫不合理"自2008年以来一直在持续爆发。

这么想来，日本经济中也明显存在许多相似之处。人们普遍认为日本经济从1990年左右开始进入了零增长时期，但此前的20世纪80年代末的泡沫经济其实就

---

[1] 延续上一个注释，用田添（2011）的计算来重新表述的话，在消费资料生产部门中，如果出现劳动力增加型的技术进步，那么相应地，稳态下的整个社会的总资本存量也必将变大。换言之"稳态资本-劳动比率"的"劳动"必须以效率单位来衡量。

可以理解为是强行延长经济增长的一种尝试。长期的利润率下降意味着有利可图的投资机会消失，然而投资者的即便毫不合理也要寻找投资对象的意向诱发了经济泡沫。虽然没有引发"战争"，但无用的公共投资和旨在提升人气（即迎合选民）的财政支出（"富人减税"和高速公路免费都是为了提升人气的一种财政赤字政策），以及安倍经济学下的人为日元贬值政策，都可以理解为是十分勉强的经济振兴举措。财政刺激的初衷是为了"平衡景气"，并不以影响经济原本的增长潜力（潜在增长率）为代价。然而，这一点似乎已经被遗忘，财政赤字问题已经成为常态。这种缘于财政赤字的经济危机在希腊、葡萄牙、西班牙和美国都曾发生过。毫无疑问，日本经济也迟早会面临这一困境。

其次，之所以这种有效需求政策是必要的，是由于在人口不变的情况下，资本品（生产资料）的过剩供给会导致资本品的价格下降，从而促进消费品（消费资料）的增产。然而投资价格的全面下降所招致的实际工资减少又会导致消费品的总需求缩小。也就是说，各种有效需求政策泛滥的情况的出现是缘于过度投资。

图 4-6　向着无效率发展的日本高速公路建设

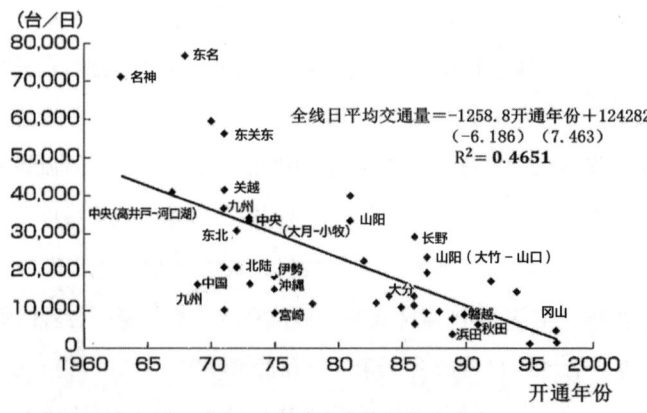

数据来源：《年报（平成 11 年）》（日本道路公共团体略称 JH）
注 1：部分开通标注了开通年份。
注 2：平均交通量（每天）表示的是全线平均的日平均交通量（台），是利用该公路路段的车辆行驶距离的总和（台/km）/该公路的道路长度（km）。
注 3：图中所示的道路名称是截至 1998 年末完成全线开通的主要线路名称。
资料来源：日本财务综合政策研究所。

关于"零增长社会"必须追加的第二点说明是，如果这些国家甘心忍受"零增长"，那就必须形成与现在完全不同的社会体系，然而，他们并未做到这一点，反而引发了各种严重的问题。这也反映了进入"零增长社会"之后，国家体制转换的困难程度，且该国国民需要为此付出不懈的努力。比如，美国经常发生抵制（最浪费资源的）战争的运动，日本也经常出现要求政府停止建设无用的公共设施的运动。例如1990—2001年，从反对德岛县吉野川可移动堤坝建设，到反对在滋贺县设立新干线站，以及神户和静冈的机场建设，这一系列社会运动引发了很大的社会效应，且其中有几个实际上成功地阻止了相应项目的建设。这些运动肩负着社会全体利益的积累停止这一使命，其效果可以从体现日本高速公路建设状况的图4-6中得到确认。图中的点分别表示制图时日本各条高速公路的建设年份，以及每千米每日单位车辆利用台数。如图所示，早先建设的高速公路都是必要的，因此目前其利用率还是很高的，但是最近建设的高速公路却很少被使用。如果高速公路是天上神明无偿提供的话则无所谓，但是事实并非如此，高速公路的建设必须依靠人类劳动。这样一来，就必须通过比较（利用高速公路所获得的）"效用"与建设费用（即"成本"）的大小来判断高速公路建设的合理性。显然，这二者间是失衡的。毋庸置疑，日本高速公路建设无效率化这一事态的产生，恰恰是符合本书的论述逻辑的，即在某个时间点资本积累必须停止。

关于这一点还特别需要补充的是东日本大地震产生的核电站事故的影响。核电站事故在暴露出核能发电所带来的各种问题的同时，也迫使人们削减电力使用，以及改变现有的生活方式。也可以认为这是由于人们深刻认识到了核能发电"代价"的结果。人们的意识变化往往是类似的冲击而导致的。

而且，这样的变化有时伴随着反科学主义倾向或者反生态学倾向，笔者认为，社会变革本就如此，我们应该给予理解。如本书逻辑所揭示的那样，对过剩投资的抵制并非源于反生产力，而是源于生产力主义，也就是说源于追求（利益/成本）这一比值的最大化。虽然人们的意识中往往只将其理解为一种"禁止奢华"的节约主义情怀。笔者认为这种认识是错误的。虽然社会科学家不会有类似的误解，但普罗大众的认知确实如此。就此而言，德国，法国"红和绿的联合"这样的政治联盟的形成，也是可以理解的。从本书的立场出发，这些都可视为以实现"以资本为中心的社会"转化为目的的斗争、为了废除资本主义的斗争。

第三点,正如此类诉求必须依靠强大的社会运动来实现,那么反对势力的力量也很强大。因为,无论投资的公共事业多么浪费,它都能给建筑行业带来源源不断的利润,历代自民党都为该利益代言。特别是,地方上当政治对抗较为激烈的时候,还会形成建筑公司与居民之间的对立,这是事实。

另外,从某一方面来说,泡沫经济是由无法忍受没有投资目标的活跃资本家(即第一章第Ⅲ节中提到的"资本主义的人格")所导致的。他们通过证券公司,每天寻找新的投资目标,这造成了即使很小的"利益"也会被赋予高价值,最终引发了经济泡沫。或是追捧如低利率政策等人为的政府政策,从而诱导政府出台经济泡沫政策。就这层意义而言,泡沫经济可以说是那些活跃资本家施压下的产物。这些活跃资本家大都是投资志向很高的富人阶级。总之,这一部分的社会势力损害了以追求社会安定为代表的社会全体利益。于是,这种情况就会导致社会内部各个势力间的对抗,并最终发展到以阶级斗争的形式不断反复展开。

当然,这样的对抗在企业内部也存在。宏观层面上由投资向消费的转变其实也涵盖了微观层面上对工资上涨的诉求。因此,原有的劳资关系就必须发生改变。那么,为了在"零增长社会"中实现完全雇佣,就必须施行例如分摊工作制等措施来缩短劳动时间。显然,这些都可以视为"阶级斗争"的范畴。顺带一提,马克思也曾指出未来社会的生产力的发展指的是自由时间的扩大,而非剩余劳动的增加。而笔者设想的"零增长"后的社会亦是如此。

这里还需要补充的是,零增长这一条件就应对上述多种多样的抵抗势力而言至关重要。为此,这里将本书第一章第Ⅲ节模型中的博弈玩家改写成如表4-4中资本家阶级和劳动者阶级这两个主体。另外,劳动者合作、资本家的不妥协将导致两者的利得在原有的S_w、S_c的基础上分别增加g倍。这表示经济增长的成果将以相同的比例涓滴给劳动者。

但是,比起期待经济增长的涓滴效果,劳动者阶级也可能会选择通过斗争的方式获得利益。与第一章第Ⅲ节中的模型相同,表4-4中把劳动者通过参加运动所获得的成果记作F,且该获利仅归属于劳动者一方。另外,资本家的让步也会带来同样的效果。当然,此时资本家获利将等额减少。

表4-4 劳动阶级参与斗争时资本家/劳动者阶级利益构造

		资本家阶级的选择	
		让步	不让步
劳动者阶级的选择	斗争	$S_w + 2F,\ S_c - 2F,$	$S_w + F,\ S_c - F$
	合作	$S_w + F,\ S_c - F$	$(1+g)S_w + F,\ (1+g)S_c$

面对这样的利益构造，两个阶级会做出何种选择呢？首先，就资本家阶级而言，无论劳动者阶级采取什么措施，资本家的让步都不会为其自身带来任何好处（这种状况叫做"支配战略"）。即，两个阶级之间的利害关系本身就是无法调和的。最终资本家阶级通常会采取"不让步"战略。而劳动者则是以资本家这个态度为前提，考虑应采取怎样的战略，这也取决于$S_w + F$和$(1+g)S_w$中哪个更大。总之，选择问题就变成了是通过合作获得利益（g）还是通过斗争获得利益（F），F越大、g越小，则斗争获得的利益就越多。另外，本书倾向于关注增长率g。经济高度增长时期通过合作将会获得更大的好处，但是一旦进入零增长时期，理论上，无法实现相同的状况（即通过合作将会获得更大的好处）。即使该情况对于企业而言在某种程度上是可能存在的，但是在宏观层面上这种情况大概已不复存在。在零经济增长时期，F这一部分极大缩减了。由此我们便可以确认，F这一部分的极大缩减，即是零增长时期下出现社会体制变革这一诉求的原因所在。

第四，进入"零增长"时期，更多的财富将被用于消费。并且这一不可抗拒的趋势将促使产品质量发生质变。正如机械化生产缩减了体力劳动，仅仅凭借消耗神经的脑力劳动[1]也将会由于计算机的使用而被削减。那么，在那时人类唯一的主要劳动就只剩下广义上的设计及意识决定。于是，就会产生出只有能够很好掌控这种力量的企业才能够在竞争中生存下去的压力。也就是说，投资目标将会从资本主义的"机器取代人类"，转向后资本主义的"人类取代机器"。

---

[1] 这里脑力劳动和体力劳动一同构成了所谓的肉体劳动，并对立于精神劳动。

实际上，仔细回想的话，从上一章开头提到资本主义的定义可知，如果没有这种源于生产力根源的变化，则无法实现真正意义上生产方式的变化。如果熟练劳动重要的话，那么社会资源将集中投入促进熟练度的形成。反之，如果机器设备更重要的话，则社会资源就将集中用于实现社会积累。当然，这里"机器的重要性"是有目标值上限的。当达到这个目标值以后，机器积累的重要性就必将会被其他东西所取代，这里"非机器的其他东西"指的就是在广义的设计及意识决策上发挥作用的人类能力，且只有人类拥有的非机器能力即"源于个性和创造力的生产力"[1]。这种生产力水平上的本质转换是通过达成资本积累量来实现的，这一点非常重要。这种"生产力本质"的转换又带来了生产方式的转换。

而且，这里还需要注意的是，这种"源于个性和创造性的生产力"是离不开劳动主体的。正如上一章末尾所提及的"零售业的资本主义化"那样，主要的生产力是源于人类内在还是外在，直接决定了能否行使资本指挥权。就此意义而言，可以认为"源于个性和创造的生产力"是被资本主义剥夺了的生产力又回归到劳动者。而且，此时劳动就成了真正意义上的自我实现，而非应该规避的东西，所以劳动供给量也会相应地增加。基于这种理解，要想实现劳动者的真正的解放（从资本主义中逃离），就应该涵盖这种劳动内容自身的变化。

关于这点最后需要补充的是，这样的变化符合"抗争交换理论"。在本书第三章第Ⅰ节所讨论的鲍尔斯的"抗争交换理论"中，"抗争"的出现是以劳动契约的不完整性为前提的。但是"抗争"的程度又因资本主义发展程度而异。首先，在最初的"机器大工业"时期，此时劳动完全由机器控制，还未出现"不完整性"形成的条件。也就是说，虽然此时已经形成了完善的劳动指挥，但劳动者在劳动现场中完全没有选择劳动付出程度的余地。但是，之后的事务劳动、贩卖劳动等"服务劳

---

[1] 其中一部分会被先进的AI代替，但并非全部。就此意义而言，AI也只不过是机器的一种。关于这点可以参考友寄（2019）。不过，最新的ICT技术使得人们花费较少的费用便可获取高性能的生产设备。此时，由于电脑等设备是各个劳动者的私有财产，因此劳动者不再需要被资本家雇佣。这一变化是重要的，影响着资本主义的存续。此外，由于生产物的从"物质"到"信息"的转变，使得复制过程的成本变为零，创造性劳动开始占据附加价值的主要部分。这种变化也相当重要。关于这些方面的探讨请参考本书第一章第Ⅰ节第3小节。

动化"的发展加剧了劳动契约的不完备性,并导致劳资"抗争"的形成[1]。而且,事务劳动、贩卖劳动等"服务劳动化"的发展赋予了劳动者选择其劳动付出程度的余地,在此条件下机器大工业下劳动密度(实质的劳动供给量)将减少。事务劳动、贩卖劳动等各类服务劳动的机械化,则是资本家应对此危机的对策。不过,如果劳动发展成上述真正意义上的自我实现的话,那么此时劳动者的劳动供给则是自发性的。监视成本、失业也都不再是劳动强制手段。也就是说,社会上不再需要这些。如此,社会以机器大工业→服务劳动化→"个性和创造的生产力"的顺序逐渐趋向成熟[2]。

关于后发国家对先发国家的追赶问题

资本积累上限论也可用于说明当下正在发生的,后发国家人均所得赶超先发国家这一现象。不论哪个国家,只要随着资本积累的演进,其资本积累率和经济增长率下降的话,则必然会经历这样的过程。基于假设体现生产技术的时间偏好和生产函数一致所得出的图4-7就刻画了这一现象。当后发国家还未进入经济增长时,其与先开始经济增长的先发国家间差距会逐渐变大。但是,一旦后发国家进入经济增长模式时,其两者间的差距也将会慢慢缩小,并最终收敛于一个相同资本劳动率。实际上,以中国为代表的亚洲各国间的经济发展就明确地反映了这一现象。这么想来,日本从明治维新时期的一个弱小国家发展成如今的先发国家,也可以视为该现象的一个实例。众所周知,库兹涅茨曲线描述了到某一时期为止差距将逐渐变大而某一时期后差距将会慢慢缩小,这种关系在此也能够得以说明。另外,这种关系也符合列宁在《帝国主义论》中所提及的"资本主义发展的不平衡理论"。列宁的资本主义发展的不平衡理论关注的是先发国家对后发国家投资这一国际资本移动问题,其根据是发展中国家资本不足和由此带来的高利润率。"依附学派"(以安德烈·冈德·弗兰克、萨米尔·阿明等人为代表的一个学派)曾提出世界范围内国家间差距将持续变大这一带有左派意识的主张,然而实际上当今世界的发展已经摆脱

---

[1] 就此而言,实际可认为"抗争交换理论"在涵盖及说明非机器大工业状况的基础上首次明确地指出了劳动指挥权="强制"存在的理论。

[2] 田添(2016)基于"抗争交换理论"对从机器大工业到成熟社会过程中劳动的变化进行了整理。

了该局面[1]。

图4-7 具有相同时间偏好率的先发国家和后发国家的经济增长路径及收入差距

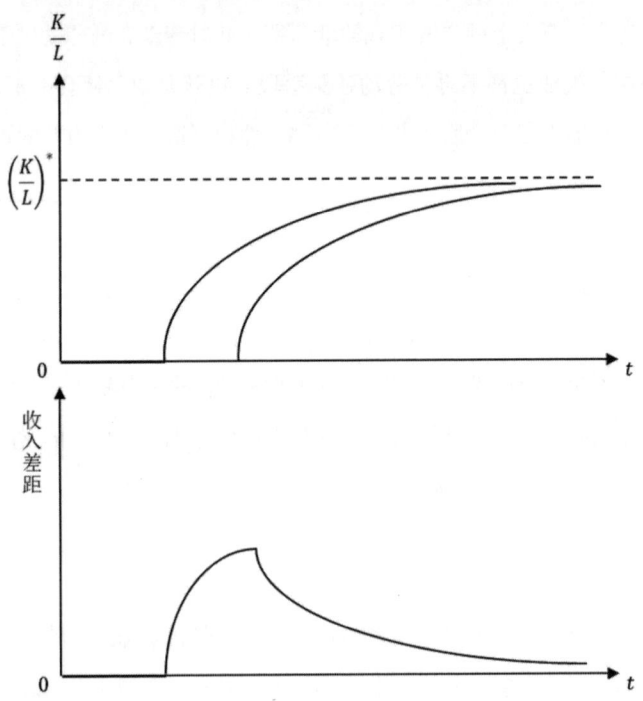

但是，上述结论仅仅在假设各国的技术条件和时间偏好率相同时才成立。因此如果各国间在这些条件上存在差异的话，上述结论则无法成立。比如图4-8表示的先发国家的时间偏好率低而后发国家时间偏好率高的情况，图4-9则与之相反。但不论哪一个，最终稳态时差距都存在。而且，现实中也有这样的实例。比如，经济实现一定增长之后，追赶脚步停下来的拉丁美洲各国，就符合图4-8所描述的情况。与其相反的例子则是持续追赶先发国家的中国，其情况符合图4-9。特别是，

---

[1] 不仅是国家之间，地域之间其实也存在差距变大和缩小这两种情况。比如中国省际间差距从刚开始的扩大局面转换成现在的缩小局面。

该模型不仅能够解释拥有不同时间偏好率的各个国家间的差距问题，而且也能够阐明国家内部各民族间的差距问题。因此，我们基本上可以理解美国的白人和黑人之间的差距。而且，这进一步揭示了如果时间偏好率是以各民族特殊文化形式存在且不变的话，那么各民族间的差距也将永远存在[1]。

图4-8 资本储蓄目标值高的先发国家和资本储蓄目标值较低的后发国家的经济增长路径及收入差距

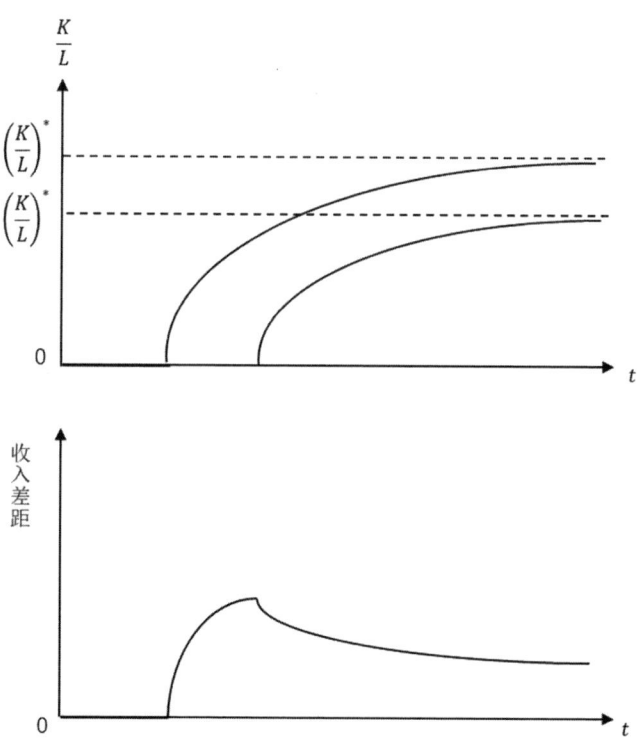

---

[1] 为了得出该认识，笔者长期致力于研究民族矛盾。

图4-9 资本储蓄目标值低的先发国家和资本储蓄目标值高的后发国家的经济增长路径及收入差距

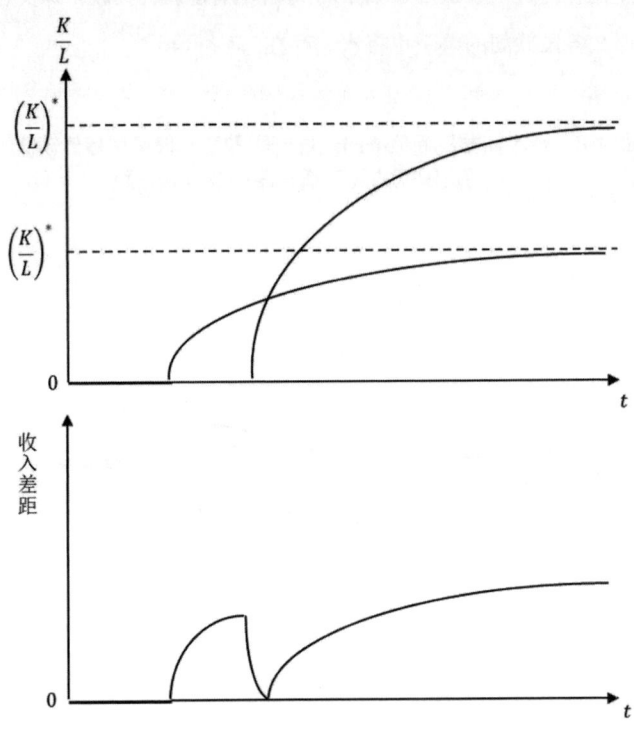

对这种长期变化而言，时间偏好率（贴现率）无疑是一个特别重要的因素，但是，一旦关注时间偏好率，就会发现时间偏好率其本身也符合一定的历史规律。一方面，起步"迟缓"的民族向着更重视未来的方向改变其时间偏好率（变得更接近资本家性质）以适应资本主义，这种变化就是其中一点。另一方面，成熟社会的变化则与之相反。随着人类的历史性个人化（个人主义化发展），出现资产用尽、不保留遗产的态度变化就是一个例子。另外，在此之前的零增长时期，人们的未来志向性（投资倾向态度）可能萎靡。这也可能是一种符合其自身的、积极的历史变化。

但是，无论如何，上述差距变动基本上是呈现缩小而非扩大趋势。图4-7、图

4-8中所示情况尤其如此。图4-9中的先发国家和后发国家也进行着以各自"目标值"为目标的资本积累。只是，值得留意的是，虽然"国家"与"国家"间发展符合该情况，国家内部富人和穷人间的发展通常与该情况不吻合。比如，如图4-10所示，对于存在贫富差距的两个集团而言，不论在起始点还是终点其两者之间的差距都维持在2倍，如果这两个集团中人数相同的话，那么二者各自的资本储蓄目标将在等距离与社会平均储蓄目标值的上下两侧［即社会平均资本储蓄目标值等于二者的资本储蓄目标值的中间值 $a-b$（穷人的资本储蓄目标值），a为社会平均资本储蓄目标值，$a+b$为富人的最终储蓄目标值］，即图中$\left(\frac{K}{L}\right)^*$线段所示部分。这是因为，社会宏观层面上的利息率反映该社会整体储蓄水平和由其所决定的边际生产力水平，所以存在于同一社会的两主体，将参照同一利息率做出投资判断。反之，如果两主体各自生产不同的物品（此时假设存在社会规制规定两主体不能从事对方所进行的生产活动），那么当且仅当穷人的边际资本生产力总是高于富人，才会出现两主体最终储蓄水平趋于相同的情况。但是，这一情况在当下资本主义经济中并不常见。

图4-10 一国内富人和穷人的经济增长路径及收入差距

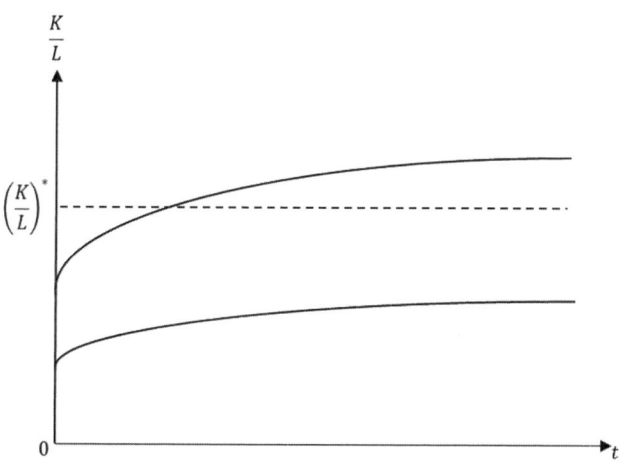

上述的探究对于明确各国间差距缩小的原因意义重大。也就是说，一般情况下各国间具有不同的利息率，各国主体所面对的都是其自身所达到的、依附于资本储蓄水平的利息率，且都各自进行着与他国无关的资本积累。因此这种追赶情况在不同国家间能够实现。相反，这也意味着如欧盟那样有统一的中央银行、发展跨国金融市场的区域体内，会出现类似于一国内的现象，即各国间将有可能存在持续性差距。这也揭露了近年全球化经济的另一面。

市场中的后资本主义企业——股份制公司社会主义论

如果要用不同于以往的形式来描述"资本主义后的社会"的话，则必须重新审视一下其与以"生产资料社会化"来定义"社会主义/共产主义"这一马克思论述之间的关系。由于这在最初被称为"国有化"，因此下文将对①"国有化"理论的发展状况，以及②如何去思考取而代之的具有代表性的经营组织，即股份制公司制度这两个问题进行梳理。具体如下。

首先，传统的"国有化论"早已被资本主义各国的马克思主义经济学界所摒弃。"资本主义各国"的国有企业的非效率性问题也都十分显著。更进一步而言，不只是企业体系，在政治与市民社会的领域中也充斥着对国家否定现象的消极评价。最终形成了企图将未来寄托在合作社与自主管理等这些其他种类的经营体系上，以及摸索不依据"国家所有"的国家管制的方法的这两种论调，即合作社社会主义论与自主管理社会主义论。但实际上，由于合作社与自主管理企业等经营体系很难在社会上成为主流，因此由后者衍生出来的"民主限制论"则成了社会上的主流观点。

然而，笔者意识到"民主限制论"这一观点本身也存在些许偏颇。因为即使"规制"在对企业活动的"制约"（向下的压力）上发挥作用，但就必要的事业领域进行新的开拓、强制投资与雇佣，以及增加生产等方面而言，"规制"实际是毫无作用的。事实上，在理论上领导"民主限制论"的置盐（1957）指出，只要国家介入投资与雇佣、生产决定，那么即使不存在"所有"关系也无妨。但关于如何介入这一问题，置盐（1957）并未做出具体的讨论。即使可以通过法律来禁止对某些原料的使用，能够下调投资、雇佣及生产，但是也无法具体想象例如如何让企业进行企业董事们反对的生产及投资，且政府的官员应如何介入这一决定等问题。这从对"景气恢复"迫切期待的时期，社会上的议论紧紧围绕"限制缓和论"也可以得以确认。

因此，不仅仅是"国有化"，根据限制、制约市场机制角度出发的议论不断衰退，即使在马克思主义研究领域中，议论的中心也向着"企业的社会责任"与"企业统治"的改善，或者是企业的说明责任，乃至企业结算公开等这些不对市民社会公开的问题上转移。实践中，还产生了像"股东代理人"这样的非国家性质且股东权限活用型的机制，这也体现了企业限制的方式在不断变化。

但是，本书之所以特别重视这种变化趋势主要缘于，强制上市企业进行内部资料公开，以及强制公开范围的扩大这些变化，其实都可以理解为将这些企业视为一种"社会所有物"。也就是说，这意味着即使不是"所有者"也可以了解企业是如何运营的。实际上，只要能做到信息完全公开，即使没有政府官员监管，企业也无法从事任何违法违规活动。而且，就实现残疾人的雇佣等而言，比起政府官员的行政指导，若是能做到让企业公开发表残疾人雇佣率这一点就够了。从这个意义上讲，我们不能无视信息公开的压力。就其通过监督这一方式将社会全体成员的意志反映到企业这一点而言，我们也可以将它称作"企业的社会化"。也就是，当我们谈及"社会化"时，并不应只是单纯地想到狭义上的"所有制变革"，而是必须考虑到"什么是能够实际上反映出社会全体成员意志的"。果真如此的话，那么最终就会形成完全不一样的，另一种"社会化"概念（"社会主义"一词）的词源。

像这样，注意观察信息公开的话便可知，此类公开义务与股份制公司制度，特别是股份制上市制度密切相关。如果想让股票市场上股民购买上市股票的制度行之有效的话，则必须让公众正确地了解企业业绩。因为只有这样作为"潜在股东"的全社会成员才能够自由地买入或卖出该企业的股票。这之所以很重要是由于此类买卖使得股价的高低直接与企业业绩挂钩，因此股价的动向就直接反映出经营者经营能力的高低，而这有时也会招致经营者的"更换"。因此，经营者必须拼命改善企业的业绩。这样，经营者每天都被置于社会全体成员的严厉监督之下。这便是所谓的"企业处于社会全体成员的管控之下"。不是政府官员的监督，而是置于社会全体成员的监督之下。

这么想来，问题则源于信息公开（"监督"依据）的股东权限。从"股东权限"扩大到"作为潜在股东的社会全体成员的权利"的尝试，足以见得其有着与"企业归劳动者所有"这一"社会主义理念"不同的思想起源。笔者认为"社会主义理念"强调的并非在该企业工作的劳动者的统治权，而是重视"社会统制"。这才称得上是真正的"社会化"，而这也是本书所持的立场。当然，劳动者的权利也十分重要，但这种权利应该在与代表社会全体成员利益的经营者的交涉中得以实现。更进一步而言，只有出现了使得重视劳动者的重要程度高于资本积累的生产力的转化，这种权利才能被实现。就此意义而言，本书认为对于经营者经营能力的监视，只有直接来源于社会全体成员才符合原本的"社会主义"理念。

但是，事实是马克思也并未意识到这一点[1]。虽然马克思在早期对新出现的股份制公司制度予以了高度的评价。例如，马克思认为股份制公司制度"作为私人财产的资本在资本主义生产方式本身范围内的扬弃"，"是资本再转化为生产者的财产所必需的过渡点"，"是再生产过程中所有那些直到今天还和资本所有权结合在一起的职能转化为联合起来的生产者的单纯职能，转化为社会职能的过渡点。"[2] 尽管如此，马克思对证券交易仍持批判态度。针对马克思的这一论述，恩格斯在《资本论》第三卷的增补中做出了如下的评价。

恩格斯先指出，在马克思撰写《资本论》的1885年之前，"交易所在资本主义体系中还是一个次要的要素"，因此"当时的交易所还是资本家们互相掠夺他们积累的资本的地方，它同工人之所以直接相关，不过在于它是资本主义经济的普遍的败坏道德的影响的新证据"。但是，随后恩格斯论述到"现在情况不同了"，即"自从1885年写作本书以来，情况已经发生了变化，这种变化使今天交易所的作用大大增加了。并且还在不断增加。这种变化在其进一步的发展中有一种趋势，要把全

---

1 本书的体制过渡论与一般马克思主义的不同之处在于，本书认为包含股份制公司社会主义论在内的，向新的生产方式的过渡都是循序渐进的。以往马克思主义主张新社会的诞生只有依靠"国有化"，因此权利的争夺必须先于体制过渡。然而本书中的新生产方式的基础过渡论与权力机构并无关联，向新生产方式的过渡在此之前就已经开始了。而且，当新的生产方式成为主流，权力机构也会发生变化，并且促进经济基础的转换。这样的权力过渡论存在于资本主义之前的一切过渡之中。从资本主义到后资本主义也不例外，而这也是本书的观点。

2 马克思. 资本论（第三卷）[M]. 北京：人民出版社，2018. 495.

部生产，工业生产和农业生产，以及全部交往，交通工具和交换职能，都集中在交易所经纪人手中，这样交易所就成为资本主义生产的最突出的代表。"[1]

确实，当今证券市场中依然存在着层出不穷的丑闻和不正当行为。而且，我们也要了解，有一些是在更本质层面上"股东权限"阻碍企业发展的案例。比如，日本在2005年1月发生的"活力门事件"就是一个很好的例子。活力门公司试图通过收购日本广播公司从而跃身为富士电视的大股东，日本广播（富士电台）的反抗理由当中提到，这样的"收购"不论对于活力门还是富士电台来说都是无利益可言。这表明，"拥有者"（多数派股东）会利用"所有者权限"做出对主体企业毫无利益可言的决定。

再举一个外国企业的例子，就是巴尔干保加利亚航空被外国的犹太人企业收购后又被倒卖的事例。外国企业瞄准的是超过其收购价格的企业的海外资产，并计划收购后立即将其倒卖出去。这主要源于保加利亚航空拥有海外分支机构和航线的价值相当可观，即便其经营陷入破产。被划分为"恶意收购"的收购基本上都具有这一性质。这与各个企业为了自身利益而自发地进行吸收及合并完全不同。就这种意义而言，这样的"恶意收购"对于企业全体发展来说是毫无贡献可言的。由此，自然也就理解了之所以"所有者权限"不应没有限制的原因，特别是类似后一个例子中出现的投资基金的投资活动，也必须受到制约。

一般情况下，"股东"持有股票的目的有两种：①获得股息或是基于股息的资产增额；②吞并。但这也意味着，"恶意收购"即便①是可接纳的，但就②而言应被限制。换言之，即使某些股东权限（某种私有财产权）存在阻碍经济发展的负面因素，但并不代表其他股东权限（其他种类的私有财产权）也存在同样问题。这里尤为重要的是，对于一般的大众股东而言①才是其购买股票的目的，而非②[2]。

因此，虽然"股份公司制度"的发展开拓了一些新的可能性，但也仍然存在诸

---

[1] 马克思. 资本论（第三卷）[M]. 北京：人民出版社，2018.1028.
[2] 虽然这里的基本论调是即使②存在问题，①也不存在问题，但需要注意的是当政策当局过度地去满足①的要求时，将会出现要求降低利率的危机。严重的就是"泡沫"志向性。虽然基本上靠劳动所得维持生计的人不享有这种利益，但是得益于证券价格上升的人则持有对这种低金利志向性。这点必须注意。

多需要改善的问题。相反，这也意味着在保障大众股东利益的同时，也应该进一步完善股份公司制度。只有顺应这种导向才能够实现以市场体系为前提的真正意义上的"社会化（凭借企业）社会"，即"社会主义社会"建设蓝图。

上述提到的"企业的社会化"基本上是以大型企业为例。但社会上也不都只是大型企业。在经济学中，"企业规模"本身也是一个重要的研究对象，本书附录3中对"企业规模"的变动进行了较为系统的分析。另外在第196页注脚1中介绍了个体农业的稳定性，旨在说明只要具备一定条件，企业规模（或者规模差距）就有可能缩小。目前为止，包括马克思在内的马克思主义经济学者都坚信在"规模效应"作用下，企业的规模将呈扩大趋势。但是，我们只能确定迄今为止的"规模效应"效果明显，无法断定今后的技术体系是否能够继续维持这种状态，特别是到了前文提到的不依靠机器的"个性与创造力的生产性"时代。不过，可以肯定的是，大型企业在某些产业领域依然存在。因此，"企业的社会化"也就变得十分重要。本节所述的股份制公司社会主义论就是围绕这样的产业部门展开的。

V. 原始积累和国家资本主义

原始积累论的课题和对雇佣劳动者强制的形成

上述的论述向我们展现了资本主义成立后再生产的全过程。再生产是以资金的积累为前提的，而资金的积累又是以资本主义生产为前提的，反过来，资本主义生产又是以大量资本和劳动力的存在为前提的。这一系列的前提关系形成了一种恶性循环，所以，为了摆脱这种思维范式，必须设想一下资本主义之前的积累（原始积累，也被译为本源性积累）的情况。

原始积累在资本主义拥护派经济学中扮演的角色如同原罪论在神学中扮演的角色。因为资本主义拥护派经济学在解释为什么有一部分资本家能够无忧无虑地生活时，将原因归为资本家们是"特别勤勉聪明且十分节俭的人"（《资本论》）。或者，在说明为什么劳动者无法享乐时，将原因归于劳动者"懒惰，且将其全部或超出其全部资产使用殆尽"（《资本论》）。实际上，虽然不能否认存在一部分勤勉的自营业者等凭借自身努力积累初期资本的情况，但总体而言，这仅限于一小部分而已。大多数情况下初期资本积累是通过国家的强力介入或是由于某种好运而实现的。

马克思论述道："大家知道，在真实的历史之中，征服、奴役、劫掠、杀戮、暴力起着巨大的作用。但是在温和的政治经济学中，从来就是田园诗占统治地位。正义和'劳动'自古以来就是唯一的致富手段，自然'当前这一年'总是例外。事实上，原始积累的方法绝不是田园诗式的东西。"[1]

其中一种情况是生产者从封建时期受生产资料束缚的状态中挣脱出来变得自由，并能够自由地受雇于资本。这是资本开启资本积累的前提条件。这意味着①工匠们通过同行工会摆脱徒弟、匠人规则等劳动规制而变得自由，从而能够自由地贩

---

[1] 马克思. 资本论（第一卷）[M]. 北京：人民出版社，2018.821.

卖自身的劳动力；或者②农民摆脱农奴制下的土地束缚而变得自由[1]。但是，"变得自由"一词容易美化资本积累过程。如果把②这一过程视为以农民悲剧形式来演进的话自然就会明白了。英国发生的两次圈地运动就是典型的例子。

最早的圈地运动发生在15世纪末的30年和16世纪初的数十年间。当时羊毛制造业繁荣，羊毛价格暴涨。相应地，对货币需求旺盛的新贵族阶级开始极力地推进耕地牧场化，为此他们就必须把不需要了的农民从土地上赶走。当时的封建王权制定了法律来对抗这种人口削减式的牧羊经营，但是当王权更替时，却将教会势力连同农民一并从最大封建领主天主教会的领土上驱赶出去。

1660年随着王权复辟，复活了的原领主们不再单纯地要求获得封建权利，而是要求获得近代的土地所有权。这导致农民们原本持有的土地下级所有权被废除。即使得农民失去了作为农奴的权利而沦为佃农。之后的光荣革命（1688—1689年）使得近代化了的旧封建领主们凭借地主及资本家的谋利者身份获得国有地的赠予和低价收购权。

另一方面，农民丧失作为生产基础的公有地始于15世纪末，并于18世纪被合法化。该法案就是所谓的《公有地圈地运动法案》。英国史上将15—16世纪的土地牧羊场化称作"第一次圈地运动"，18世纪由议会立法而导致的公有地流失称作"第二次圈地运动"，但两者都是以农民被迫充当悲剧角色展开的。此外，重要的是除了初期的一段时间之外，圈地运动都是通过国家暴力及强制手段实现的。而且，

---

1 无论是上述哪种情况，虽然直接生产者除了劳动力外没有其他可销售的商品，但通过摆脱封建束缚，他们有权将自己的劳动力作为商品自由处置。这种情况被称为"双重意义的自由"，是通过直接生产者失去生产手段实现的。
马克思在《资本论》第一卷第二十四章资本的积累章节中提到，"在英国，农奴制实际上在14世纪末期已经不存在了……尤其是15世纪，绝大多数人口都是自由的自耕农"（马克思.资本论（第一卷）[M].北京：人民出版社，2018.823-824.）。但这里的"农奴制"不包括供奉农奴制的狭义农奴制，并未对广义农奴制做出分析。该理解源于中村（1977）。

其特征也贯穿于农民们被迫从生产资料中剥离出来后形成的劳动强制[1]。

这种劳动强制始于15世纪末到16世纪末贯穿于西欧全体的取缔流浪者（失业者取缔）相关立法的制定。手工业部门的劳动需求增加超过了从土地中剥离出来的农民数量增加，导致不得不推行强制"流浪"的失业者变成劳动者的相关法案。比如1530年的英国法条规定，逮捕鞭打和拘禁除了持有"乞讨许可证"（为了乞讨的许可证）的因高龄失去劳动能力者以外的流浪者。而且，之后该法条变得更加严

---

1 原始积累的问题与农民阶级的没落息息相关。果真如此的话，那么即使是图4-10中所描述的国内经济增长路径上存在的收入差距不变，农民阶级的没落，农民阶级变身为劳动者阶级（工人阶级），一部分农民阶级变身为资本家阶级，经济增长过程中社会全体的差距仍将上下浮动。图4-11就描述了这一情形。

图中所示的3个阶级中，劳动者和资本家的移动路径与图4-10完全一致，但如果将收入不变的农民阶级也考虑进去的话，那么图4-11所描述的情况将更加意义深刻，并能反映出现实中所存在的收入变动路径。具体而言，图4-11中横轴所示的5种局面分别表示的是：

局面①通过圈地运动等农民掠夺运动致使农民阶级没落的原始积累过程。这一过程中分化出了没落农民和未没落农民而导致差距扩大。

局面②没落农民变身为无产阶级并向资本家出售劳动力。在这一过程中，资本家获得利益，同时随着资本积累的演进，资本家和劳动者双方的收入都增加。此时农民阶级和劳动者阶级的收入差距将缩小。且由于此时农民阶级和劳动者阶级占社会的多数派，因此就社会整体而言收入差距也将缩小。

局面③资本资料部门的发展导致劳动者收入超过农民收入，差距扩大。

局面④由于资本资料部门的大幅度扩大导致务农人口减少，因此农民收入的重要性将呈长期下降趋势。因此，在这一新的局面下收入差距将缩小。

局面⑤如果农民阶级完全消失的话，那么之后的收入差距变动将与图4-10所描述的情况完全一致。即收入差距将保持不变。

图4-11 原始积累期和其之后的3个阶级的收入变动

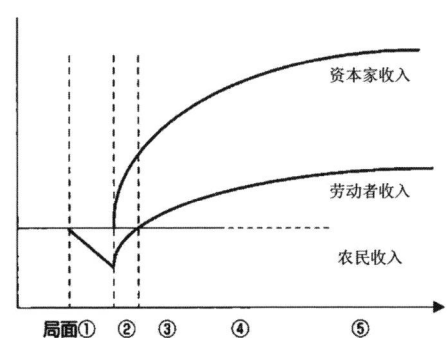

厉，规定若第二次被逮捕则除鞭打外还会被切去半只耳朵，若第三次被逮捕则将被处以死刑。重点是这些法条还被冠名为《济贫法》并作为"济贫政策"而被实施[1]。

之后的1547年英国的法律中又规定了，拒绝劳动的人若被告发，则将沦为告发者的奴隶。奴隶主只需要履行施舍一些水和面包或是清汤和碎肉等义务，就可以获得为了强制其劳动而对奴隶鞭打、上枷锁等权利。若奴隶两周不工作则会沦为终身奴隶并在其额头或是背上烙上 S 字样的印记，若是逃亡的话将被处以私刑。若奴隶忤逆奴隶主并有所企图的话也将被处以死刑。无家可归的失业者如果3天未被雇佣的话，则会被遣送回出生地，并在其胸前烙上 V 字样的印记，脚上被套上枷锁并被强迫服劳役。如果他谎报了籍贯的话，将会成为该地区、该地居民或社团的终身奴隶，被烙上 S 字样的印记。任何人都有权带走他们的子女充当学徒，男性到24岁为止，女性则到20岁为止。如果他们逃亡的话，就要成为他们师傅的奴隶直到上述规定的年龄为止。而且奴隶主可以在自己奴隶的脖子、手或脚上套上镣铐。

此后的英国伊丽莎白女王（16世纪后半）时期的法律与上述法案基本如出一辙。如果说有不一样的地方，那便是①烙印的位置改到了耳垂上；②死刑的判决提前。即那些"第二次被逮捕"的人，如果两年内没有人愿意使用他们的话，将会被处以死刑（而在此之前死刑是在第三次被逮捕后被判定的）。马克思在《资本论》中也记录了这一情况，即"[在伊丽莎白时代，成对的流浪者（无家可归的失业者——笔者注）] 被绞死，每年都要绞死300或400人。"[2] 另外，在詹姆斯一世时期，上述鞭打的权限交给了治安法官，对"不可救药的危险的流浪者"也有了新的措施。此时，他们将会被烙上 R 字样的烙印，如果"再犯（再度行乞）"就要被处死刑。这些法律到18世纪初期还有效。另外，法国基本也在同一时期制定了同样的法律。

最后，笔者想探讨一下施加在实际工作中劳动者身上的各种各样的强制法，而

---

1 在现今的美国还依然存在同样的制度。在当代美国，各地都制定了所谓的三振出局法（不论第三次所犯的罪行多么轻微，只要累犯次数达到三次则将被判处终身监禁）。比起只是削减救济费用、陶冶劳动力，（美国各地政府）更倾向于积极地扩大监狱中监狱劳工的数量以创造低于发展中国家的廉价劳动力。

2 此处的"流浪者取缔法"和"工人法"，以及之前的两次圈地运动，基本都依据《资本论》的记述。

不是"流浪者"。其中的一部分便是本书在第三章第Ⅱ节有关劳动时间中介绍过的最低劳动时间管制法，但是这些法律不只是在劳动时间上限制劳动者从事劳动。城市和农村都规定了法定工资率，支付高于法定工资率的雇主竟然会被判处10天的监禁，而被雇佣的那一方则会被判21天的监禁。1360年的法令加重了处罚，甚至授权雇主按法定的工资率通过体罚去剥削劳动。而且，把瓦匠和木匠相互联系在一起的东西都被宣告无效。直到1825年劳动者结社一般都被认为是严重的犯罪行为。这些法律都是根据最高工资必须由国家制决定、最低工资可以随意设想而制定的。直到1859年还存在禁止工人结社的部分法规制度。

直到1871法律才终于承认了工会（工联）这一组织，但同时颁布的另一项议会法令却承认了治安法官对罢工与同盟休业的违法判决权。该法令是由格莱斯顿内阁这一被认为是较为进步的内阁所颁布的。格莱斯顿内阁还重新启用了古老的禁止"秘密活动"法，用以管制劳动者结社。另外，法国的状况与上述基本相同。

16世纪英国的实际工资因为通货膨胀而减少。即便如此，该时期的英国政府仍出台了一系列压低工资的法令。伊丽莎白时期的《徒弟法》授予了治安法官工资决策权，并且赋予治安法官改变工资的权力。之后的詹姆斯一世，将治安法官的工资决策权的适用对象范围扩大到了全体劳动者。而后的乔治二世把禁止工人结社的法律推广到了一切工厂手工业领域。

进入原本的工厂手工业时代，资本主义仅凭借自己的力量就足以管制劳动者。但即便如此，国家层面对劳动者的直接管制依然持续存在。例如，乔治二世时期的法令规定，给伦敦及其周边的缝纫工支付的工资一般不得超过2先令7便士。另外，乔治三世时期的法令还规定由治安法官来决定丝织工人的工资。即使是到了1799年，苏格兰矿山工人的工资仍然还是由法律决定的。直到1813年这些规定工资的法令制度才被废除，也就是说这些规定工资的法令制度一直持续到了工业革命中期。

产业资本家的产生

如上所述，构成资本主义的雇佣劳动者是在"血的立法"（马克思语）的强迫下形成的。资本主义的另一个成员即产业资本家的形成也是如此充满血腥的[1]。产业资本家原本或是在职业工会中劳动者的代言人，或者是独立的小工业者，或者是雇佣劳动者，又或是作为资本主义成立之前的资本形式即高利贷资本或商人资本。他们通过克服各种制约，并在国家推出的各种强制制度的助力下才得以确立其作为产业资本家的地位。具体而言，这些被强制推行的法令制度包括：①殖民制度、②国债制度、③为偿还国债而产生的增税制度、④工业革命之前的贸易保护制度、⑤童工、⑥工业革命之后的奴隶贸易制度。

第一是殖民制度。殖民制度的一个例子是荷兰的奴隶贸易。荷兰为了获得在爪哇岛使用的奴隶，设置了从西里伯斯岛盗人的制度。根据这个制度，掠夺来的少年们在长大后会被塞进奴隶船中送往西里伯斯岛的秘密监狱。该"买卖"带来了庞大

---

[1] 《资本论》第一卷第二十四章有关资本原始积累的内容对此也有所论述。即，马克思指出在"产业资本家"形成之前，英国"农业资本家"即租地农场主本身也出自农奴，他们经历了从农奴到半租地农场主，最终跻身为所谓的"原始租地农场主"这一"资本家主义租地农场主"阶级。而后的英国农业再次变为以独立自营农民为主。就这一过程中农奴身份提升后农业劳作者身份也提升这点而言，可以认为这揭示了小规模农业的普遍的历史发展规律。基于笔者的理解，可以通过下述农业生产中特殊的成本构造来解释中村（1977）所重视的这一历史趋势。具体如下，由于农地的开垦以及为实现新品种耕种的培训等生产初期所投入的固定成本占比较大，因此在初期，平均单位成本将呈下降趋势（即规模效应）。但是50年、100年之后这种单位成本下降趋势将不复存在（初期的固定成本到了第50年、第100年便可忽略不计）（规模报酬不变）。如下所示的成本曲线就反映了该趋势。

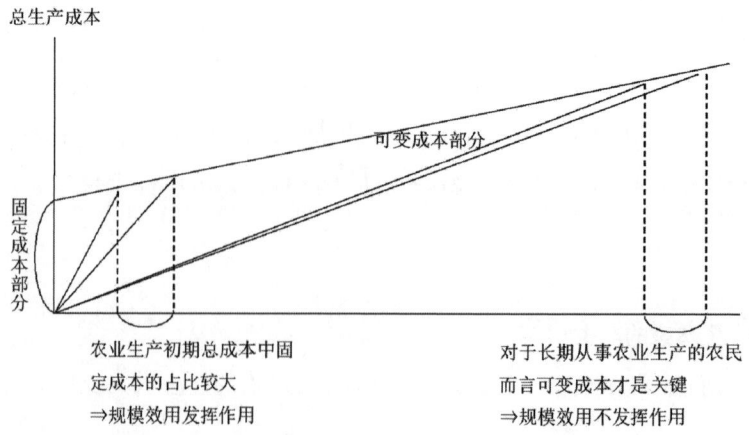

的利润，且强盗、译员、人贩子和王侯等都是获利者。除此之外，英国还给予了掌管贸易的东印度公司的高级职员和总督贩卖盐、鸦片、槟榔及其他商品的垄断权，使他们能够为所欲为地积累财富。他们随心所欲地制定价格，导致该时期印度大米被垄断收购，并招致了1769—1770年的印度大饥荒。但他们对此却不以为然。

遭受这种灾难的殖民地原住民不限于西印度地区，还包括富足且人口众多的墨西哥、东印度。在原本是美洲殖民地的新英格兰，虔诚的新教徒们规定每剥一副印第安人头盖皮或者每俘虏一个印第安人都悬赏40英镑，到了1722年一副头盖皮的赏金提高到了100英镑，更有甚者，在1744年，12岁以上的男子头盖皮值新币100英镑，每俘获一个男子可得105英镑，每俘获一名女人或孩子可得50磅。根据英国议会的说法，这样的杀人与剥头盖皮是"上帝和自然赋予它的手段"。如此，从殖民地掠夺的财富形成了欧洲各国资本累积的起点。

第二是国债制度。始于荷兰的国债制度也助力了资本的简单增值，另外国债促进了证券投资和近代银行业发展并形成了资本累积的本金。而且，国债制度的完善是以各国中央银行的成立为前提的。这个国立银行（中央银行）垄断了银行券的发行，因此他们能够简单地从大众手中获得本钱，并通过运作获得高额的国债利息。另外，伴随国债制度一同发展的国际信用制度也相当重要。对世界进行反复掠夺的威尼斯的资金供应成为荷兰的资本主义发展的基础。18世纪，荷兰把巨额资本借给了英国，而到了19世纪后半期英国又成了美国的基础资金提供者。目前世界上最大的债务国则是美国，而美国国债的主要债权国是中国和日本。虽然与亚洲主要的工业国支撑着衰退国家的经济这一现象不同，但总之认识到美国经济其实是由这种国际信用制度勉强维持着这一点十分重要。

第三是近代税收制度。被强制推行的法令制度还有近代税收制度。近代税收制度是在纳税者不知情的情况下，为偿还国债而施行的将增税制度化的"增税制度化"制度。通过增税来弥补新的财政支出，很难说服纳税人。如果不增税，那新的财政支出就很容易通过。但是，这就意味着要增发国债。回过头来，偿还国债的时候，还是要说服纳税人增税。反而是这种情况下，反正钱已经花了，纳税人想拒绝也无法拒绝。像这样，增税和国债的自动累计增加就是近代财政制度所遵循的法则，且这一法则也贯穿于现代世界当中。另外，20世纪70年代，布坎南、瓦格纳这样的美国的"小政府"倡导者都强调过这一机制。但基于上述理解可知，这一理论真正的先驱者是马克思。但是布坎南、瓦格纳并没有提及这一点。不明示先驱者这一做法其实是不符合学术界规范的。

第四是工业革命之前的贸易保护制度。基于保护关税以及出口奖励金等方法的贸易保护制度是通过掠夺本国国民来培养产业资本家的重要手段。理所当然地，出口奖励金也是从本国国民那儿掠夺过来的。保护关税导致本国国民无法购买来自外国的更便宜的产品，这显然也是对本国国民的掠夺。而且，这一制度对于在关税保护外的"领地"里的独立小生产者而言，也是一种毁灭性的存在。英国借这一制度摧毁了爱尔兰的毛纺织手工业就是一个例子。

第五是童工。童工的境遇也相当凄惨。工业革命后英国地方城市的人手不足导致资本家从救济院等处调剂贫民子弟，甚至让他们从事夜间劳动。例如，兰开夏郡就有从伦敦与伯明翰等的救济院被调剂而来的7岁到13、14岁的儿童。他们被强迫进行严酷的劳动，严酷到被鞭打到濒临死亡。

最后是工业革命之后的奴隶贸易制度。持续的奴隶贸易是工业革命后英国的重要课题。英国最初只在非洲与英属西印度持有奴隶贸易权。之后通过对西班牙施加压力，终于获得了西班牙领属的美洲（西班牙美洲）的贸易权，这被高度评价为"国策的胜利"。英国也正是在此时获得了到1743年为止的，每年供给西班牙美洲4800个黑人奴隶的贸易权利。并且，在奴隶贸易中心地利物浦，用于奴隶贸易的船1730年只有15艘，1751年为53艘，1760年为74艘，1770年为96艘，1782年激增到了132艘。

由上述可知，产业资本家"来到世间，从头到脚，每个毛孔都滴着血和肮脏的东西"[1]。

资本积累初期强制积累的必要性和国家资本主义

总而言之，从上述内容可以看出，不论是雇佣劳动者的形成还是资本阶级的形成，"即使其方式各异，但绝不是田园诗式的东西"，"资本来到世间，从头到脚，

---

1 马克思. 资本论（第一卷）[M]. 北京：人民出版社，2018.871.

每个毛孔都滴着血和肮脏的东西。"日本和德国、俄罗斯和中国等国的人民都必须深刻理解这点。日本人和德国人深知战前其各自国家体制是何等恶劣,这也导致他们一味地关注国家体制问题。但是认清资本主义发源地其实也是如此,对于他们理解"资本主义是什么"而言也相当重要[1]。

这里,我们还应该再回头思考一下为什么资本主义初期必然是暴力的。总体而言,马克思的探讨始终是围绕资本自身是否具备支配力以及剥削劳动者的能力而展开的。在工业革命之前,其实资本自身还不具备这般能力,但是工业革命赋予了资本进行支配的条件。这也可以用"劳动对资本实际上的从属"来解释。虽然上一章是从机器技术的必然性出发,讨论机器大工业实现了劳动的专制指挥权,但旨在传达的意思其实是一样的。只是,问题在于马克思在论述了上述内容的同时,又强调了工业革命后"大工业的幼年期"这一暴力的"原始积累"愈加严重化这一问题。而这又应该如何理解呢?

就这一问题,本文的理解如下。《资本论》的基本课题是,明确在对等的商品交换法则下,剥削也依然有存在的可能这一资本主义独有的秘密。所以马克思直到资本原始积累一章为止,都未考虑暴力这一因素,也就是说,马克思并非主张工业革命后不存在暴力,而是把关注点聚焦于即使没有暴力因素这种资本主义体系下特有的剥削也存在。所以马克思对资本主义的剥削的探讨是在不考虑暴力因素的这一前提下展开的。进而,有了暴力是工业革命前的资本特征的说明。但是,即便如此,正如马克思所说,"大工业的幼年期",即工业革命后的工业化初期阶段暴力发展最为全面。而这其实也是马克思主义最优经济增长模型最为重要的结论。

---

[1] 关于这点的重要性可参照尾崎(1990)。

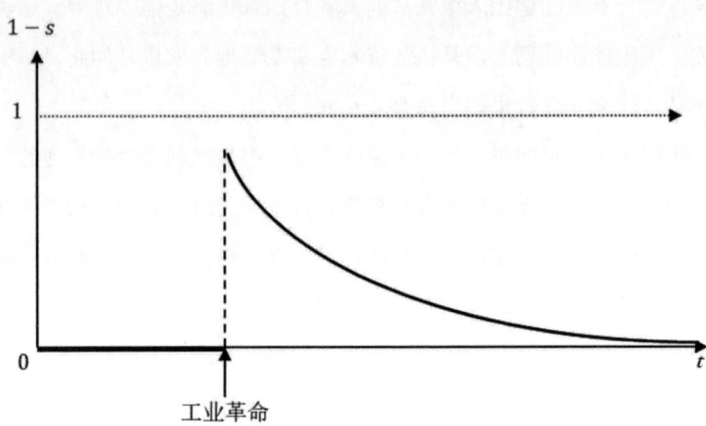

图4-12 工业革命后急速上升的投资率

图4-12将马克思主义最优经济增长模型的成长路径用$(1-s)$（即生产资料生产部门的劳动分配率＝投资率）来表示。如图，显而易见的是，在工业革命后的"大工业的幼年期""投资率"特别高。这说明该时期消费资料的生产受到极度限制。用前文中的图4-4来解释的话，即"大工业的幼年期"时期的资本积累率较高。西方经济学称之为"大推动"、"起飞"和"高积累"，其实际内容是一样的。总之，这表明在这个时期社会必将经历极大的困难。

但是，即便如此，因为模型表示的是代表社会全体的"代表性个人"应该选择的增长路径，所以是否真的沿着该路径增长则另当别论。比如，在资本积累的初期阶段所必备的道路和教育机关等社会基础设施建设，就具有较强的外部性，所以可能容易导致分权市场中投资过小。又或者，实际上人们的时间偏好率存在差距，当时间偏好率低的人（更重视未来的人）和时间偏好率高的人（更重视当下的人）发生冲突时，代表有产者利益的国家权力将会介入[1]。类似于上述例子，即使人们的时间偏好率非常低，即从一开始投资志向就很高，但在工业化开始后不久的贫瘠时期，人们的消费受到物理、生理上极限的制约，而这些很可能会阻碍必要资本的积累。最后，即使不存在物理性制约，当人们欠缺合理的判读能力时（在某种程度上

---

[1] 从"社会计划者"和一般民众之间实际时间偏好率差距入手分析该问题的有井上和山下（2011）。

是事实），也可能会导致国民经济出现过小储蓄。果真如此的话，那么国家强制下的资本积累就变得十分必要。也就是说，在资本主义发展初期，国家在资本积累上发挥着关键性作用的这一特殊历史阶段是不可或缺的。因此自然而然地，我们可以称这一阶段为"国家资本主义"。相应的，可以称之后出现的非国家资本类型的资本主义为"私有资本主义"或"市场资本主义"。前文中，我们对比了充满暴力色彩的英国资本主义形成期与战前的日本和德国，对比结果可以归纳为表4-5。不同于日本和（西）德，印度尼西亚和埃及的"国家资本主义"与"私有资本主义"并不存在明显的差别，因此表4-5中主要归纳了二者执政党性格的转换。另外，表中还追加了对越南和老挝的说明（相比中国，越南和老挝的改革开放滞后了8年）。

表4-5 资本主义的两个阶段以及相应的执政党

	国家资本主义阶段	转折点（年）	私有资本主义阶段
日本	大政翼赞会	1945	自由民主党
西德	纳粹	1945	德国基督教民主联盟
印度尼西亚	国民党（苏加诺）	1967	苏哈托
埃及	纳赛尔	1970	萨达特
越南、老挝	共产党	1986	共产党
俄罗斯	共产党	1991	叶利钦

这里还需要补充以下几点说明。

其一，"大工业的幼年期"国家性质的资本主义发展都可以视为一种生产力的进步，且是优于奴隶制度及封建制度的。当然，历史唯物主义论也是基于这一认识。而且，果真如此的话，原始积累"不但所有这些方法都是利用国家权力，也就是利用集中的、有组织的社会暴力，来大力促进从封建生产方式向资本主义生产方式的转化过程，缩短过渡时间"，这种"暴力是每一个孕育着新社会的旧社会的助产婆"[1]。可以认为即使不存在这种暴力,只要时间充裕,社会必然会向着资本主义发展。马克思就在对农业原始积累的说明中提到,"我们在这里不谈农业革命的纯经济原因。我们只来研究一下它的暴力手段"[2]并承认这是一种"纯粹经济原动力"。即便如此,现实中应该没有任何政府能够对新的社会阶层的出现持无关痛痒的态度,并完全不予干预吧。

但是,如果我们承认资本主义的形成也存在国家相对不介入的可能性,那么这当然意味着同样是国家介入,其介入程度及方式也可能是各式各样的。实际上,上述①英国、印度尼西亚、埃及的情形和②日本和德国的情形,以及③俄罗斯的情形,三者之间就存在着明显的差别。按照笔者的分类来说,如果以②为标准的话,介入较少的情形是①,而体现了国家极力推进经济统治的情形则是③。介入程度的轻重取决于该国是否急于加速工业化进程,或是取决于其工业化程度。更进一步而言,取决于战争和侵略的危机[3]。例如,对日本而言,是紧急阻止开国后殖民地化的必要性;对苏联而言,则是战争的干预和美苏间的冷战。这些论点十分重要。

---

1 马克思. 资本论(第一卷)[M]. 北京:人民出版社,2018. 861.
2 马克思. 资本论(第一卷)[M]. 北京:人民出版社,2018. 830.
3 这种情况一般发生在发展中国家。小幡(2009)在对比英国和荷兰两国的情况后发现,该条件也适用于英国,并由此催生出重商主义时期英国的国家干预政策。

第五章

资本主义生产过程中剩余价值的部门间分配

I.《资本论》的课题与构成

在本书第二、三、四章中我们探讨了"资本主义"这一特殊历史阶段下的经济运行的规律。正如第二章开头所提到的,第二、三、四章的内容基本与马克思在《资本论》第一卷内容相对应。该部分内容可概述为,即便是在以实行等价交换的商品生产社会为前提的资本主义社会,对劳动者的剥削依然存在,但是这一体系并不会永远地存在下去。

在资本主义以前的阶级社会,剥削是肉眼可见的。比如,农奴一周中四天在自家田地耕作,剩余三天必须在领主的田地里耕作。这种情况下,并不需要用特殊的经济理论来分析农奴的劳动中有几成是被剥削了的。但是,在以等价交换为基础的资本主义社会,情况则有所不同。在等价交换的世界中人人平等,表面上并不存在任何不合理的地方。或者说,各种的不合理看起来都存在于商品社会的原则(即等价交换原则)范围之外。西方经济学中的"良心派"采用外部性、市场不完全性等市场机制失效理论来解释这种不合理性。因为他们依然坚信"完善的市场机制"本身不存在任何不合理性,所以也只能将这种不合理性归结于是脱离了商品生产社会原则(即等价交换原则)而予以讨论。

对此,马克思持有不同观点。他认为,剥削是资本主义的本质,其不仅发生在等价交换的原则下,同样也会发生在市场机制完全起作用的情形下。马克思剖析问题的方式与所谓的西方经济学"良心派"完全不同,《资本论》就是很好的例子。关于这一点,读者们可以通过《资本论》中涉及的对外部性和合理经纪人的否定,或者其通篇未出现不完全信息等概念进行确认。

不过,《资本论》中分析的剥削和剩余价值的产生是源于生产过程中的产业资本,而实际上除了产业资本外,商业资本和金融业者也获得了相应利润,地主则获得了地租。因此,如果没有对这些做出合理的解释,则以试图明确剥削和剩余价值为宗旨的《资本论》所要探究的任务将无法终结。为了分析上述问题,马克思撰写了《资本论》第二卷以及第三卷。

具体而言,第三卷后半部分分析了产业资本以外(的资本)所获得的商业利润、利息及地租,而第三卷前半部分则探讨了产业资本内部门间的利润分配问题。但是,从第一卷的基本上不考虑其他资本关系因素且直接停留在生产过程的分析,过渡到对产业资本以外利润的分析,并非一步到位。还需要分析在生产过程与生产过程之间起到媒介作用的流通过程(生产过程与生产过程之间的媒介)。《资本论》第二卷的内容就是关于流通过程。因为,如果不存在流通(即与其他资本间的社会联系),就无法实现以货币为初始形态的资本向生产资本(生产资料和劳动力)的转变,自然也就无法实现由这些生产资本生产的商品到货币形态的再次回归。只有完成了上述分析,我们才能够进行第三卷中对商品资本的分析。其次,从过程分析到期间分析也为因"预付"所获得的利得(即利息)的分析提供了新视角。另外,由于流通也是生产资料生产部门和消费资料生产部门共同构成的社会总生产的部门间交易场所,所以在《资本论》第二卷中,马克思使用社会再生产理论,探讨了实现部门间社会再生产的条件。

实际上,本书第四章就已经探讨了社会再生产理论。因此,下文将深入探讨《资本论》第二卷和第三卷中社会再生产理论以外的其他问题。此外,基于上述的理解,笔者还将剖析这些问题所具有的理论上的意义。

图5-1　无限重复的资本循环过程

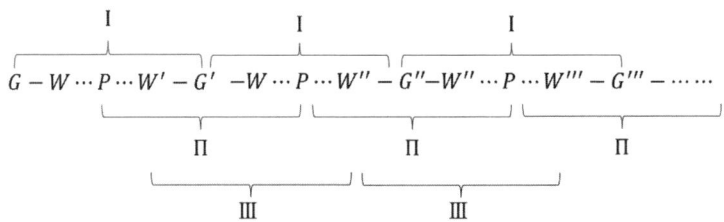

II. 资本循环、周转及社会再生产——资本流通过程

资本循环及流通过程

本书第二章最初以"价值的自我增值"来定义资本时，采用的是最简单的定式，即 $G \to G'$。但这只不过是如图5-1所示的连续不断且无限持续过程中的"一次周转"而已。马克思称之为"第Ⅰ形态"。但是，与此相同，图5-1中还包括 $P - P$ 循环和 $W - W$ 循环，马克思分别称它们为"第Ⅱ形态"和"第Ⅲ形态"，并详细地论述了其特征。概括而言，第Ⅰ形态较好地体现了资本运动的目的在于价值增值。而第Ⅱ形态则相反，它体现了货币在生产过程中仅仅起到了媒介作用。也就是说，这里资本运动的关键在于持续的再生产活动。这反映了不论在哪个社会，进行生产活动都是以"过程的持续"为宗旨，并提倡了整个过程的社会合理性。然而，相对于此，第Ⅲ形态则阐明了，就该过程是以商品 W 到货币 G 的转换为起点这一理解来说，流通过程是生产活动的前提。进一步而言，则是以商品买卖时必须登场的买家和下一期生产所必要的生产资料和劳动力的卖家的存在为前提。从此意义来看，第Ⅲ形态揭示了将资本运动从个别资本的观点中解放出来，并将其置于社会相互关系角度中予以分析的必要性。本书第四章中论述的马克思再生产理论正是基于这种理解展开的。

但是，分析流通过程的关键在于，流通过程导致了资本在时间上的损失。为了削减该损失，则出现了独自负责这一过程的商人（包括货币业务从业者）。只不过，如果将该过程托付给商人以使得产业资本专注于生产活动的话，那么由此带来的利益则必须支付给商人。此处，重点在于理解上述情况即是商业利润的源泉，且商业自身并不创造价值和利润，而仅仅是获取由产业资本所生产的价值或剩余价值的部分配额。为了明确这一理解，以下将通过两个阶段的说明对"对商业资本的利润分配"问题进行探讨。

第一阶段在于厘清实现"流通期间缩短"的商业资本对产业资本的贡献值。现在，把原本的流通期间和生产期间分别记作 Δc、Δp，因商业资本介入而缩小后的流通期间记作 $\Delta c'$，产业资本最初生产所得到的价值记作 m。此时，因为产业资本

仅在"流通期间缩短部分"中能够专注于生产，所以其生产期间延长了$\frac{\Delta c-\Delta c'}{\Delta p}$倍。同时，虽然生产期间延长会导致产业资本的追加成本变大，但是因为这部分可以通过流通期间缩短所带来的资金回收提前予以补偿，所以最终可得产业资本所追加生产的剩余价值则为$\{(\Delta c-\Delta c')/\Delta p\}m$。

在此基础上，接下来要考虑的是第二阶段的情况。在第二阶段中我们必须考虑的是：产业资本的利润不会因商业资本的成本及利润被分配（给商业资本）而有所减少。现在，将商业资本所投入的实物形式的交易费用和工资分别记作c_c、v_c[1]，并将利润分配部分记作m_c，则根据上述条件可得：

$$\{(\Delta c-\Delta c')/\Delta p\}m > c_c + v_c + m_c$$

此外，将引入商业资本后的产业资本所投入的不变资本和可变资本分别记作c_p、v_p，两部类的同等一般利润率（即平均利润率）记作r，则上述式子可进一步写成：

$$\{(\Delta c-\Delta c')/\Delta p\}(c_p+v_p)r > (c_c+v_c)(1+r)$$

同时，又可以变形为规定两部类成本比的以下不等式，即：

$$\{(\Delta c-\Delta c')/\Delta p\}\cdot r/(1+r) > (c_c+v_c)/(c_p+v_p)$$

另外，目前为止的论述都是围绕某一产业资本利用商业资本的条件而予以展开的，并非议论个别商业资本。如果想要展望整个商业资本，那么均衡状态下上述式子将从不等式变为等式，这是分析该问题的关键所在。而如果这样的商业技术得到

---

[1] 即使该部分费用是在流通过程中被支付，但是因为它是与原有的生产活动相关的费用，所以马克思将其定义为保管费和运输费。鉴于此，即使该费用由商业资本进行支付，但从本书的文章脉络来看，应该将其理解为在产生价值的相关生产活动中的资本投入。也就是说，此处假定该部分费用并不是由商业资本支付的。

普及的话，则会导致一些生产性较低的企业进入该领域。于是，上述式子则变为：

$$\{(\Delta c - \Delta c')/\Delta p\} \cdot r/(1+r) = \frac{(c_c + v_c)}{(c_p + v_p)}$$

该式子意味深刻。因为，只要一般利润率r不变，那么左边式子中的分母Δp则会随着技术进步而缩小，而其分子将随着商业生产力的改善而变大。所以，大多情况下式子的左边会呈上升趋势。虽然在马克思主义最优经济增长理论下，由于利润率长期下降而无法确定左边式子的变化趋势，但是马克思主义最优经济增长理论阐明了只要利润率不变，社会中商业部门比例便会整体变大。马克思在《资本论》中讨论了实现$\Delta c - \Delta c'$扩大的技术进步（包括资本速度的上升、运输手段的发达）会导致商业部门的相对减小[1]，然而通过马克思主义最优经济增长理论得到的结论却与之相反。此处，笔者想要强调的是，马克思主义最优经济增长理论作为现代马克思主义经济学理论的框架，为我们提供了议论"服务经济化"的内容之一即商业部门扩大问题的可能性。

资本周转

上述分析是从时间的角度出发考察了资本循环的整个过程。但是事实上，以上分析中依然存在着对于"时间"的抽象性描述。一般而言，投入的资本有一部分随时都能回收，而有一部分则要经过很长期间才能够收回。但是，上文中的论述却未考虑此类问题。前者（随时都能回收的资本）指的是可变资本和原材料等流动资本，后者（要经过很长期间才能够收回的资本）指的是机器设备和建筑物等固定资本，并且后者在工业革命后的资本主义社会中一跃成为资本的核心存在。马克思在研究生产期间和流通期间合计即"周转时间"的差异时提出上述资本周转问题。

试想一下如下例子。假设工厂的建筑物建造后拥有20年的使用年限，且需要20年才能实现费用的偿还。此时，每年的偿还率为1/20，因此它的"周转时间"

---

1 马克思. 资本论（第三卷）[M]. 北京：人民出版社，2018. 346-347.

是20年。同样，使用期限为10年的机器，它的"周转时间"则为10年。另一方面，如果原材料按月进货，则每年的出货（即贩卖）次数为12次，最后劳动者的工资是按月支付，则周转时间为1/12。那么1年的长度和周转时间之间则构成以下关系。

$$年周转次数 = \frac{1年的长度}{周转时间}$$

但是，即便是已知个别投入商品和劳动的年周转次数，对于资本家而言这些并非关键所在。因为这里的问题是整体意义上的周转次数，这是由例如上述的建筑物、机器、原材料、劳动力中投入的资本比率决定的。如果将这4种投入要素的投入资本数额（在各时间点中，依据发挥作用的要素投入时间点而支付的价格）记作 C_1、C_2、C_3、V，那么相应的关系则如表5-1所示。

表5-1 关于投入要素的资本额和年周转额之间关系的示例

投入要素	投入资本数额	周转时间	年周转次数	年周转额（年回收额）
建筑	C_1	20年	1/20	$C_1/20$
机器	C_2	10年	1/10	$C_2/10$
原材料	C_3	1个月	12	$12C_3$
劳动力	V	1个月	12	$12V$
合计	$C_1 + C_2 + C_3 + V$			$C_1/20 + C_2/10 + 12C_3 + V$

如表5-1所示，即使不断变动资本$C_1 + C_2 + C_2 + V$，因为各个周转时间不同，所以计算可得如表右列所示的各个要素的回报金额。那么，此时全体水平上的年周转次数等于：

$$\frac{\frac{C_1}{20}+\frac{C_2}{10}+12C_3+12V}{C_1+C_2+C_2+V}$$

并可以改写成：

$$\frac{C_1}{C_1+C_2+C_2+V}\cdot\frac{1}{20}+\frac{C_2}{C_1+C_2+C_2+V}\cdot\frac{1}{10}+\frac{C_3}{C_1+C_2+C_2+V}\cdot 12+\frac{V}{C_1+C_2+C_2+V}\cdot 12$$

简而言之，就是等于各个要素的年周转次数按投入要素权重计算而得的加权平均值。因此，如果我们把投入要素的投入资本记作C_i、各自的年周转率记作N_i，那么全体水平的年周转次数可计算如下：

$$\sum_{i=1}^{\text{投入要素个数}}\frac{C_i}{\sum_{i=1}^{\text{投入要素个数}}C_i}N_i$$

显然，如果资本中固定资本占的比例上升，则全体水平上的年周转次数将下降[1]。这里，可以将其理解为，固定资本作用增大的资本主义经济体系下的基本规律。另外，后文中出现的c、v、m也都是通过这样的方式计算得出的。

目前为止，对周转次数问题的探讨中，剩余价值率的计算并未考虑到C_3和V将每年周转12次这一情况。只不过是把C_1和C_2各自乘以1/20、1/10，即仅考虑了其资本损耗（折旧）。但是，如果考虑到年周转次数的话，就不得不在规定期间内计算剩余价值率。比如，"年剩余价值率"必须等于上述计算出的"年周转率"乘以"剩余价值率"。换言之，周转速度越快（周转次数越多），考虑了周转的实际剩余

---

[1] 不过，通过在原本生产期间较长的生产过程中投入和强化机器设备或者合作进而缩短时间的方式，也可能导致周转期间变短。也就是说，投入和强化机器设备不仅能够通过提升总资本中固定资本的占比从而降低年回转次数，还有可能通过缩短实际的生产期间从而缩短流动资本的周转期间（表5-1中C_3和V的周转期间）。

价值率就会上升。这就是资本家会为了加快周转速度而想尽办法的原因所在。

接下来，本书的内容将通过现实的现象及运动，对《资本论》第二卷中题为"社会总资本的再生产和流通"（即著名的社会再生产公式）进行探讨。虽然本书是依靠消费和投资的问题来理解剥削问题，但是马克思的分析并非如此。马克思在《资本论》第二卷结尾（第三篇）中探讨的是，社会再生产公式在多个产业部门间的关系。在本节中，我们首次就"商业资本"和"产业资本"间的关系展开了议论。其实这种部门间的关系还存在于产业资本内部。在《资本论》第二卷结尾（第三篇）中，马克思通过生产消费资料的产业资本和生产生产资料的产业资本间的关系对这一点进行了深入的剖析。读者们可以基于这个视角重新阅读本书上一章的内容。

III. 剩余价值向利润、利息、地租的转化及分配——资本主义生产的总过程

产业部门间的利润率平均化及生产价格

基于以上的理解，马克思在《资本论》第三卷中分析了产业资本间剩余价值的分配问题。这在上一节前半部分（即对产业资本所获得的剩余价值、商业资本所获得的剩余价值的第二个公式化，即与投入资本量相符的"对等权利下获取的剩余价值"）中有所体现。也就是说等量的资本投入获得的回报如果不等同的话，资本之间就会出现不平等。反言之，就是要确保不同的资本投入量能够获得对等的回报。接下来我们将通过产业资本间的关系来探讨该问题。

实际上，在本书第四章第 II 节中介绍的"简单再生产公式"的方程式中，马克思已经意识到了产业资本间的平等问题。"简单再生产公式"的方程式如下：

$$600W_1 = 400c_1 + 1000v_1 + 1000m_1$$
$$300W_2 = 2000c_2 + 500v_2 + 500m_2$$

两部类间满足上述所说的"资本间的平等"。因为两部类的利润率（$m/(c+v)$）分别等于1000/5000、500/2500，是完全"平等"的。

但是，仔细推敲后会发现，上述方程式中能够满足资本间的平等关系，关键在于两部类间的c和v的比值（即资本有机构成）相等。剩余价值率（m/v）表示对于相同劳动的等额剥削，这就意味着"劳动者间的平等"。在此前提下，如果两部类的资本有机构成不同，则两部类的利润率也将不同。以下将通过数学公式而不是数值方程式来证明这一点。

这里，我们重新设定两部类社会再生产公式如下，即：

$$W_1 = c_1 + v_1 + m_1$$
$$W_2 = c_2 + v_2 + m_2$$

此时，根据上述主旨，我们假设两部类的剩余价值率ε均等，即$m_1 = \varepsilon v_1$、$m_2 = \varepsilon v_2$。于是可得两部类的利润率如下，即：

$$\frac{m_1}{c_1+v_1} = \frac{\varepsilon}{\frac{c_1}{v_1}+1}$$

$$\frac{m_2}{c_2+v_2} = \frac{\varepsilon}{\frac{c_2}{v_2}+1}$$

可见，如果两部类的资本有机构成（c/v）不同的话，则两部类的利润率也将不同。因此，如果要始终确保两部类资本家间的"平等"，则必须把一方的剩余价值转移（再分配）到另一方。把再分配后的新的剩余价值记作m_1'、m_2'，两部类的贩卖价格记作W_1'、W_2'，由于利润率平均化[1]，可得：

$$r^0 = \frac{m_1'}{c_1+v_1} = \frac{m_2'}{c_2+v_2}$$

另一方面，因为这种再分配并不会引起总价值的增加，所以：

$W_1 + W_2 = c_1 + v_1 + m_1 + c_2 + v_2 + m_2 = c_1 + v_1 + m_1' + c_2 + v_2 + m_2' = W_1' + W_2'$

把简化上述式子后得到的关系式$m_1 + m_2 = m_1' + m_2'$（此处表示的是再分配不引起的剩余价值增加）带入上述平均利润率公式，可得：

$$m_1 + m_2 = r^0(c_1 + v_1 + c_2 + v_2)$$

---

[1] 置盐（1978）通过n部门模型证明了平均利润率（一般利润率）的存在及其稳定性。不过，这里我们暂时不考虑景气循环。

于是社会共通的平均利润率（一般利润率）则变为：

$$r^0 = \frac{m_1 + m_2}{c_1 + v_1 + c_2 + v_2} = \frac{\varepsilon}{\frac{c_1 + c_2}{v_1 + v_2} + 1}$$

两部类的新贩卖价格为：

$$W_1' = (c_1 + v_1)(1 + r^0)$$
$$W_2' = (c_2 + v_2)(1 + r^0)$$

马克思把两部类的新贩卖价格W_1'、W_2'除以生产物产量后得到的值（单位产品价格）称为"生产价格"。如此，我们具体化了马克思关于从"价值"层面到"价格"的论述。这里的重点在于理解从利润率到资本间平等的贯彻，以及为实现这种贯彻所考虑的部类间再分配的情形。

不过，实际上马克思自己也意识到仅仅依靠上述的"再分配"是远远不够的，这点在《资本论》中也有详细的论述。也就是说，随着各部类单位产物价值转换为"生产价格"，两部类的资本家用于购买生产资料c_1、c_2的费用也将发生变化。如果劳动者所获得的实际工资不变的话，那么其金额v_1、v_2也必将发生变化。为此，柴田（1935）通过计算剩余价值的再次再分配，再再次再分配……最终得出稳定解来证明了这一点。具体而言，"费用部分"变化后的两部类方程式如下，接下来则是找出新的平均利润率r^1。

$$W_1'' = \left(c_1 \frac{W_1'}{W_1} + v_1 \frac{W_2'}{W_2}\right)(1 + r^1)$$
$$W_2'' = \left(c_2 \frac{W_1'}{W_1} + v_2 \frac{W_2'}{W_2}\right)(1 + r^1)$$

但是，这里还没有完成"再分配"，接下来必须找出的是表示平均利润率r^2的式子，此时的方程式如下，即：

$$W_1''' = \left(c_1 \frac{W_1''}{W_1} + v_1 \frac{W_2''}{W_2}\right)(1+r^2)$$

$$W_2^{IV\prime} = \left(c_2 \frac{W_1''}{W_1} + v_2 \frac{W_2'}{W_2}\right)(1+r^2)$$

最后要计算的是下面的平均利润率r^*以及各部门的贩卖价格W_1^*、W_2^*，即：

$$W_1^* = \left(c_1 \frac{W_1^*}{W_1} + v_1 \frac{W_2^*}{W_2}\right)(1+r^*)$$

$$W_2''' = \left(c_2 \frac{W_1^*}{W_1} + v_2 \frac{W_2^*}{W_2}\right)(1+r^*)$$

柴田（1935）证明了上述公式经重复计算后会收敛。

其次，以上求得的价格（生产价格）维度c、v、m构造可以表示成如表5-2中的再生产公式。通过该表想要确认的是：①"转换"所产生的费用（c、v部分）乘以$\frac{W_1^*}{W_1}$和$\frac{W_2^*}{W_2}$后其"数额"将发生变化；②同样，两部类（贩卖价格）W_2、W_1也将发生变化；③作为结果的利润量一般情况下将不同于原本的剩余价值量。总的来说，原本基于投入劳动量计算出的c、v、m，其中任何一个在经过利润率平均化"转换"后数量都将发生改变。基于这一理解，符号c、v、m则应改写成c^p、v^p、m^p。

表5-2 生产价格维度的再生产公式

	c^p	v^p	m^p	合计
第1部类	$c_1 \dfrac{W_1^*}{W_1}$	$v_1 \dfrac{W_2^*}{W_2}$	$(c_1 \dfrac{W_1^*}{W_1} + v_1 \dfrac{W_2^*}{W_2})r^*$	W_1^*
第2部类	$c_2 \dfrac{W_1^*}{W_1}$	$v_2 \dfrac{W_2^*}{W_2}$	$(c_2 \dfrac{W_1^*}{W_1} + v_2 \dfrac{W_2^*}{W_2})r^*$	W_2^*
全社会	$(c_1+c_2) \dfrac{W_1^*}{W_1}$	$(v_1+v_2) \dfrac{W_2^*}{W_2}$	$\{(c_1+c_2)\dfrac{W_1^*}{W_1} + (v_1+v_2)\dfrac{W_2^*}{W_2}\}r^*$	$W_1^* + W_2^* = W_1 + W_2$

总量一致命题与欧美马克思主义经济学新潮流

观察经上述处理后（这里将"价值的生产价格转换"，简称为"转换"），最终得到的两个式子会发现，式子中新增了原本再生产公式（$W_1 = c_1 + v_1 + m_1$，$W_2 = c_2 + v_2 + m_2$）中不存在的三个未知数，即W_1^*、W_2^*和r^*。为了求解未知数，则需要在原本两个公式基础上再添加一个公式。但是，马克思除此之外又讨论了①总价值（即总生产价格）和②总剩余价值（即总利润）这两个条件（总量一致命题）的成立。那么，此时就变成了"过剩决定（超定方程组）"。即，一般情况下这两个条件无法同时成立，有且只有一个条件成立。这一点由奥地利学者拉迪斯劳斯·鲍特凯维茨提出，并在此之后成为马克思主义经济学中的一个大问题被持续研究。该论争被称作"转化问题"或者"转形问题"。就上述两个式子而言，问题在于条件①：$W_1 + W_2 = W_1^* + W_2^*$和条件②：$m_1 + m_2 = \{c_1 \dfrac{W_1^*}{W_1} + c_2 \dfrac{W_1^*}{W_1} +$

$v_1 \frac{W_2^*}{W_2} + v_2 \frac{W_2^*}{W_2}\} r^*$ 在一般情况下无法同时成立[1]。

---

[1] 可通过如下计算推导两个式子同时成立的特殊情形。首先，由于转形后的两部类利润分别为 $W_1^* - \left(c_1 \frac{W_1^*}{W_1} + v_1 \frac{W_2^*}{W_2}\right)$、$W_2^* - \left(c_2 \frac{W_1^*}{W_1} + v_2 \frac{W_2^*}{W_2}\right)$，剩余价值分别为 $W_1 - c_1 - v_1$、$W_2 - c_2 - v_2$。此时，只要满足总利润＝总剩余价值，便可得：

$$W_1^* - \left(c_1 \frac{W_1^*}{W_1} + v_1 \frac{W_2^*}{W_2}\right) + W_2^* - \left(c_2 \frac{W_1^*}{W_1} + v_2 \frac{W_2^*}{W_2}\right) = W_1 - c_1 - v_1 + W_2 - c_2 - v_2$$

该式子变形后可得：

$$(W_1^* - W_1)\left(1 - \frac{c_1}{W_1} - \frac{c_2}{W_1}\right) + (W_2^* - W_2)\left(1 - \frac{v_1}{W_2} - \frac{v_2}{W_2}\right) = 0$$

只是，由于这里假设了总价值＝总价格（即 $W_1^* + W_2^* = W_1 + W_2$），因此可得 $W_1^* - W_1 = -(W_2^* - W_2)$。把该式子带入上式可得

$$\left(\frac{c_1}{W_1} + \frac{c_2}{W_1} - \frac{v_1}{W_2} - \frac{v_2}{W_2}\right)(W_2^* - W_2) = 0$$

如果式子 $W_2^* = W_2$ 成立，则意味着根本不存在价值转形问题。因此只要价值转形问题存在的话，那么就意味着 $W_2^* \neq W_2$，且 $\frac{c_1}{W_1} + \frac{c_2}{W_1} = \frac{v_1}{W_2} + \frac{v_2}{W_2}$，即：$\frac{c_1 + c_2}{W_1} = \frac{v_1 + v_2}{W_2}$。现在，引入第四章第III节中使用过的扩大再生产公式的符号的话，则可得出如下式子，即：

$$\frac{v_1 + v_2}{c_1 + c_2} = \frac{W_2}{W_1} = \frac{W_2 - v_1 - v_2}{W_1 - c_1 - c_2} = \frac{m_1(v) + m_2(v) + m_1(k) + m_2(k)}{m_1(c) + m_2(c)}$$

于是，利用最左边和最右边的等号关系可得：

$$\frac{m_1(c) + m_2(c)}{c_1 + c_2} = \frac{m_1(v) + m_2(v)}{v_1 + v_2} + \frac{m_1(k) + m_2(k)}{v_1 + v_2}$$

该式子只有在特殊情形下才能够成立。这是由于式子左边表示的是不变资本的积累率，式子右边表示的是可变资本的积累率＋资本家消费占投入时间点的可变资本的比率，而通常无法确保该等式（即不变资本的积累率＝可变资本的积累率＋资本家消费占投入时间点的可变资本的比率）一定成立。例如，这里把第四章第III节中表4-2所示的各个结果带入上式并计算可得，左边 $= \frac{\delta \dot{K}/B}{\delta K/B}$，右边 $= \frac{\beta\delta \dot{}/B + (1-(1-\beta)\dot{s})L}{\beta\delta/B + (1-(1-\beta)s)L}$。可见，这与第四章中计算得出的定态解，即 $\dot{K} = \dot{s} = 0$ 不等。因为此时右边等于零，而左边不等于0。

但是，如果仅仅只是过剩决定（超定方程组）的问题，那么只要追加未知数问题便可。目前以莫斯利、杜梅尼勒等为代表的一系列学者试图从这个方向来解决问题，这便是"新解释"（New Interpretation）学派。该学派认为，由于v_1、v_2是支付给劳动者的工资而非消费资料，所以不需要进行$\dfrac{W_2^*}{W_2}$这一变换。不过，需要计算价格单位工资换算成价值单位时的换算比例，即需要计算以货币额表示的总附加价值除以总劳动量所得的比例（比如采用日元/时间），新解释学派将这个比值称作"劳动时间的货币表现"（Monetary Expression of Labor Time, MELT）。基于以上理解，将这个比值M引入上述二式中，则上述式子可改写成：

$$W_1^* = \left(c_1 \frac{W_1^*}{W_1} + v_1 M\right)(1 + r^*)$$

$$W_2^* = \left(c_2 \frac{W_1^*}{W_1} + v_2 M\right)(1 + r^*)$$

这里未知数就变成了W_1^*、W_2^*、r^*和M，且这两个式子可添加到上述两个总计一致命题公式。不过，因为上述①条件中$c_2 = m_1 + m_2$部分存在二重计算问题，所以用①' 净生产物价值 = 总附加价值进行代替。即：

①'　　$v_1 + v_2 + m_1 + m_2 = (v_1 M + v_2 M) + \left\{c_1 \dfrac{W_1^*}{W_1} + c_2 \dfrac{W_1^*}{W_1} + v_1 M + v_2 M\right\} r^*$

第五章 资本主义生产过程中剩余价值的部门间分配

② $\quad m_1 + m_2 = \left\{ c_1 \dfrac{W_1^*}{W_1} + c_2 \dfrac{W_1^*}{W_1} + v_1 M + v_2 M \right\} r^*$

但是，这样一来就自然而然地会考虑，如果M这一重新评价不仅发生在工资（可变资本）$v_1 + v_2$部分，同时也发生在不变资本的部分，此时必须进一步将比值M引入$c_1 + c_2$部分。那么结果又将如何呢？此处，上述式子则可以转换成如下形式，即：

$$W_1^* = (c_1 M + v_1 M)(1 + r^*)$$
$$W_2^* = (c_2 M + v_2 M)(1 + r^*)$$

这种观点最初旨在将全部成本用宏观变量比MELT进行换算，所以其倡导者将其称作***Macro-Monetary Interpretation***（宏观货币解释）。但为了与其后出现的***TSSI***（***Temporal Single-System Interpretation***，即时间单一体系解释）对比，它又被称作***SSSI***（***Simultaneous Single-System Interpretation***，即同时单一体系解释）。这里之所以视SSSI和TSSI为"单一体系"，是由于两者事实上都是利用MELT进行转化，其议论仅仅停留在价格维度。例如，本书第三章第Ⅰ节中所提到的"马克思基本定理"，它同时拥有价值维度（投入劳动量单位）方程式和价格维度方程式这一二重体系，而这里所讨论的"转形问题"实际上是指前者到后者的"转化"问题。就此意义而言，SSSI和TSSI的特点就在于，将对马克思体系的理解从"二重体系"这一自然理解转化成"单一体系"[1]。

TSSI并非以"单一体系"来重新解释马克思体系,只不过是从c、v原本就是在不同时期(前期)被支付的理解出发解释了"转形问题"中不需要"再计算"c、v。用数学公式表示的话,必须用差分方程(或是微分方程)而非联立方程来公式化经济活动过程。实际上,本书中"马克思主义最优经济增长模型"是将投入和产生时

---

[1] 上述议论主要围绕通过MELT而实现的价值到价格的转化,但是通过MELT的逆计算也可以实现价格到价值(劳动量)的转换。现在,先回顾一下本书第87页所示的两部类剩余价值方程式,即:

$$t_1 = a_1 t_1 + \tau_1$$
$$t_2 = a_2 t_1 + \tau_2$$

上述公式反映了两大部类单位产物实际劳动投入量间的关系,如果各个部类产物量分别为X_1、X_2,那么社会总劳动的投入产出构造则如下:

$$X_1 t_1 = X_1 a_1 t_1 + X_1 \tau_1$$
$$X_2 t_2 = X_2 a_2 t_1 + X_2 \tau_2$$

而且,这是客观存在于包括资本主义在内的全人类社会的劳动投入构造。但是,由于资本主义体制下还存在价格维度,即:

$$X_1 p_1 = X_1 a_1 p_1 + X_1 w_1 \tau_1 + X_1 \pi_1$$
$$X_2 p_2 = X_2 a_2 p_1 + X_2 w_2 \tau_2 + X_2 \pi_2$$

这里p_1、p_2表示两部类商品的单位价格,w_1、w_2表示两部类的单位劳动工资,π_1、π_2则是资本家从两部类商品获得的单位商品利润。此时,如果$M = (X_1 w_1 \tau_1 + X_1 \pi_1 + X_1 w_2 \tau_2 + X_2 \pi_2)/(X_1 \tau_1 + X_2 \tau_2)$,那么劳动投入构造则如下:

$$\frac{X_1 p_1}{M} = \frac{X_1 a_1 p_1}{M} + \frac{X_1 w_1 \tau_1}{M} + \frac{X_1 \pi_1}{M}$$
$$\frac{X_2 p_2}{M} = \frac{X_2 a_2 p_1}{M} + \frac{X_2 w_2 \tau_2}{M} + \frac{X_2 \pi_2}{M}$$

显然,这个方程式与现实中社会总劳动的投入产出方程式不同。相对于前文中刻画的现实中劳动投入的社会总劳动投入产出方程式,通过MELT得出的上式只不过是把支付价格用类似于宏观变量MELT换算得出的。然而,它忽略了家务劳动、志愿者活动等用价格无法评价的劳动。此外,即使这些劳动带有价格,但该类劳动也有可能被划入其他部类劳动而导致劳动被低估。

间结构以差分或微分方程表示。就这种意义而言，两者之间存在共通之处。此外，不论是NI、SSI，还是TSSI，它们利用MELT的目的在于重视"描绘现实各个资本间的资本主义竞争过程"，这与"马克思主义最优经济增长模型"的构建目的是一致的。正如后文所述，马克思主义最优经济增长理论虽然在同时能够分析"价格"和"价值（投入劳动）"这一点上与"单一体系"相对立，但是基于上述理解，可以认为马克思主义最优经济增长理论也可以提供与"单一体系"主旨相同的解释。

前文中出现的"总量一致命题"的①②问题，通过①'②条件的替换便可以"解决"。但是，该理论提出者也指出（不论其初衷为何）这只不过是一种"解释"。如此看来，"总量一致命题"的①②问题并不能凭借①'②条件的替换来解决。这也意味着即便①成立，②在数量上也不一定成立。即便如此，应概括指出的是马克思基本原理已经证明了利润是以剩余价值的存在为前提的。马克思基本原理的提出者置盐也持有相同的立场。社会全部部门（此时指消费资料生产部门和生产资料生产部门）利润的产生都以劳动剥削为条件，这一点是不变的。换言之，最为重要的是总利润在总剩余价值再分配中不会发生改变[1]。

马克思主义最优经济增长理论的情况

下文试图将置盐的议论置于马克思主义最优经济增长模型的框架下进行具体的说明。不过，在此之前，首先需要明确的是，马克思在《资本论》第三卷中所说的"利润率"严格来说并非利润/费用价格，而是预付资本与利润的比率。这与现在所说的"资本回报率"概念相近。另外，这里涉及的"资本"或者马克思的"预付资本"在现代日本社会中并不包括工资部分（与之相对，固定资本则是始于数年、数十年前的预付），这一点相当重要。因为日本企业通常是接近月底25号支付当月工资。因此，可以认为，不同于过去社会中资本家（资本提供者）等同于经营者，在货币资本家与职能资本家分离的现代社会中m/c的定式不再符合"利润率平均化"

---

[1] 更进一步而言，上述两个条件中①是绝对必要的，但是②中的利润是在现实市场竞争下实现的，视情况而定它有时会超过总剩余价值，有时低于总剩余价值。不过，如果剩余价值不存在，则绝对不可能产生利润。

这一概念[1]。这里职能资本家（雇佣经营者）的所得和其他劳动者相同，都是作为v的一部分（实际上是m的一部分）而出现。但是，它所产生的利润并非通过劳动获得，而是作为c的一部分而出现。果真如此的话，那么此时应该称m/c为"资本回报率"。如此一来上述的"利润率平均化问题"就变成了"资本回报率平均化"，即：

$$W_1 = c_1 + v_1 + m_1 \quad 和 \quad W_2 = c_2 + v_2 + m_2$$

将新"转化"的最初的式子中的资本回报率用r_1表示，则：

$$W_1' = c_1(1 + r_i^0) + v_1 \quad 和 \quad W_2' = (c_2 1 + r_i^0 + v_2)$$

但是，同样的，由于该式子中c_1、c_2并未考虑价格因素，因此：

$$W_1'' = c_1 \frac{W_1'}{W_1}(1 + r_i^1) + v_1 \frac{W_2'}{W_2} \quad 和 \quad W_2'' = c_2 \frac{W_1'}{W_1}(1 + r_i^1) + v_2 \frac{W_2'}{W_2}$$

不过，即便如此，这里的"再分配"仍未完成。则式子可以进一步写成：

$$W_1''' = c_1 \frac{W_1''}{W_1}(1 + r_i^2) + v_1 \frac{W_2''}{W_2} \quad 和 \quad W_2''' = c_2 \frac{W_1''}{W_1}(1 + r_i^2) + v_2 \frac{W_2''}{W_2}$$

最终，同样可以得到以下平均投资回报率r_i^*和各部门销售额W_1^*及W_2^*。

---

[1] 以假设"工资后付"为前提，仅在c部分乘上利润率进行公式化。目前此类研究被称为"斯拉法模型"，被学界广泛知晓。

$$W_1^* = c_1 \frac{W_1^*}{W_1}(1+r_i^*) + v_1 \frac{W_2^*}{W_2} \quad \text{和} \quad W_2^* = c_2 \frac{W_1^*}{W_1}(1+r_i^*) + v_2 \frac{W_2^*}{W_2}$$

此时，上述表5-2对应的价格维度再生产公式则如表5-3所示，即

表5-3 "资本回报率"平均化价格的再生产公式

	c^i	v^i	m^i	合计
第1部类	$c_1 \frac{W_1^*}{W_1}$	$v_1 \frac{W_2^*}{W_2}$	$c_1 \frac{W_1^*}{W_1} r_i^*$	W_1^*
第2部类	$c_2 \frac{W_1^*}{W_1}$	$v_2 \frac{W_2^*}{W_2}$	$c_2 \frac{W_1^*}{W_1} r_i^*$	W_2^*
全社会	$(c_1+c_2) \frac{W_1^*}{W_1}$	$(v_1+v_2) \frac{W_2^*}{W_2}$	$\left\{(c_1+c_2) \frac{W_1^*}{W_1}\right\} r_i^*$	$W_1^* + W_2^*$ $= W_1 + W_2$

这里分别将转化后的 c、v、m 表示成 c^i、v^i、m^i，这是最接近现实情况的价格体系。如此一来，本书第四章论述的马克思主义最优经济增长模型的再生产公式也应当可以转换成价格维度。更具体地说，问题变成了第四章表4-2该如何转换成价格维度[1]。那么，这就需要对附录1中马克思主义最优经济增长模型的价格维度的解进行整理，其结果如表5-4所示。

---

[1] 金江（2011）首次对比了马克思主义最优经济增长理论的价值维度再生产公式和价格维度再生产公式。

表5-4　马克思主义最优经济增长理论模型对应再生产公式的表示
（简要版）价格维度

	c^p	v^p	m^p	合计
第1部类	0	$w(1-s)L$	0	$w(1-s)L = p_k(\dot{K}+\delta K)$
第2部类	$p_k\delta K$	wsL	$r_c p_c K - p_k K =$ $p_k K\left(\rho - \dfrac{\dot{p}_k}{p_k}\right)$	$r_c p_c K - p_k K =$ $r_c p_c K + wsL = p_c Y$
全社会	$p_k\delta K$	wL	$r_c p_c K - p_k K =$ $p_k K\left(\rho - \dfrac{\dot{p}_k}{p_k}\right)$	$r_c p_c K + wL =$ $p_k(\dot{K}+\delta K) + p_c Y$

从表中可知，①作为成本的δK和L部分都是通过各自的价格p_k和w进行再评价（按比重计算）；②两部类生产即销售量$\dot{K}+\delta K$和Y也都是通过各自的价格p_k、p_c进行再评价（p_k、p_c各自表示用效用单位衡量的生产资料和消费资料的价格，不过附录1中假定$p_k = p$，$p_c=1$）；③第2部门m^p是投入资本所得利润（rK）扣除折旧后的部分，当然它的值不等于价值维度m^1。这3点基本上与表5-2的

1　表4-2和表5-4中实现总剩余价值与总利润一致的条件为：

$$(1-\beta)sL = \left(r + \frac{\beta\delta}{B} - p_k\delta\right)K$$

一般情况下该条件不成立。

特点相同[1]。

但是，值得注意的是，表中第 2 部门 m^p 用的是本书第四章第Ⅲ节中的式子(**)来表示，且如果将生产资料的影子价格 μ 换成生产资料价格 p_k 变形后的 $p_k K\left(\rho - \dfrac{\dot{p}_k}{p_k}\right)$，蕴含如下几点启示，具体而言，即：

① $-\dfrac{\dot{p}_k}{p_k}(>0)$ 部分反映了企业家（职能资本家）活动对社会的贡献程度。也就是说，（用效用单位衡量的）生产资料价格 p_k 的下降，并非只是（从事资本租借的）货币资本家的成果，而是真正意义上的企业家"功劳"。它之所以以"剩余价值"的形式出现，是由于它自身拥有"剥削"的社会性、历史性的存在事由。只是，伴随着资本积累，这部分的剩余价值趋势性下降，并在资本积累到达最优资本劳动比值之后变为零。表示价值维度的表 4-2 对此进行了说明。如此，在价值/剩余价值

---

[1] 表 5-4 是简化模型，所以模型中第 1 部类的生产要素中不包括资本商品。因此得出了资本商品利润为零等不自然的结论。表 5-5 表示的是两部类生产资料中都涵盖资本的例子。这是通过本书第四章的模型而得出的计算结果。此处，需要明确的是表 5-5 基本上与表 5-4 相同。

表 5-5　马克思主义最优经济增长理论模型对应再生产公式的表示

（考虑资本收入的两部类模型完整版）价格维度

	c^p	v^p	m^p	合计
第 1 部类	$p_k \delta K_k$	wL_k	$\dfrac{K_k}{K}(r_c p_c K - p_k \delta K) =$ $p_k K_k \left(\rho - \dfrac{\dot{p}_k}{p_k}\right)$	$r_c p_c K + wL_k =$ $p_k(\dot{K} + \delta K)$
第 2 部类	$p_k \delta K_c$	wL_c	$\dfrac{K_c}{K}(r_c p_c K - p_k \delta K) =$ $p_k K_c \left(\rho - \dfrac{\dot{p}_k}{p_k}\right)$	$r_c p_c K + wL_c = p_c Y$
全社会	$p_k \delta K$	wL	$r_c p_c K - p_k \delta K = p_k K\left(\rho - \dfrac{\dot{p}_k}{p_k}\right)$	$r_c p_c K + wL =$ $p_k(\dot{K} + \delta K) + p_c Y$

维度上探讨的问题在价格维度再次获得了确认。置盐提出的利润的各个现象只不过是对剩余价值运动的反映这一主张的依据就在于此。

② 但是，即使该数值呈"下降"趋势，只要其中的ρ是外生变量，那么即使到最终稳态该数值也不会变为零。也就是说，即使有资本主义"利润率趋向下降规律"，但利润最终并不为零[1]。这是从表4-2中无法得出的结论。

③ 处于"稳态"（即资本积累为零）时，剩余价值也依旧持续存在。这意味着剩余价值部分（利润部分）被用于消费（上一章"简单再生产"的情况）。这在表4-3中已经被证实。本书中所设想的模型涵盖了劳动者消费的部分，附录1中的分权市场模型对此有明确的说明。如此一来，即使p对应的部门是以"利润"的形式存在，但如果这部分能够平等地分配给社会，则不成为问题。基于这层意思，便可理解为何皮凯蒂只强调"资产不平等的缩小"而未提及"剥削的消灭"。

④ 最后需要注意的是，这里的时间偏好率ρ意味着即使是在零增长的情况下，也会有利润产生。正如上一章第Ⅲ节末尾所强调的，即使这种情况存在也不会影响

---

[1] 必然会出现"利润率下降"。不论是表5-3，还是表5-4，如果忽视两部门间的价格差异，将两部门价格记作p，资本借贷价格记作r，则利润率可以表示为：

$$\frac{(r-\delta)pK}{wL+\delta pK}$$

引入第四章第Ⅲ节末式子(**)，则可变形为：

$$\frac{(r-\delta)pK}{(\beta AK^{\alpha-1}L^{\beta})pK+\delta pK}=\frac{r-\delta}{\beta AK^{\alpha-1}L^{\beta}+\delta}=\frac{r-\delta}{\frac{\beta}{\alpha}(\alpha AK^{\alpha-1}L^{\beta})+\delta}=\frac{r-\delta}{\frac{\alpha}{\beta}r+\delta}$$

又由于：

$$\frac{\partial}{\partial r}\left(\frac{r-\delta}{\frac{\alpha}{\beta}r+\delta}\right)=\frac{\left(1+\frac{\beta}{\alpha}\right)\delta}{\left(\frac{\beta}{\alpha}r+\delta\right)^{2}}>0$$

可知r趋势性下降将引起利润率趋势性下降。这里想要强调的是，属于"新古典学派经济学"现象的（作为资本积累结果的）资本借贷价格下降能够推导出马克思提出的利润率下降。

第五章 资本主义生产过程中剩余价值的部门间分配

"马克思基本定理"所揭示的剥削的本质（劳动者生产出来的东西和其真正获得的东西之间存在差额）。但是，与此相反，问题的关键在于，只要主张（有别于"价值"的）价格是依据利润率均衡［即各主体（也就是资本家）的权利要求］而被决定的话，资本家就会有将来的回报必须超过现在的投资额的诉求。这里需要强调的是，与利润率平均化作用相同，上述问题是存在于价格维度上的问题，而且是价格维度上的一个非常重要的问题[1]。

含商业部门的再生产公式以及利润率平均化

如果"产业部门间"平等的实现会带来剩余价值的分配，那么可以推断出"产业部门"外与生产活动无关的部门间也必然是平等的。关于这点，在上一节中已经进行了讨论。其中产业资本间的利润率平均化也是一个极其重要的条件。如此一来，商业部门的利润率也应该是和均等化后的产业部门间的利润率保持一致（上一节第1项中的模型亦是如此）。此时，包括商业部门在内的利润率平均化模型又将如何得出的呢？

为此，首先假设利润率平均化前的包括商业部门在内的再生产公式如下，即：

$$W_1 = c_1 + v_1 + m_1$$
$$W_2 = c_2 + v_2 + m_2$$
$$W_c = c_c + v_c + m_c$$

这里表示商业部门的最后一行公式符号沿用了上一节第1项模型中的符号，但是由于商业部门必须是推动该社会全部商品的运行，因此这里c_c必须涵盖$W_1 + W_2$总额除以周转次数后的数额。此时，我们假设上述条件成立。除此之外，重要的还有商业部门不生产价值，即$W_c = 0$。这一点在假设简单再生产后通过观察其原材料的部门间交易也可得到证实。具体如下：

---

[1] 森本壮亮曾指出，马克思原本打算在《资本论》第三卷第四章中探讨这个问题。只不过，由于他的去世未能如愿，最终关于该问题的探讨由恩格斯代替完成。

$$\text{生产资料的部门间供给=需求,} \quad v_1 + m_1 = c_2 + v_2$$

$$\text{消费资料部门间供给=需求,} \quad c_1 = v_1 + m_1 + v_2 + m_2$$

解上述联立方程组可得，$W_c = c_c + v_c + m_c = 0$。在把$m_1$、$m_2$、$m_c$各自分割成$m(c) + m(v) + m(k)$的扩大再生产公式中也可以得到相同结果，关于这点读者可以自行确认。当然，商业部门现实中也会支付相应的成本，即$c_c + v_c > 0$。但是这部分的费用支出是用于投入非生产性活动的，所以既不发生价值转移也不产生价值形成。那么，结果就是$m_c = -(c_c + v_c)$，即商业部门的剩余价值必须为负值。这是由于不生产价值的部门中只存在成本支出。关于这点，我们也可以通过式子$W_c = c_c + v_c + m_c = 0$得以再次确认。

但是，如上一节中提到的，商业部门通过缩短流通时间从而促进生产性部门的剩余价值生产，并获得部分剩余价值。因此，剩余价值再分配后的商业部门的剩余价值必须为正。若是如此，则可以说资本家之间的平等原则的实现需要以平均利润率成立为前提。因此，马克思在讨论了利润率平均化理论之后才开始探讨商业利润理论。基于上述内容，下面我们将探讨含商业部门的三个再生产公式是如何实现利润率平均化的。

首先在上述的商业部门的公式中导入上一节推导出的部门间比例公式，即：

$$\frac{c_c + v_c}{c_p + v_p} = \frac{\Delta c - \Delta c'}{\Delta p} \cdot \frac{r}{1+r}$$

其中，r表示利润率。为了方便计算，用z来表示右边的$\frac{\Delta c - \Delta c'}{\Delta p}$，那么上述式子就变成$c_c + v_c = z \cdot \frac{r}{1+r}(c_1 + c_2 + v_1 + v_2)$。而又由于利润率平均化，则$m'_c = z \cdot \frac{r}{1+r}(m'_1 + m'_2)$成立，所以可得商业部门的公式如下：

第五章 资本主义生产过程中剩余价值的部门间分配

$$W_c' = z \cdot \frac{r}{1+r}(c_1 + c_2 + v_1 + v_2) + z \cdot \frac{r}{1+r}(m_1' + m_2')$$
$$= z \cdot \frac{r}{1+r}(c_1 + c_2 + v_1 + v_2 + m_1' + m_2')$$
$$= z \cdot \frac{r}{1+r}(W_1' + W_2')$$

因此，用第227页再生产公式的第三式替换该式子就可以重新演绎出前文利润率平均化的推导过程。也就是说，在实现利润率平均化的第一阶段，此时的利润率为转化第一阶段下的利润率r^0，则：

$$W_1' = (c_1 + v_1)(1 + r^0)$$
$$W_2' = (c_2 + v_2)(1 + r^0)$$
$$W_c' = z \cdot \frac{r^0}{1+r^0}(c_1 + c_2 + v_1 + v_2)(1 + r^0) = z(c_1 + c_2 + v_1 + v_2)r^0$$

成立。在第二个阶段则变为：

$$W_1'' = \left(c_1 \frac{W_1'}{W_1} + v_1 \frac{W_2'}{W_2}\right)(1 + r^1)$$
$$W_2'' = \left(c_2 \frac{W_1'}{W_1} + v_2 \frac{W_2'}{W_2}\right)(1 + r^1)$$
$$W_c'' = z\left(c_1 \frac{W_1'}{W_1} + c_2 \frac{W_1'}{W_1} + v_1 \frac{W_2'}{W_2} + v_2 \frac{W_2'}{W_2}\right)r^1$$

这个过程持续下去的话最终生产价格、平均利润率的体系将如下所示：

$$W_1^* = \left(c_1 \frac{W_1^*}{W_1} + v_1 \frac{W_2^*}{W_2}\right)(1+r^*)$$

$$W_2^* = \left(c_2 \frac{W_1^*}{W_1} + v_2 \frac{W_2^*}{W_2}\right)(1+r^*)$$

$$W_c^* = z\left(c_1 \frac{W_1^*}{W_1} + c_2 \frac{W_1^*}{W_1} + v_1 \frac{W_2^*}{W_2} + v_2 \frac{W_2^*}{W_2}\right)r^*$$

上述结果揭示了几个重要的内容。根据上述方程式的右边，商业部门的销售额 W_c^* 可以改写成 $z\frac{r^*}{1-r^*}(W_1^* + W_2^*) = z\frac{r^*}{1-r^*}(W_1 + W_2)$，即产业部门全体的总生产恰好是原来的 $z\frac{r^*}{1+r^*}$ 倍。当然，其商业利润也变为了原来的 $z\frac{r^*}{1+r^*}$ 倍。其中，由于 z 等于（1-流通期间缩短率）是在体系外被决定，且因体系内的未知数有 W_1^*、W_2^*、W_c^*、r^*，所以为了解方程式还需要引进表示总价格=总价值的第四个约束函数即 $W_1^* + W_2^* + W_c^* = W_1 + W_2 + W_c$。根据上述内容可知 W_c 等于零，因此最后的约束函数可以改写成 $W_1^* + W_2^* + W_c^* = W_1 + W_2$。这样的表述更贴切，因为此类表达明确地体现了商业部门的价值分配泉源。而这正是我们所预期的结论，即剩余价值并非通过商业部门的生产而获得，而是源于产业部门的分配[1]。

总利润在利息和企业者收入间的分配

和商业利润一样，利息也是产业资本所创造的剩余价值的部分返还。利息是银行或者出资者等货币资本家通过产业资本所获得的收入。比如银行充当着从社会中零散的多数潜在出资者处集资而后进行投资的角色。只要社会必要费用存在的话，那么银行就有权利获得与费用 $c+v$ 相符的利润，而这就是利息。此时，职能资本家作为资金借贷者而非出资者进行活动，他们将以企业利益的形式获得利润扣除掉利息之后的部分收益。这里需要注意的是，职能资本家单独从企业活动中获得的收入也还是属于职能资本家。本书第四章第Ⅲ节文末所推导出的资本借贷价格与利息率的差额的公式就证明了这一点，而这部分差额正是职能资本家获取的部分。正如本书第155页所指出的，剩余价值对资本的返还是由对货币资本家和对职能资本家

---

[1] 这个公式化中还未考虑产业部门和商业部门周转时间缩短的要素。

的返回这两部分构成的。

为此，我们先回顾一下第四章第Ⅲ节末关于资本借贷价格r_k以及利息率$\tilde{r}$的推导过程。即，把用生产资料衡量的资本的实际借贷价格r_k和利息率$\tilde{r}$移置左边，接下来和刚才一样用生产资料价格p_k代替生产资料的影子价格μ，可得如下式子：

$$r_k = \delta + \rho - \frac{\dot{p}_k}{p_k} \qquad (+)$$

$$\tilde{r} = \rho + \frac{\dot{Y}}{Y}$$

将瞬时效用$\left(\frac{\dot{Y}}{Y}\right)$用本书中常用的$\log Y$来表示，并假设效用衡量的消费资料价格为$p_c$，那么第二个式子则可改写成：

$$\tilde{r} = \rho - \frac{\dot{p}_c}{p_c} \qquad (++)$$

这是由于在CRRA（常相对风险规避型）瞬时效用函数下，$p_c = \frac{\partial \log Y}{\partial Y} = \frac{1}{Y}$通常成立。总之，此时职能资本家所获得的配额（含折旧）可表示成如下[1]：

$$r_k = \delta + \tilde{r} + \frac{\dot{p}_c}{p_c} - \frac{\dot{p}_k}{p_k} \qquad (+++)$$

---

1 用消费资料衡量的资本的实际借贷价格来正确表示式子(+)和(+++)右边的部分，则可得如下式子：

$$r_c = \frac{p_k}{p_c}\left(\delta + \rho - \frac{\dot{p}_k}{p_k}\right)$$

$$r_c - \tilde{r} = \frac{p_k}{p_c}\delta + \frac{p_k - p_c}{p_c}\rho - \frac{\dot{p}_k - \dot{p}_c}{p_c}$$

另外，由于式子(+)和(+++)中都含折旧部分，这里把表示"利润"和"职能资本家利润"净值的部分置于右边，则可得：

$$r_k - \delta = \rho - \frac{\dot{p}_k}{p_k} \qquad (+)'$$

$$r_k - \delta - \tilde{r} = \frac{\dot{p}_c}{p_c} - \frac{\dot{p}_k}{p_k} \qquad (+++)'$$

如此我们便推导出了马克思主义最优经济增长理论模型中利润在利息以及职能资本家收入间的分配公式。这里需要明确的是以下两点：①(++)（即$\tilde{r} = \rho - \frac{\dot{p}_c}{p_c}$）中利息所得部分（即$\tilde{r}$）是由时间偏好率和物价下滑率决定的（由于马克思主义最优经济增长理论认为生产力改善会导致用效用单位衡量的物价下降，因此$\frac{\dot{p}_c}{p_c}$为负值），也就是说式子右边部分表示的是"实际时间偏好率"。②(+++)'中职能资本家的收入由企业所生产的两种商品的相对价格下降率决定。仔细考虑会发现，企业的生产活动促进了社会平均劳动生产力的提高（这里暂时不做证明），因此p_k的下降速度快于p_c的下降速度，这使得$\frac{\dot{p}_c}{p_c} - \frac{\dot{p}_k}{p_k}$为正值。那么这部分成果也自然而然属于创造这部分"成果"的职能资本家[1]。这部分"成果"是职能资本家通过雇佣并有效使用劳动力创造的，对于各个职能资本家而言这部分是作为其自身劳动所带来的"经营改善的报酬"[2]甚至是以"监督工资"（Wage of Superintendence）（《资本论》第三卷第二十二、二十三章）的形式出现。不过，这个额度难以个别并正确地把握。因此，货币资本家和职能资本家之间就出现了利益上的对立。总之，货币资

---

1 这里的"资本"包括无形的生产技术资本。如果把"研究和开发"归类为"投资"的一种，则"成果"中自然也包括了企业家对技术创新投资的回报。此时，虽然生产资料的实物价格p_k不会下降，但包括有形、无形资本在内的总"投资商品"的价格会递减，即可知$-\frac{\dot{p}_k}{p_k}$为正数。

2 马克思在《资本论》第三卷第五章中提到，不变资本使用上的节约表现为只有资本家才会关注的"资本家的职能"，而劳动者对之则漠不关心。而这正是"经营改善"成果全部成为资本家（更进一步而言是，"获得最大利润的，大多都是最无用和最可鄙的货币资本家"）[马克思. 资本论（第三卷）[M]. 北京：人民出版社，2018.119.] 的收入而非劳动者的这一资本主义制度的起因。

本家通过出借货币获得对其暂时性消费"忍耐"的奖赏，而职能资本家则是获得执行其"职能"所创造的成果部分。

此外，根据马克思主义最优经济增长理论，提高劳动生产性这一"职能"仅在资本积累推动下向"最优资本–劳动比率"的渐进过程中被执行（这应该就是资本家所承担的资本主义历史任务）。然而导致两种商品的价格下降的这种"职能"在（资本积累）到达"最优资本–劳动比率＝增长停止"时将终止，此时"职能资本家收入"将为零，((＋)′所示的利润率也将下降)。不过，即使在这个时候，资本家还是可以获得式子(＋＋)所示的利息部分的收入。这意味着，要想"全面消灭剥削"，还需要借助某种外在因素的作用。比如本书第184页中提到的社会层面上的时间偏好率的变化、否定"作为消费忍耐的回报而支付的不劳而获的所得"这样的社会情绪[1]的出现都可能是最重要的条件。只要具备了上述条件，一方面易于政府控制资本家对利息的诉求，另一方面也易于实现企业内部劳动者对提高工资分配率的诉求。此时，无法忍受这种"不合理"的货币资本家将不再充当货币供应者，相反，不需要利息回报的"捐赠者"式的货币供应者会增多。比如由不追求利益回报的"企业家"所发起的NPO（非营利组织）就十分接近这一情形。

其实作为"出资"方登场的银行并非用自己的资金进行投资，而仅仅是充当着集资后投资（贷款）的角色。银行不只是作为从前近代便开始活跃于商人和生产者之间的赊销这一商业信用制度的延续，而是社会制度化的产物。银行的这一性质在资本主义的发展过程中起到了极大的促进作用。由于这种制度化的形成，小额资金被大规模地收集并提供给职能资本家利用，同时也促进了资本的集中。股份有限公司和投资信托制度等都是制度化延长线上的产物，有利可图的领域能够马上招募到大量的资金，而无利可图的领域则在竞争中被淘汰。随着资本间竞争的愈加激烈，

---

[1] 这种情绪在历史上并不罕见。中世纪欧洲，基督教对高利贷的攻击具有阶级斗争的性质，他们针对的是以获取剩余价值为目的的高利贷阶级。因此，高利贷阶级在推翻中世纪欧洲作为主要封建领主阶级的教会以及其下的小生产者中发挥的作用不容忽视。实际上，作为之后资本主义发展的基础条件，承认利息存在这一社会意识的变化也是必不可少的。关于这一点，可以参照《资本论》第三卷第三十六章。

资本间的利润差距将缩小,"平均利润率"也越来越贴近现实[1]。

土地垄断和地租

资本间的平等关系使得"生产上占优势的企业所生产的超额利润属于创造这种优势条件的人"这一关系成立。下文以类似图3-2的图5-2为例展开讨论。

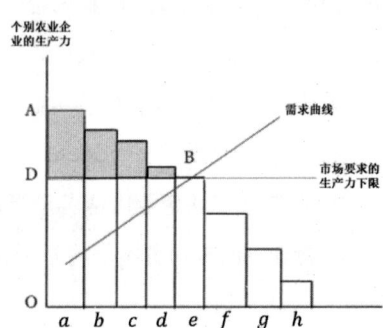

图5-2 级差地租

与图3-2不同,这里假设:①研究对象为租借地主土地的农业企业;②不是按生产性的不同而是按土地肥力的不同来排序;③图中条形柱状表示的是各个农业企业(a、b、c、d、e、f、g、h……);④水平线DB表示市场要求的生产力的下限(低于该生产力则无法提高利益)。此时,能够持续企业活动的农业企业则仅剩a、b、c、d、e。但问题在于,之所以a比b、c、d、e,b比c、d、e,c比d、e,以及d比e获得更多的利益,关键在于土地的肥力。那么,作为土地提供者的地主就会要求获得因土地肥力不同所带来的相应利益。这便是所谓的地租(对应图中灰色部分),马克思称之为"级差地租"。级差地租由各自的生产性与水平线DB间的差额部分决定。而由于企业间利润率平均化,这便确保了公平性,即不论利用哪块土地进行生产,其所获得的利润率都相同。

---

[1] 银行的成立和运营也是以利润为目的的。所以,"平均利润率"在银行部门也必然成立。但是,银行所获得的总剩余价值受到本章第232页所示的利息率公式$(++ +)'$的约束,因此银行的数量是有限的。银行在一国内可投资的总资本上限等于"一国的总剩余价值/平均利润率"。

第五章　资本主义生产过程中剩余价值的部门间分配

此外，土地肥力可以通过对该片土地的追加投资予以改良。比如，填入更好的土壤、完备灌溉设施等，通过这些改善所产生的土地肥力差距也归为级差地租。这部分通常被称为"级差地租的第二种形式"[1]，以便与追加投资前因土地肥力而产生的级差地租，即"级差地租的第一种形式"进行区分。然而，来自土地租借方的追加投资对级差地租的第二种形式所产生的影响极其复杂。关于这点的具体说明可参照大西的研究。大西证明了在柯布—道格拉斯生产技术条件下，当总产量及价格不变时，追加投资能够使总地租保持不变且提高单位面积地租。最后，虽然这里以"农业"为对象并用土地的肥力来表示"土地"的生产力，但其实这种"土地的生产力"存在于各个产业，比如采矿业中矿脉的有无以及好坏、商业中位置的选定（是否能够招揽到顾客）、工业中区别材料以及人才的便利程度。根据上文的逻辑而推导出的地租，同样适用于这些情况。

如此，"资本间的平等"这一权利也扩张到了"地主和资本家之间的平等"，由此便能够重新理解地租。但是为了充分理解该特质，这里将指出其与图3-2情况的本质区别。也就是说，图3-2是基于以下假设：即使是生产性高的劳动者（或者非常努力工作的劳动者）也无法获得图中灰色部分的利益，这部分利益全部由资本家获取。但是，图5-2则并非基于该假设，而是假设生产要素（土地提供者）将获得这部分利益。所以，这里必须假定地主拥有实现这一情况的特别权利，这种特别权利源于"土地"所有权的有限性。正如第三章中所强调的，资本主义下劳动者（即使是生产性高的劳动者）逐渐变得不熟练化，基本上随时都有可能被取代。然而，农耕地极其有限，即便是在距离很远的地方有同样肥沃的土地，但因为移动需要花费成本，所以很少能够被利用。因此，本质上"土地"是有限的，这就决定了生产要素所有者的交涉能力[2]。这是问题的第一个关键点。

1　如果土地改良是在出借期间内由土地租借人进行的话，那么一部分的超额利润就不是以"地租"的形式，而是以"利润"的形式由土地租借人获得。只不过，过了出借期限的利益将由地主获得。尤其是如果土地的改良效果是永久性的，那么资本投入所创造的成果将转化为地租的一部分。因此，在这种情况下，土地改良所带来的超额利润最终将以"地租"的形式由地主获得。

2　反言之，这也意味着在"土地"无限供给的时候，地租很难成立。而且，实际上白人进入新大陆垦荒时，就出现了这样的情况。皮凯蒂（2013）也很重视该情况，且在其著作中提到比欧洲更大的新大陆土地，其价格却比欧洲土地低很多。

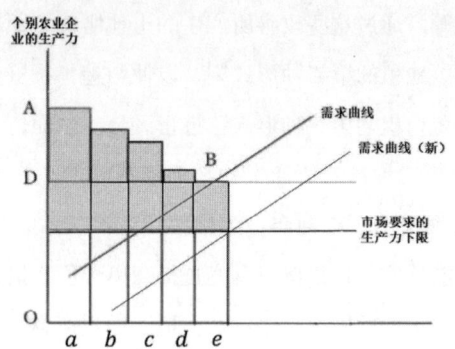

图 5-3 级差地租和绝对地租（存在土地垄断的情况）

因此,"土地"的问题其实也可以认为是"垄断"问题。那么,图5-2中地主e也将获得一部分地租这一假设便是合理的。比如,图5-3就表示了,"土地"本质上受到限制,不存在类似f、g、h这样的土地,并且劳动者对土地有着更大的需求。因为是"更大的需求",所以相较图5-2,需求曲线更靠右,此时最恶劣的土地也会产生地租,同时其他土地的地租也将在原来的基础上被追加相同于土地e地租部分的地租。马克思称之为"绝对地租"[1]。

但是,即便可以用与西方经济学需求理论几乎相同的框架来议论地租,但这并非意味着马克思主义经济学劳动价值论中存在的固有议论就消失了,而是恰恰相反。地租论是马克思《资本论》第三卷中最后议论的"价值论"（收入利润）。正因为如此,其抽象性最低,这使其能够将现实中的现象作为一个例子予以说明。但是,因为它是《资本论》的一部分,所以必须在价值论维度说明其源泉。于是,马克思将地租的源泉归结于生产部门的剩余价值生产,并用以下例子进行说明。

比如,假定制粉场都建在瀑布附近,由于此时不需要蒸汽装置就能够运作制粉机,制粉成本将下降。因此,能够提供瀑布这一地理优势的土地所有者就会要求征收一定额度的地租,但是理论上这必须建立在使用蒸汽装置的制粉业者和利用瀑布

---

[1] 马克思所关心的问题在于,由此产生的地租源泉是停留在该部门（这里指农业）原本生产出的剩余价值中,还是来自其他部门产出的剩余价值的转移。马克思将由更严格的土地制约及更大需求下发展而成的后者称作"垄断地租"。不过,其产生的本源基本相同。西方经济学通常把"绝对地租"和"垄断地租"统称为"租金"。

的制粉业者并存的基础上。反过来说，如果对制粉需求减少到（只需"更低成本"的）只通过利用瀑布的制粉业者进行生产便能满足，且这种情况足以使得（需要花费"更高成本"的）使用蒸汽装置的制粉业者退出市场时，或者反过来说，由于某种原因使得能够利用瀑布的土地增加（这意味着土地垄断情况的消失），此时瀑布便成了自然中可以自由利用的资源，以至于地主无权要求租借者支付地租。这就意味着地租的消失。这就如同，当自然界中空气和水等十分充裕时，这些资源的提供者就无权提出支付使用费用的要求一般。再反过来说，当这些资源无法无限制地利用，即"垄断"产生时，才会出现为满足该条件而投入非自然劳动设备（这里指蒸汽装置或者空气、水的生产）的需求。此时，"地租"便应运而生。就此意义而言，"地租"的额度是由（相较于边际地而言）其能够节省多少劳动投入而决定的[1]。投入劳动价值之所以对决定地租来说是一个关键因素，其意义就在于此。因此，与上文提到的商业利润和利息相同，马克思认为地租是"剩余价值的再分配"。

---

[1] 这里，我们通过数理公式化级差地租来证明，（无法利用瀑布的土地所揭示的）边界地之间差额的重要性。现在，分别用 Y、A、N、K 表示全要素生产率、土地及"土地以外的生产要素"，并假设生产函数满足规模报酬不变，即 $Y = AK^\alpha N^{1-\alpha}$。那么此时土地的边际生产力为递减函数：

$$\frac{\partial Y}{\partial N} = (1-\alpha)AK^\alpha N^{-\alpha}$$

此时，如果把边界地记作 N^*，那么关于 N 的函数所表示土地的边界生产力与边界地的边际生产力的差额，即各片土地的级差地租则为：

$$(1-\alpha)AK^\alpha N^{-\alpha} - (1-\alpha)AK^\alpha N^{*-\alpha} = (1-\alpha)AK^\alpha(N^{-\alpha} - N^{*-\alpha})$$

因此，级差地租的总额为：

$$\int_0^{N^*}(1-\alpha)AK^\alpha(N^{-\alpha} - N^{*-\alpha})dN = (1-\alpha)AK^\alpha\left[\frac{1}{1-\alpha}N^{1-\alpha} - N \cdot N^{*-\alpha}\right]_0^{N^*}$$
$$= (1-\alpha)AK^\alpha\left(\frac{N^{*1-\alpha}}{1-\alpha} - N^{*1-\alpha}\right) = \alpha AK^\alpha N^{*1-\alpha}$$

需要注意的是，该结论与本书第四章第Ⅲ节中所讨论的主流经济学派的"完全分配理论"正好相反。因为这里的 $AK^\alpha N^{*1-\alpha}$ 指的是农业生产量 Y，也就是说，地主和企业家按 α 与 $1-\alpha$ 的比例分割总产量。反言之，这表明了地租主要源于 K 的幂所表示的"土地以外的生产要素"对农业生产的贡献度。从本文的例子来看，这意味着必须将代替瀑布的非自然的劳动投入所产生的效果计为地租。由此可知，马克思的地租理论的重点在于劳动投入量。仅在这种"自然力"可以垄断的情况下，才能够同时通过价值、价格理论的框架对其展开讨论。

其次，在自然力的垄断导致地租产生的情况下，又可能很快地引起不增加供给的优秀资本设备、劳动力的产生。优秀的资本设备、劳动力则促成了相应的超额利润的产生。不过长期而言，它们也终将消失。同样的，如果时间充裕的话也可能形成同质的资本设备和劳动力。但是，因为这需要耗费一定的时间，所以到那时为止的一段时间内将出现超额利润。这种现象与西方经济学中的"准地租"概念相对应，马克思主义经济学中则是通过特别剩余价值的概念进行整理说明。

另外，土地并非劳动产物，它的稀缺性是地租的源泉。而这一性质同样可以用来说明美好的自然环境。人们追求美好自然环境的欲求赋予了其金钱上的价格。比如，需要付费的观光、参观，以及为了保护自然环境所花费的各种支出及精力。为了强调这种正当性，生物学家们对强调"仅由劳动所生产出来的东西才有价值"的劳动价值论持否定态度。但是它的本质只不过是不涵盖劳动价值也依然成立的一种"价格"，即"地租"。

作为资本主义现象的资产价格上升

进入20世纪，钢铁、造船、电力、铁道等"规模经济"更强的"重厚长大"型产业的繁荣促进了产业的密集与集中，资本主义开始进入新的阶段即"垄断资本主义"阶段。另外，在这些垄断资本与金融结合时，银行起着至关重要的作用。因此"金融资本"作为银行资本和产业资本的结合体顺势而生。到了21世纪的资本主义，这些"金融"的作用又进一步扩大，出现了被称作"金融化"、"金融资本主义"等现象。这些现象的核心是资产价格的上升。然而资产价格的上升并不是垄断资本主义下独有的现象，而是自资本主义出现以后的一种普通现象。这一现象可以通过以下的内容予以简单表达。

现在，假定市场利息率为$\tilde{r}$，将各资产所衍生的"利益"除以该利息率$\tilde{r}$，表示投资对象的"价值"，而这将折旧成该资产的市场价值。例如，全年收益为100万日元的土地，当市场利息率为5%时，该土地的市场价格则为2000万日元。这并不是说，整治该土地是否需要投入相当于2000万日元的劳动力，而是获得100万元收益等同于将2000万日元以5%的利息率存在银行所得到的报酬。这样的资产价格制定称作"资本还原"。于是，如果使用如上公式，可以表示相当于企业资产的一部分价值的股价在资本主义成长过程中呈上升趋势。

也就是说，股票所代表的金融资产必须承担风险的那一部分必须超过无风险下的金融资产利息率，二者之间的差值被称作风险溢价[1]。因此，股票价格就是包含了风险溢价部分的配额率除以无风险时的利息率后所得到的价格，即可以看作"资本还原"。严格来说，在对股票市场各式各样的股票评价时，既有高估的人也有低估的人，这是前者高估了"市场的风险溢价"与"自己评价的风险溢价"之间差额部分的股价导致的。现在，假设市场利息率为$\tilde{r}$，"风险溢价"假定为r_p，无视风险的股票购入者对股票的评价额为原本股票价格（股票发行时的股票价格，理论上是等于企业总资产除以股票发行数目所得到的价格）的$\frac{\tilde{r}+r_p}{\tilde{r}}$倍。因此，在股票发行时购入股票的人，之后将会获得这一部分股价上升所带来的利益。这称作创业者利润。这样一来，对追加资产部分的价格评估构成了社会名目总资产的扩大。股票市场中的股票价格之后还是会持续上升。这是因为长期来看，上式中分母$\tilde{r}$呈下降趋势，即使存在下限[2]。实际上，马克思在《资本论》第三卷第三十七章中提到了利息率长期下降会导致土地价格呈上升趋势。于是，我们可以了解到包括地租在内的现代资本价格上升问题不仅仅是现代特有的现象，而应该是"资本主义"内在的一般规律。

另一方面，与此相关的地租率长期、普遍性上升也可以通过简单的模型进行说明。此时级差地租的总额为$\alpha AK^\alpha N^{*1-\alpha}$，可知，级差地租的总额随资本积累的进行（$K$的增大）而增大。此时，单位土地面积的地租$AK^\alpha N^{*-\alpha}$也是关于$K$的增函数，资本积累的进行将导致土地价格上升[3]。当然，这里的土地N并非一定是劳动生产物，因此并没有"价值"，但却可以在"价格"维度上要求支付对应上述式子中

---

[1] 虽然马克思并未使用"风险溢价"一词，但马克思和恩格斯都非常清楚这一概念。可参照《资本论》（人民出版社版，第三卷第三十六章，671页）另外，还是第三卷的第十二章第三节由恩格斯撰写的增补部分中，马克思也分析了船舶业等承担较大风险事业的价格设定要比其他事业高。这些都是意图相同的问题。

[2] 本章231页式子(++)也证明了这一点，且马克思自己对此也有所认识。《资本论》（人民出版社版）第三卷第二十七章495页中马克思指出利息率是阻碍平均利润率下降的一个原因。

[3] 《资本论》（人民出版社版）第三卷第四十一章（775—776页）也特别强调了K的上升会导致地租上升。

边际生产力的地租。而且，重要的是其价格上升的原因在于（相比于K和L的增大而言）不变的N的土地"稀缺性"的增大。顺带一提，虽然这样会使土地生产力变高，但追加的利息率将下降（如上所示）。因此，这就给"地价"增加了二重上升压力[1]。

马克思主义最优经济增长模型对泡沫经济的解释

在马克思主义经济增长理论中，人口一定且K的积累（技术一定的情况下）停止在某一点时，r的增长也会停止。所以上述$(\tilde{r}+r_p)/\tilde{r}$和地租率也都将在零增长时出现稳定化。此时，由本书附录1第282页中的式子 $\left(\lim\limits_{t\to\infty}\alpha(t)\cdot e^{-\int_0^t[\tilde{r}(\tau)]d\tau}=0\right)$ 可知利息率等于ρ，且其值决定了资产价格的上限。也就是说，资产价格大于该值将导致经济泡沫形成。就日本而言，从超低利率（至少可追溯到安倍政权）远远低于时间偏好率ρ来看，日本今后出现经济泡沫的可能性很大。这样一来，识别什么是"正常"的资产价格上升，什么是经济泡沫，也可以成为马克思主义经济学的研究领域之一。

另外，因为之后破裂的"泡沫"其实是来自合理的均衡路径的偏离，所以在马克思主义最优经济增长模型中它被认为是一种偏离"正常"积累路径的不稳定路径。因此，这里将在前文所示的图4-3中追加两类不稳定路径来解释泡沫经济产生的过程。具体如下图5-4所示。

图中标注了箭头（标志）的基本有三条。一条是从右上方通过G点向中间的最早均衡点E点方向移动的粗虚线，表示从右出发向均衡状态移动的鞍点路径。由于通常认为资本积累从低于K^*（最优值）点开始，因此图4-3中并未标出这条线。但是，因为这里要探讨的是泡沫经济导致的资本积累超过K^*（最优值）的情况，所

---

[1] 在现代，农业部门规模的缩小削减了农田地主的权利。取而代之的是新兴"地主"（即房租租金获得者）的兴起。皮凯蒂也指出了这点，并认为这是20世纪后半期开始"资本分配率"上升的主要原因。皮凯蒂把能衍生出利息的全部东西都定义为"资本"。结果显示，从20世纪后半期开始，即使是分配给（马克思主义经济学所说的）生产资料"资本"的份额不变，但对皮凯蒂所定义的"资本"的分配率却一直呈上升趋势。从此意义上来讲，在现代资本主义下重新探讨"地主阶级"的课题变得十分重要。众所周知，大多数的经济泡沫也是围绕土地产生的。因此，笔者将此作为一个重要课题并进行了重点叙述。

以在图5-4中对其做出了标示。另外，剩下的两条分别是从D'点和D''点出发向右或向上移动的细箭头，这些表示的是本书第307页中所提到的不满足横截条件的移动路径。横截条件是保证不论在未来资本品的资产价格的现值是上涨还是下跌，也就是说保证现在合理的"投资者"考虑到未来时既不会无限持有也不会立即抛售现有资产。相反，如果该条件不存在的话，合理的"投资者"就产生无限积累或者是抛售的欲望。始于D'点的箭头表示的是前一种情况（即"投资者"无限持有资本商品），始于D''的箭头则表示后一种情况。显然，后者表示的是泡沫经济产生的过程。

泡沫经济产生的过程如图所示，经济增长路径中途开始进入$s<0, K>0$区域，之后增长路径向着s下降，朝着总劳动人口中分配给生产资料生产部分的比率增大的方向发展。这里重要的是，生产资料的价格（影子价格）μ也随之上升。关于这一点可以从第150页所示的式子，即$\dfrac{\dot{\mu}}{\mu} = -\dfrac{\dot{s}}{s}$中得到确认。从$s<0$可推导出$\mu>0$，资产价格的无限上升（经济泡沫）的出现就是基于这一逻辑。此外，这里需要注意的是两点，即此时资产价格超过在上一小节后半部分中推导出的正常资产价格，以及这个过程中对不必要消费的限制以s降低的形式进行着。马克思主义最优经济增长理论主张，经济泡沫是一种积累不必要资本，过度限制消费的完全无用的经济行为。

只不过，这一不合理的资产价格的上升并非没有上限。因此，人们会在某个时点意识到经济泡沫的存在，并开始正确认识预期收益率这一概念。这意味着，经济增长路径将向满足横截性条件的路径移动，图5-4中从F点向G点的跳跃表示了这一情况。这里特别需要留意的是，通过上文可知，s值一下子上升意味着资产价格将一下子跌落。之后，经济将沿着鞍点路径向E点发展。由于就s坐标而言D点高于E点，这也意味着资产价格先是暴涨然后暴跌。不论如何，其结果都对经济造成很大的负荷，而这里想要确认的是基于马克思主义最优经济增长模型也能够说明这一情况。

图5-4 马克思主义最优经济增长下含泡沫经济发展过程的多个动态移动路径图

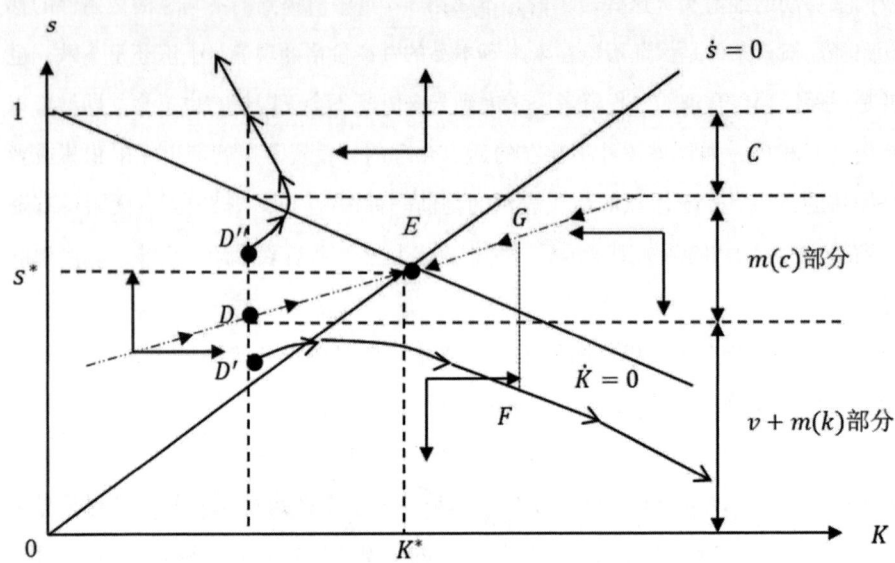

地主阶级和其他阶级之间的矛盾

我们必须了解这种以新的特殊阶级形式出现的地主阶级的存在。他们的利益既与资本家阶级的利益相矛盾,又与劳动者阶级的利益相矛盾,从而在最初阶段将阻碍资本主义的发展。反过来说,资本家阶级和劳动者阶级会一致与地主对抗。这种利益关系可以用以下等式关系表示。首先,回顾一下本书第86页中关于价格维度的最简单的式子。如果假设这两个部门间存在平均利润率r,则第86页中式子可改写成以下两式,即:

$$p_1 = (\alpha_1 p_1 + \tau_1 R p_2)(1+r)$$
$$p_2 = (\alpha_2 p_1 + \tau_2 R p_2)(1+r)$$

就(存在"地主"的)农业主要生产消费资料这一点而言,上述式子中仅假设在第二部门中存在地租。马克思也曾提出过同样的假设。此时,把用消费资料手段衡量的实际地租记作Ω,则以上两式将变成:

第五章 资本主义生产过程中剩余价值的部门间分配   243

$$p_1 = (\alpha_1 p_1 + \tau_1 R p_2)(1+r)$$
$$p_2 = (\alpha_2 p_1 + \tau_2 R p_2)(1+r) + \Omega p_2 \text{ }^1$$

那么，这里的Ω与资本家利益r和劳动者利益R之间又存在怎样的关系呢？接下来将对此进行计算。首先，将两式中的p_1、p_2进行整理可得：

$$\left(\frac{1}{1+r} - \alpha_1\right)p_1 - \tau_1 R p_2 = 0$$
$$\frac{1}{1+r}p_1 = \alpha_2 p_1 + \tau_2 p_2 + \frac{\Omega}{1+r}p_2$$

从两式中分别计算其相对价格p_1/p_2，

$$\frac{p_1}{p_2} = \frac{\tau_1 R}{\frac{1}{1+r} - \alpha_1} \qquad (※)$$

$$\frac{p_1}{p_2} = \frac{\frac{1-\Omega}{1+r} - \tau_2 R}{\alpha_2}$$

后式体现了地租Ω的上升将导致第1部门商品对第2部门商品的相对价格p_1/p_2下降。即，存在地租的部门价格上升，不存在该部分地租的部门价格下降，这将导致存在地租的部门的利益下降。

因上面两式必须一致，所以：

---

1 根岸（1985）通过在价值方程式中引入了与该式子相似的式子，指出价值与劳动投入量成比例这一关系（即本书第一章中提到的符合"劳动价值论的状况"）不成立。但是，由于马克思认为土地本身并不创造价值，因此根岸的分析存在瑕疵。读者需留意。

$$\frac{\tau_1 R}{\frac{1}{1+r} - \alpha_1} = \frac{\frac{1-\Omega}{1+r} - \tau_2 R}{\alpha_2}$$

整理可得：

$$\alpha_2 \tau_1 R = \left(\frac{1}{1+r} - \alpha_1\right)\left(\frac{1-\Omega}{1+r} - \tau_2 R\right)$$

由式子(※)可知，$\frac{1}{1+r} - \alpha_1$ 为正，所以，该式中当 Ω 上升时，如果其他条件不变的话，则意味着 r 必将变小。如此，地主阶级的利益和资本家的利益将出现矛盾。

另一方面，地主阶级的利益和劳动者阶级的利益又将如何呢？为此，将上式变形为：

$$\left(\frac{1}{1+r} - \alpha_1\right)\left(\frac{1-\Omega}{1+r}\right) = \alpha_2 \tau_1 R + \left(\frac{1}{1+r} - \alpha_1\right)\tau_2 R$$

如此一来，再次利用 $\frac{1}{1+r} - \alpha_1$ 为正这一条件，可知当 Ω 上升时，R 必须下降。也就是说地主阶级的利益与劳动者阶级利益也是矛盾的。

基于此，可知在资本主义中地主阶级利益与新兴资本家阶级和劳动者阶级的利益成对立关系。因此，新兴资本家阶级和劳动者阶级将联合起来一同对抗地主阶级。资本主义兴起期的历史，基本上都是这样的阶级斗争史。

第六章

资本主义生产以前的各种形式

I. 农业革命——迂回生产体系的飞跃式发展形式

农业革命带来的生产力飞跃式发展

前四章概括说明了（包括资本主义的产生、灭亡及灭亡后社会形态的）"近代社会的经济运行法则"（《资本论》初版序文），并对马克思《资本论》的全卷内容及其在现今的发展做了进一步诠释。由此可见，马克思全身心地致力于"阐明资本主义社会结构"。不过，马克思在撰写《资本论》第二卷、第三卷的同时也深刻意识到了阐明资本主义以前的人类社会生产方式的重要性。这点在1939年在苏联发表的马克思遗稿《资本主义生产以前的各种形式》中可以得到确认。该研究并非发表于马克思生前，可见马克思在最后的时光依然在进行着此类研究。新的历史研究、考古学研究成果对于完善马克思体系而言至关重要。

此处，我们将主要介绍目前为止笔者在资本主义生产以前的各种形式上的相关研究成果，并以此作为本书内容的结尾。本书对资本主义的理解与《资本论》有所不同，下文将在此基础上，解释说明我们应当如何认识"资本主义生产以前的各种形式"。我们最初将涉及从原始共产制末期到农奴制社会转变的时期。首先我们把这个时期的社会形态看作同质内容来进行讨论，之后再探讨其内部差异。这是由于这个时期内任何一个阶段都具有作为"农业社会"或者处于"农业时代"的相同基本特质。

这种共通性十分重要。因为，农业发明（下文提到的"农业革命"指的是农业发明）使得人类社会彻底脱离狩猎采集社会，它对人类史的影响远超出了工业革命[1]。第一章在论及（居住在马来西亚北部加里曼丹岛的）伊班人的社会形态时也提到了这一点。即伊班人仅凭狩猎采集为生，因此社会人口维持率极其低下，这使得他们形成了以猎取人头的方式来限制人口的文化。可见，人口直接反映了社会生产力。这里，我们试着再举一例。日本京都大学东面有一座名为吉田山的小山丘，请

---

[1] 只不过，和工业革命一样，农业革命也并非一蹴而就，而是经历了漫长的时间才得以实现。因为，为了培育目标植物（即农作物），除了播种以外还需要进行除草（以清除影响其生长的"杂草"）、浇水、施肥、整土、移植等多个措施。而这些措施可能是在农业革命实现之前就出现的。动物的驯养也是如此。因此，詹姆斯·斯科特从广义上将"作物化"和"驯养"二者统称为"驯化"（domestication）。

第六章 资本主义生产以前的各种形式

试想一下在原始时代这片土地上能够生存的人数。当时，山中可能只有10只兔子，人们每年可以捕猎其中的一半，但即使如此也无法维持全家一年的生计。如果是这样，恐怕在当时这种狩猎生活只能维持京都市左京区（京都市的一个行政区）几户人家的生存。这就是狩猎时代的生产力水平[1]。

但是，农业的出现完全改变了这种状况。以马来西亚北部的加里曼丹岛，尤其是其中的沙捞越州为例，从1869年起有组织地迁入该地区的华人开始开拓丛林并发展农业。当时，总人口中华人占比远远低于伊班人。但是，2000年的沙捞越州人口普查结果显示，马来族占22%、华人占26%、伊班族占29%、比达友族占8%，华人人口和伊班族人口的占比几乎一样[2]。也就是说，在沙捞越州生活了数千年、数万年的民族（伊班人）的人口数量最终和几百年前迁入的民族（华人）人口数量近乎相同。这足以见得狩猎采集民族人口增长率之低，农业民族人口增长之快。笔者曾实地参观了再现移民不久后华人生活状况的农家，并亲眼看到他们能在面积仅是小学操场面积1/3的小地方抚养一家老小。虽然近数十年来伊班族人口增长迅速，但就战后马来西亚独立时的人口比重而言，毫无疑问华人人口数量大大超过了伊班族和比达友族等生活在丛林中的狩猎采集民族。

实际上，像这样在人口比重上，不从事农业的民族被后来迁入的农业民族赶超的例子并不罕见。在日本，绳文人被弥生人取代就是一个例子。虽然有史料证实绳文人也曾从事种植大豆、栗子等初期农业，但是当时人类食物来源在相当大的程度上仍然依赖于狩猎采集。也就是说，上文主要着眼于讨论真正的农业民族驱逐以狩猎采集为主要生产方式的原住民。另外，有趣的是，从泰国到柬埔寨，如今在从事水稻作业的民族实际上是云南省附近南下的黄色人种。从泰国到柬埔寨的诸多地域原本居住着利用雨季、旱季交替产生的季节性水位变动而从事渔业的渔民。而后，由于发现了此处的地域条件适于水稻作业，于是新民族迁入该地区并导致了人口数量急剧上升。此外，在越南历史上，公元前20000年左右居住着以狩猎采集为主的

---

[1] 大多数狩猎采集社会都有其各自限制出生的方式。另外，在定居产生前的狩猎采集社会育儿比较困难，这也是人口增长的一个制约条件。

[2] 马来族是在各个岛间移动的商业民族，因此这里将他们作为比较的对象。另外，比达友族和伊班族一样是丛林中的猎头民族，所以把比达友人和伊班人的人口总和作为比较对象更为合理。

山围人，公元前10000年左右出现了进行初期农业的和平文化（20世纪20年代因首次发现于越南和平省遗址而得名），公元前8000—前6000年有开始从事水稻作业的北山文化（因首次发现于谅山省北山遗址而得名），再到公元前4000年的多笔文化，最后到公元前3000年的泡卓文化，及至下龙文化时期农业定型。在这些文化变迁及此后的历史阶段中，民族的转换也在不断地上演。

以耕地积累为目的的社会——农业社会

据考证，农业（即植物栽培）大概是在公元前10000年左右出现的。其中小麦的种植最早出现在近东地区，而水稻种植最早出现在中国长江下游流域。也就是说，从直立人出现的数百万年前，或从智人出现的数十万年前起的很长一段时间，人类只知狩猎和采集。这说明人类并不是简单地便能想到从事农业，农业的出现历时长久。

试想一下近东地区最初栽培的麦类和豆类。为了能够将这些东西变成食物，人们首先必须能够自由操作火种。但除此之外，原始小麦是一种微风就能使其麦穗飘散，非常难以对付的植物，而且它们并非集中在一个地区生长，而是凌乱地长在原野上。因此，农业的出现就意味着必须想到把小麦集中在一个地方且花时间去培育。因此人们还必须形成"定居"的习性[1]。如果人们一年中四处移动，不仅无法精心栽培，甚至难得的收成也有可能被他人盗取。因此，现代考古学认为一定存在某些需要"定居"的理由。日本的绳文时期就是一个典型的例子。

例如，即使在农业成立以前，贝冢（也称贝丘）出现的地区已经具备了满足人们定居所需要的丰富的食物，以捕捞鲑鱼为主而繁荣起来的北美西北岸原住民也是由于（该地）具备了符合定居的条件。另外，虽然目前存在诸多不同的学说且尚无定论，但存在一些观点认为畜牧业的诞生早于农业，且加速了定居化的发展。事实上，不止是绳文时期，中纬度地带早在农业出现之前就已经出现了贝冢。中纬度地带具备除春季可以捕捞贝壳之外的、确保人们在其他季节也可以稳定地进行食物采集的条件。因此，人们能够在那里定居。例如，对于日本的阿伊努人及北美西北岸

---

[1] 更进一步，为此还要有能防御外敌的防御系统。因为定居之前最好的防卫——"逃跑"这时已经基本失效了。

的原住民而言，具备以鲑鱼（捕获季节一般是在秋季）为主的鱼类捕捞条件显得十分重要。而且斯科特指出，大河下游湿地的生态随季节变化而变化，这使得该地也具备确保人们仅依靠渔捞及采集便可获取丰富营养的定居条件。总的来说，上述这些都表明了，农作物出现之前，人类社会曾经历过生产方式上的革命，它使得人类能够大量且有效地获取水产品。尽管也有学者认为定居是畜牧业而非渔业发展所带来的结果。但是，据西田的说法，在大约1万年前（温室效应导致的）中纬度地带植被变化期，野生植物的"栽培"和渔捞技术都实现了飞跃的进步（因此笔者认为定居是渔捞发展的结果）。值得注目的是，小畑（2016）指出新技术的出现一下子缩短了定居和初期农业间的时间间隔。由此可知，虽然不是真正意义上的谷物栽培，但是以豆类为主的"农耕"在绳文时期前期就已经出现。最后，还存在一些见解认为全球寒冷化与干燥化的气候变动迫使人类需要从事耗费一定工夫的农业，否则人类就无法维持因气候温暖与定居而引起的人口增长。

上述无论哪一个解释都具有相当的意义。也就是说，以海产物及水产物这些特殊自然条件为前提出现的定居的解释会让人联系到外在的幸运有时会推动资本的原始积累，而由气候变化这样的外在强制而实现的定居则会容易联系到在战争和侵略来临之际，国家强制进行高效的原始积累。另外，畜牧业并非猎取生活在自然界中的动物，单从通过自己饲养之后再食用这一点来看，其实畜牧业等同于农业。基于这一理解，与植物采集和农业之间的区别相同，畜牧业实现了与狩猎不同的生产方式的转换。因此，需明确的是，本书中所说的"农业的诞生"其实涵盖了"畜牧业的诞生"。

实际上，将"农业"和"畜牧业"并排讨论是有理论依据可循的。因为两者生产都是"迂回的"。就这一点而言，其本质相同于工业革命所带来的"手工业"向"大工业"的转换。例如，为了增加羊的数量则需要同时增加一定面积的草原和生育羊羔的母羊数量，此时，母羊起着"生产资料"的作用。对农业而言，"种子"和"耕地"是最重要的生产资料[1]。也就是说，如果说工业革命后的工业是持续着的"资本积累"

---

[1] 就农业而言最重要的"种子"是谷物。谷物和家畜一样是可以积累和贮藏、可衡量及可管理的东西，而且谷物的收割时期是固定的。这就使得谷物适用于征税。这些特征使它们（谷物、家畜）被当作可衡量的"财富"（可以"所有"的"财产"，即"私有财产"），并以税的形式为国家的建立提供了可能。

(capital accumulation),那么可以认为农业革命后的农业是持续着的"耕地积累"(land accumulation)。用图4-5来说的话,即将图中"工业革命"改成"农业革命","封建社会"、"资本主义社会"分别改成"原始共产制"、"奴隶制/农奴制"[1],进一步将(K/L)改成$(耕地面积/L)$,这样就可以表示农业革命后的人类历史。另外,虽然性质上有些许不同,但从河、海中捕鱼的渔业也需要特殊的工具体系和熟练度。

但是,可能会有人认为,人们对耕地开垦的重视达到了可以将"耕地积累"比作"资本积累"的程度,这点与《资本论》的"可能"立场不同[2]。因为马克思在《资本论》第三卷地租篇中所讨论的"绝对地租"、"级差地租"都未考虑到通过人力进行土地改良。实际上,马克思对耕地的印象与亚洲的耕地实情之间可能存在着极大的差异。

比如,马克思所看见的德国、法国、英国的农地是圈地运动之后的牧羊草地,而非需要将密集森林中的树木砍倒,做成烧垦地并将树桩一个个剥开才能够成形的土地。我们可以从欧洲景观被刻画为树木稀疏的"田园"形象来推断。较亚洲而言,在降雨量较少的欧洲要把原野开垦成耕地,需要砍倒并挖出树桩的树木的分布密度相当之低。

另外,尤为重要的是,具有亚洲特色的水田的开辟过程极为复杂。水田必须完全呈水平分布,且需要配备灌溉及排水等复杂的水利灌溉系统。所以不能在平原上进行简单加工,而是需要追加大量的人力才能够完成。在斜坡上开辟梯田的情况也是如此,此外,中国南部和日本新潟等地沼泽地的水田,则面临着如何排水的问题。中国南部通过挖掘纵横交错的水池和水路来确保相当于"陆地"的水田。而日本浓尾平原、关东平原和朝鲜半岛等地为了将河流两侧的广阔平原开垦为水田,建立了高耸的堤坝。如果堤坝较低则水田需要在距离河流较远的地方开辟,如果堤坝较高就能够缩短与河流的距离。通过堤坝的高低就能够扩大堤坝外的水田面积。可

---

1 这里还无法特定直接对应图4-5中"社会主义/共产主义"的体制。这是由于,耕地数量到达最优值既不能够代表"资本主义",也不能够代表"社会主义/共产主义"。

2 这里之所以用"可能",是因为它含有其他的意思,这在《资本论》中也有迹可循。即《资本论》提到"例如采矿业、狩猎业、捕鱼业等中的情况就是这样(采掘工业中,劳动对象是天然存在的,例如农业中,只是在最初开垦处女地时才能是这样);除采掘工业以外,……"(马克思.资本论(第一卷)[M].北京:人民出版社,2018.212.)。这意味着,即使在农业生产中,处女地开垦以后的人力付出也很重要。

见，堤坝建设这一土木工程是耕地积累的具体表现之一。

总之，耕地是人工产物，即本书第一章图1-3中所说的"生产资料"。它在农业中是最重要的生产力源泉。因此，在所有的农业社会中，都以实现耕地积累的最大化为课题，并动员全社会劳动。其实，人类构建国家这一权力机关与耕地的开垦也息息相关。卡尔·魏特夫强调了水利工程中的这一特征，并视之为亚洲专制国家的起源[1]。这里想要明确的是，对这一点的探讨可以放在与工业革命后的"资本积累社会"相同的框架下展开[2]。

---

[1] 关于水利这一公共事业的发展需要依靠专制国家的讨论，与资本原始积累中的国家资本积累的必要性需要依托国家资本主义制度的讨论，在逻辑上存在相通之处。

[2] 一般来说，紧随着农业社会耕地积累的是工业革命所带来的资本积累，后者（即资本积累的速度和路径）取决于前者（即耕地积累）。茹仙古丽和金江（2009）认为作为积累对象的生产资料有两种（通过假设消费资料生产部门的生产函数中存在两类生产要素来说明），通过考察不同起点下的生产资料积累结果证明了这一点。茹仙古丽和金江（2009）的结论大致如图6-1所示。这里，μ_1、μ_2分别是农业革命前分配给耕地积累的劳动比例和工业革命后分配给资本积累的劳动比例。如图所示，工业革命后从m到$m+i$期间内劳动全部分配给资本积累。这意味着工业革命后资本弹性（书中用α表示）发生跳跃后，将进行平衡两类生产要素的积累，而在资本积累达到与耕地积累程度相适应水平之前，全部的劳动都将分配给资本积累。因此，农业水平越发达的国家其m到$m+i$这一段严峻时机也将越长，但是这期间之后，农业发展越快的国家其产业发展也将越迅速。即农业的发展程度决定了工业革命后工业的发展程度。这意味着一般情况下后起农业国家无法超越先发工业国家。这同样表明了历史只能循序渐进。

图6-1 工业革命对耕地积累进程的影响

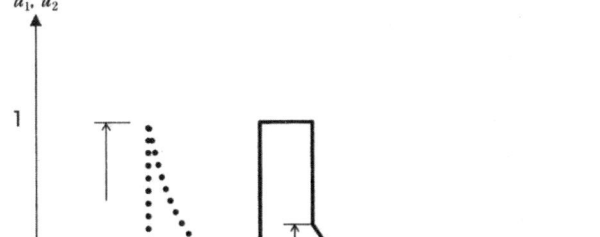

人口增长下农业向集约型农业的转化

可以通过耕地积累过程来书写农业革命后的农业通史，但是在这个过程中农业发展也取得了质的变化。农业实现了从极其粗放的原始农业[1]到真正意义上的农业，继而转化为集约型农业的发展。本书认为这三个阶段分别与国家出现前的初期农业社会、奴隶制社会、农奴制社会相对应。那么，这样的农业变化，简言之就是集约型农业究竟是如何产生的呢？参照埃斯特·博塞拉普1965年的观点，本书认为这样的变化是人口增加的结果。

上文中，我们介绍了农业的产生是为了在寒冷化及干燥化的气候时期维持温暖期增加的人口，与之相同，博塞拉普提出了人口压力迫使农业及其后的集约型农业产生的理论，该理论具有很大的影响力。博塞拉普常年指导非洲各国的农业技术，但是无论如何指导，当地人都不愿意接受集约型农业技术。这并非由于他们不懂得新技术，而是他们认为原有的技术更加适合他们的生产。具体而言，人口密度稀少的地方，原有技术下的人均生产力更高，新技术反而降低了人均生产力。这样的农业技术可以通过模型来表现。

为此，我们首先导入如下生产函数。另外，博塞拉普认为所有土地都可用于农业生产，所以"耕地"不变，因此可忽略耕地变化的效果。

$$Y = (1 - c\beta)L^{\beta}$$

此处，Y表示农业生产，L表示农业劳动投入，β表示农业集约度。假设劳动规模报酬递减，即$0 < \beta < 1$。此外，$c\beta$部分表示随着β上升生产成本将变大。即，$c > 0$。在此情况下，可以推导出人口L的增加提高了最优劳动集约度。首先，将上式对β求导，可得：

$$\frac{\partial Y}{\partial \beta} = L^{\beta} \log L - cL^{\beta} - c\beta L^{\beta} \log L$$

---

[1] 具体的例子有，由小畑（2016）发现的在绳文时期的大豆等的栽培，或者是在热带雨林中持续至今的烧田农业。这些都具有一个相同特征，即耕地的开垦不需要花费大量的劳动力投入。

只要上述式子等于0就可导出最优β，即：

$$\frac{1}{c} - \frac{1}{\ln L} = \beta$$

这意味着，随着人口L增加，农业生产集中度β也必定上升。此时人均产量为：

$$\left(\frac{Y}{L}\right)^* = c(\log L)^{-1} L^{\frac{1}{c} - \frac{1}{\log L} - 1}$$

因此要了解人口增加会对人均产量带来怎样的影响，只要将上述公式对L求导即可，即：

$$\frac{d\left(\frac{Y}{L}\right)^*}{dL} = (\log L)^{-1} L^{\frac{1}{c} - \frac{1}{\log L} - 2} \{(1-c) - c(\log L)^{-1}\}$$

由此可知，上式值的大小取决于$(1-c) - c(\log L)^{-1}$。但是，此处我们需要利用前文中的假设：

$$0 < \frac{1}{c} - \frac{1}{\ln L} = \beta < 1$$

如此，将该假设变形可得$(1-c) - c(\log L)^{-1} < 0$，其结果为：

$$\frac{d\left(\frac{Y}{L}\right)^*}{dL} < 0$$

可见，人口上升将导致人均生产力下降。正如博塞拉普根据他在美国的所见所得而提出的理论一般，因人口增长而形成的集约型农业导致了农民人均收入的下降。这与马尔萨斯在《人口论》中所描述的情况如出一辙。

耕地积累带来的农业生产力提升的具体表现——奴隶制与农奴制

尽管在非洲，初期的粗放型农业中也存在着博塞拉普所说的农业集约化，这导致了人均收入的减少。但这种情况在人类史上并不是共通的。本书认为耕地是被不断积累而非一成不变的。实际上，模型之所以会考虑"耕地积累"，是因为它可以证明农业集约化促使人均收入提升。证明过程如下。

具体而言，首先，这里我们用 N 表示土地，并假定土地随着人口增长而递减（"递减的"这一假设表示土地的稀少化），即：

$$N = L^k \qquad 0 < k < 1$$

此时，前文中的生产函数 $Y = (1 - c\beta)L^\beta$ 可改写成：

$$Y = (1 - c\beta)NL^\beta$$

带入表示土地 N 的公式可得：

$$Y = L^{\beta+k} - c\beta L^{\beta+k}$$

和上文的计算一样，这里首先将 Y 关于 β 的一阶导数设为 0，求解可得：

$$\frac{1}{c} - \frac{1}{\ln L} = \beta$$

与上文求 β 一样，模型受约束条件 $c < \log L < \frac{c}{1-c}$ 制约。另外，由于：

$$\left(\frac{Y}{L}\right)^* = c(\log L)^{-1} L^{\frac{1}{c}-\frac{1}{\log L}+k-1}$$

计算结果可得:

$$\frac{d\left(\frac{Y}{L}\right)^*}{dL} = (\log L)^{-1} L^{\frac{1}{c}-\frac{1}{\log L}+k-2}\{(1-ck-c)-c(\log L)^{-1}\}$$

该式子的值取决于$(1-ck-c)-c(\log L)^{-1}$。观察$(1-ck-c)-c(\log L)^{-1}$可知,

当$\frac{c}{1-c(1-k)} < \log L < \frac{c}{1-c}$时,$0 < \frac{d\left(\frac{Y}{L}\right)^*}{dL}$

当$\log L = \frac{c}{1-c(1-k)}$时,$0 = \frac{d\left(\frac{Y}{L}\right)^*}{dL}$

当$c < \log L < \frac{c}{1-c(1-k)}$时,$\frac{d\left(\frac{Y}{L}\right)^*}{dL} < 0$

该结果意味深长。因为这说明了在人口极少时,人口的增长会导致人均产量减少,而当人口增长到达一定数量后,人口的增加会促使人均产量和最优农业集约度β^*上升。这是由于人口L的上升加快了土地的开垦进度,从而促进产量提升。可见,是否考虑耕地开垦的因素会使得模型产生不同的结果。另外,根据上述结论,可以将农业集约度划分为以下3个阶段进行讨论[1]。

1) 人口(密度)极小的,呈粗放型的初期农业阶段;
2) 脱离初期农业进入真正的农业阶段,但是尚未发展到集约型农业;
3) 集约型农业阶段。

---

[1] 不过,博塞拉普划分了5个阶段。

做出以上的划分是为了与马克思所述的以下3个阶段相对应。

1)′阶级与国家仍处于形成阶段的"氏族共同体"或"农耕共同体";

2)′奴隶制阶段;

3)′农奴制阶段。

能够如此一一对应的理由如下:

1)阶段中人口增加导致了人均收入减少,因此该阶段剩余生产物极其有限。这种情况下很难形成以取得剩余生产物为目的的阶级社会以及国家。即便是小部落把战争奴隶带回部落并让他们劳动,也无法从战争奴隶的劳动中获得剩余生产物,所以这种情况下奴隶制很难形成。

此外,我们可以通过农业集约的程度不同来理解2)′和3)′在支配形式上的差异。奴隶制的维持需要依靠对人的直接支配,而农奴制则只需要支配土地(实行领主制)便可。这是由于农奴制社会的土地非常集中且密度较高,只要农民能够获得土地,比起冒着失去土地的风险逃跑,他们甘愿留下来被剥削。

一样是获得土地,从领主那里获得土地并不是非常值得开心的事。因为逃跑以后也能通过简单地改造获得。反过来说,在过去的奴隶制社会中奴隶主必须对农民享有某种程度上的直接支配权。不过,这并不需要实行类似古希腊、古罗马奴隶制的大规模经营模式,或者17世纪至19世纪美国的奴隶制模式。在古希腊、古罗马的农业中,主要作物(即谷物)的生产并非采用大规模的奴隶制经营。中村(1977)指出在当时比起大规模的奴隶制经营,土地占有奴隶制以及家长奴隶制这种小规模的奴隶制经营更为普遍。在日本,702年的正仓院文书中记载了在当时发达地区美浓国的户籍制度中,存在着父权家长制性质的奴隶制。此处,问题的关键点在于,在奴隶制社会,农民的人格受到了直接支配[1]。

---

[1] 中国西藏农奴制时期奴隶主通过给奴隶的双脚戴上镣铐来支配奴隶,但支配人格并非一定是通过枷锁来实现的。比如,古罗马奴隶制时期采取例如悬赏、在市场上公示、雇佣专业的奴隶逮捕者、请求市政当局支援、有时还运用咒语的方式来持续支配奴隶。其中,"咒语"虽然看起来并不科学,但是只要奴隶们相信"咒语",那么"咒语"就能够在阻止奴隶逃亡上起到很大的精神干扰作用。而且,即使只是出逃一次的奴隶,他们的脸上也会被烙上印,或者是被戴上金属项圈,以确保他们无法再次出逃。另外还有更稳健的方式,那就是通过让奴隶组成家庭从而使得他们更顺从于奴隶主。江户时期的日本萨摩则通过控制奄美诸岛的全部船只来阻止岛民们离岛,这被认为是国家奴隶制的一种。

整理可知，通过以下相互关联的3点可以辨明奴隶制和农奴制之间的不同，即

①农业集约度；

②人格自由度；

③土地所有权。

关于③，中村（1977）认为农奴制下土地存在多重所有权，即领主和农民双方同时享有土地所有权，双方的所有权处于彼此重叠的状态。由于中村（1977）也认同存在"土地占有奴隶制"，所以在奴隶制社会也存在土地所有权的多重化。即便如此，奴隶制和农奴制社会的土地所有权多重化还是存在明显差别的。第四章末我们详细介绍了在英国的两次圈地运动中农民土地被掠夺的全过程，当时的农民其实就近似于独立自耕农。

实际上，我们之所以要通过上述方式理解奴隶制和农奴制，是因为这样可以让我们认识到奴隶制并非只有古希腊、古罗马的大规模奴隶制一种，农奴制也并非仅是欧洲、日本或是中国西藏曾经的"封建农奴制"[1]。的确，在古罗马的果树园和矿山等地存在大规模的奴隶制经营，民族大迁徙后还形成了"封建农奴制"。以上都是事实，但是除此之外，还存在像斯巴达的黑劳士和被马克思称为"充分发展奴隶制"国家性质的"国家奴隶制"，以及农奴制时期的"国家奴隶制"。这两种制度的划分与我们把资本主义分为"国家资本主义"和"私有资本主义"相同。国家奴隶制和国家农奴制二者分别出现在奴隶制时期及农奴制时期的初期。农业的集约化是在全世界范围而不是局限在特定区域进行的，其结果带来了奴隶制向农奴制的更迭。由此必定会带来人格上的自由和土地所有权的变化。在马克思历史唯物主义对历史阶段的认识得到普及后，上述概念（人格上的自由和土地所有权的变化）显得尤为重要。

接下来我们需要特别探讨的是，中国、日本以及美洲大陆的农奴制产生于哪个时代。笔者认为，以铁制农具为基础的牛耕的普及标志着中国农奴制的产生。牛是

---

[1] "封建农奴制"即封建领主在其领地上建立的农奴制，马克思称之为"纯粹的封建制"。另外，本书中把资本主义之前的手工业称为"封建制"手工业，旨在侧重强调其存在人格依附关系。换句话说，手工业中的师徒制存在着与资本主义明显不同的人格依附关系。但是，这种依附关系中又存在着截然不同于"奴隶制"依附关系的"自由"。像这样，我们也可以通过关注人格依附关系来认识和区分人类史。

一种"资本",牛耕的普及实现了农业生产主要投入要素从"土地和劳动"到"土地、劳动以及资本"的转变。牛的使用特别在中国北部深耕坚硬的土地时起到了至关重要的作用。早在中国春秋时代,人们就想到利用牛进行耕作,到汉代时期牛耕已经普及开来。根据西汉末年的人口调查史料的记载,当时的人口数量约为6000万。此后,战争和饥荒等数次导致中国人口数量急剧减少。在新大陆的玉米栽培技术传入(1600年左右)之前,中国人口数量从未超过1亿。这与西汉初最多只有1000万相比,人口数量发生了极大的变化。虽然人口增加在先还是生产力发展在先的问题,关系到是否认同博塞拉普理论,此处我们暂且搁置不论。以上史料至少可以证明以汉代为分水岭中国人口数量发生了极大的变化。

另外,上文提到农奴制下土地所有权的多重化,在汉代土地多重化中的上级所有权隶属于国家。它的形成是源于战国时期秦国实行的由国家主导土地划分整治的改革制度(即阡陌制)。在土地多重化所有权中,尤为关键的点是自宋元至明清时期形成及发展的一田两主制,田主/佃户(直接生产者)之间的双重性较国家/直接生产者间的双重性表现得更为明显。在这个变化过程中,直接生产者的地位呈上升趋势。到明末及清代时期,直接生产者的存在几乎接近于欧洲的独立自耕农。像这样,我们可以把中国的农奴制分为,前期的国家主导的"国家农奴制"和后期的"土地占有农奴制"两个阶段[1]。有趣的是,与资本主义的历史相同,初期农奴制也由国家主导[2]。事实上,日本效仿了中国的社会制度,也大致经历了与中国一样的历史进程。铁质农耕的普及促进了6世纪以后生产力的发展。以此为基础的7世纪中叶(约为大化时期)之后的改革,在耗费大量的时间推进"班田制"实用化的同时,以约100年后颁布的《垦田永年私财法》为契机将"私田"的"垦田"也纳入法律体系之中,从而实现了"土地所有权制度的国有化"。这里的"班田制"与中国的"国家农奴制"相对应。此后,随着"班田制"的瓦解即"领土化",社会制

---

[1] 从经济体制层面出发,福富(1972)指出同样的变化也曾以"国家封建制"向"私有封建制"延伸的形式出现在斯拉夫和西欧。

[2] "所有权的二重化"在形成中,重要的一点是土地开垦带来的农业集约化。虽然阡陌制下的土地划分整顿计划是国家直接参与的耕地改造,但至少有一部分的耕地在一田两主制形成时由佃户个人开垦。后者(即佃户个人开垦耕地)以资本主义土地所有下的级差地租的第二形态继续存在。

度也随之转换为由领主支配的"封建农奴制"。可见,这与中国的历史进程基本一致。另外,基于上述理解,笔者把被日本大多数古代历史学家视为"酋长制"(石母田正)、"早期国家"(都出比吕志)和"前国家阶段"(岩永省三)的大化改新之前的古坟时期及古坟时期之前的弥生时期划分为奴隶制社会。这里暂且抛开后文将讨论的"国家"成熟度问题,因为笔者认为只要在某时期存在过阶级,那么该时期就应被划分为马克思所讨论的最初的阶级社会,即奴隶制社会[1]。至少,大部分的人类学家认同"酋长制"是阶级社会这一观点,例如贾德·道格拉斯就赞成这种观点。

另一方面,支撑阿兹特克文明的奇南帕耕作法开启了美洲大陆的农奴制。当时的阿兹特克帝国没有铁器,人们用篮子从墨西哥湖底捞取泥土并堆成土堆,然后在上面进行农业耕作。那些可以从湖底捞取出来的泥土土质松软且极其肥沃(很适合农作物栽培)。另外,他们还会在原本是湖的地方打入木桩,再用泥土将其填充成陆地,这样的土地无疑是国家改造的土地。阿兹特克帝国通过把这些土地分给农民,从而来支配和剥削农民的劳动力。这也可以看作初期农奴制(即国家农奴制)的一个典例。

牛耕带来的集约型农业下的耕地积累

通过上文可知集约型农业的形成,开启了完全不同于此前粗放型农业的新时代。但是狭义上,因为这属于"土地生产力的深化",所以最好在考虑"耕地生产"中出现牛这一生产要素的情况下,构建具体的模型来表现相应的变化。在牛耕出现以前,耕地主要靠人们的双手来平整及维持,但此后的耕地通过牛耕完成。其中最典型的是早春进行的土地翻新耕整,目的在于恢复前年耕地所造成的土地生产力减少。这可以被解释成一种补偿耕地折旧部分的投资活动。因此,上述的农业生产函数必须重新改写成能够表现耕地平整及维持,以及牛作为生产资料的生产函数。此时,生产体系可以用以下3个函数来表示。即:

---

[1] 本书中把马克思的"亚细亚生产方式"概念视为"国家奴隶制"的一种形式。该见解基本源于中村(1977)。

$$Y = AN^\alpha (s_2 L)^{\beta_2}$$
$$\dot{N} = B(s_1 L)^{\beta_1} K^\gamma - \delta_N N$$
$$\dot{K} = C(1 - s_1 - s_2)L - \delta_K K$$

这里把牛归为机器一类，所以用K来表示。但牛并非直接作用于农业生产，而是起着平整及维持耕地的作用。另外，将农业生产函数中表示全要素生产性的$(1-c\beta)$简化为A，且假定耕地投入效果为α次方。假设农业生产函数一般情况下对规模报酬不变（即$\alpha + \beta_2 = 1$）。此时，根据吉井（2018）计算的人均耕地和"资本"积累目标值，即：

$$\left(\frac{N}{L}\right)^* = \frac{BC^\gamma \gamma^\gamma}{\delta_N}\{(\delta_K + \rho)\beta_1\}^{\beta_1} \left[\frac{\alpha \delta_N}{\{(\alpha\gamma + \alpha\beta_1 + \beta_2)\delta_K + (\alpha\beta_1 + \beta_2)\rho\}\delta_N + \beta_2(\delta_K + \rho)\rho}\right]^{\beta_1 + \gamma} L^{\beta_1 + \gamma - 1}$$

$$\left(\frac{K}{L}\right)^* = \frac{C\alpha\gamma\delta_N}{\{(\alpha\gamma + \alpha\beta_1 + \beta_2)\delta_K + (\alpha\beta_1 + \beta_2)\rho\}\delta_N + \beta_2(\delta_N + \rho)\rho}$$

可知，引入牛耕后的人均耕地和"资本"积累目标值明显大于牛耕导入前的人均耕地和"资本"积累目标值（即$\gamma = 0$的奴隶制下的人均耕地和"资本"积累目标值）。在奴隶制社会模型中并未考虑"资本"的存在（也可以说$\gamma = 0$）[1]，则上述关系就显得理所当然。前者也可以通过以下方式来证明。即，这里首先计算奴隶制下和农奴制下两个目标值所需要平整的耕地以及所需要劳动的最终最优分配比例，即：

$$s_2^* = \frac{\beta_2(\delta_N + \rho)(\delta_K + \rho)}{\{(\alpha\gamma + \alpha\beta_1 + \beta_2)\delta_K + (\alpha\beta_1 + \beta_2)\rho\}\delta_N + \beta_2(\delta_K + \rho)\rho}$$

另外，在导入牛耕前耕地平整所需劳动的最终最优分配比例中，$\gamma = 0$，则：

---

[1] 因此，奴隶制向农奴制的转换可以理解为从$\gamma = 0$到$\gamma > 0$的跳跃。这与本书第四章中把工业革命的发生理解为从$\alpha = 0$到$\alpha > 0$的跳跃相对应。

第六章　资本主义生产以前的各种形式

$$s_2^*|_{\gamma=0} = \frac{\beta_2(\delta_N + \rho)}{(\alpha\beta_1 + \beta_2)\delta_N + \beta_2\rho}$$

另一方面，就最终产出 Y 的总量来看，因为农奴制的产生在奴隶制之后，后者必须大于前者，所以此时以下不等式必然成立。也就是说，如果 N^*、$N^*|_{\gamma=0}$ 表示农奴制和奴隶制下各自的耕地积累目标值的话，则：

$$AN^{*\alpha}(s_2^*L)^{\beta_2} > AN^{*\alpha}|_{\gamma=0}(s_2^*|_{\gamma=0}L)^{\beta_2}$$

整理该式可得：

$$\left(\frac{N^*}{N^*|_{\gamma=0}}\right)^\alpha > \left(\frac{s_2^*|_{\gamma=0}}{s_2^*}\right)^{\beta_2}$$

所以，如果引进上述计算得出的 s_2^*、$s_2^*|_{\gamma=0}$，当 $\gamma > 0$ 时，

$$\left(\frac{N^*}{N^*|_{\gamma=0}}\right)^\alpha > \left[1 + \frac{\alpha\gamma_K\delta_N}{\{(\alpha\beta_1+\beta_2)\delta_N+\beta_2\rho\}(\delta_K+\rho)}\right]^{\beta_2} > 1$$

由此，可认为 $N^* > N^*|_{\gamma=0}$，则人均耕地积累的目标值为 $\left(\frac{N}{L}\right)^* > \left(\frac{N}{L}\right)^*|_{\gamma=0}$。

奴隶制向农奴制转换的过程可以用图6-2表示，由此可知耕地积累是通过促使目标值跳跃式上升而不断演进的。

图6-2 非集约型农业到集约型农业转换下耕地积累目标值的变化

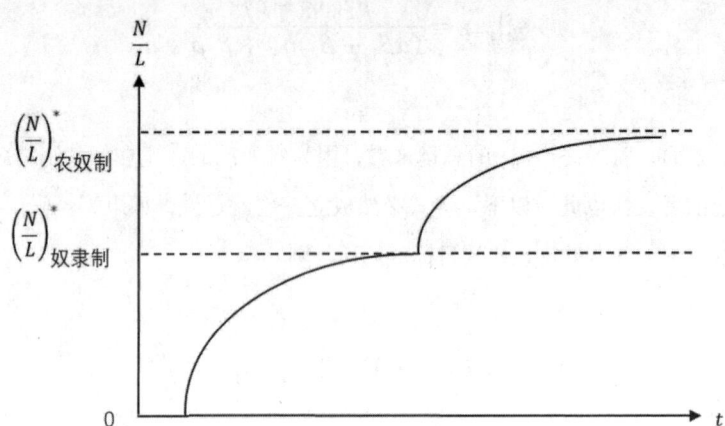

从建造象征性的纪念物到形成共同体、阶级乃至国家

在上文划分的农业集约1)、2)、3)三个阶段中，就某种意义而言，其中最具有争议的当数1)阶段，以及认为1)阶段是阶级社会成立前的农业社会这一设定。如上文所示，本文旨在强调农业的产生起着决定性的作用。也正因此，笔者才会认为农业产生的同时还催生了阶级以及国家。但是初期农业是建立在人均单位生产随人口增加而降低这样的严峻生产力条件下的（因此阶级以及国家不可能与农业同时出现）。实际上，从初期农业成型到形成阶级和国家需要漫长的时间。

关于这一点，寺泽详细地探讨了日本史上"KUNI"（日文为"クニ"，即国家的意思）成立的过程。他是日本史研究专家中最早研究阶级和国家成立的研究者。寺泽指出，早在公元前400年左右，水稻农业成型之后，日本九州北部地区就出现了环濠部落，出现了住在环濠内的人和环濠外的人的阶级分化。虽然普遍认为这在公元前930年已经出现，这是由于杂谷以及大豆等植物的栽培可以追溯到更早的绳文时代早期。

也就是说，虽然还是狩猎、捕鱼及采集社会，但是现存的一些遗迹表明这一时期社会正向定居生活方式发展。即，初期农业的产生和阶级出现之间的确存在时间差。另外，寺泽认为，公元前4世纪小共同体伴随着阶级而成立，公元前3世纪"OU"（日文为"オウ"，即王的意思）向着"KUNI"过渡，公元前2世纪"OU"

发展为"KUNI",并在公元前1世纪首次出现了如伊都国联合国家、奴国联合国家等有一定规模的"KUNI"。可以看出,从阶级的形成再到国家的形成需要一定的时间。

如果将上述问题用考古学家的口吻,从世界历史角度来描述的话,则可以作出如下表述。先将上文中提到的"定居"视为起点,"定居"则是农业产生的一个诱因。在"定居"出现前后相继出现了如英国的巨石阵、美国原住民土丘这些象征性的纪念物。这些都与农业密切相关。因为对于农业而言,必须关注季节的变化,而这在古代社会一般是通过观察或是膜拜天体来完成的。巨石阵的中心线与夏至日太阳上升方向、冬至日太阳下落方向形成一条直线。

科林·伦福儒指出,这一象征性的纪念物在共同体规模扩大上起着决定性作用。固定建造的纪念物能够成为居住在(原本是一户或几户规模,且在大多数情况下最后消失不见的)零散村落的人们的一个聚集点。不仅如此,制作完成这一巨大构造物本身需要更大的人类集团,而人类的聚集同时又带来了巨大的社会变化。也就是说,人类聚集产生后便有了对约束人的各种规则的需求,而该如何决定这些规则又关系到领导的产生。社会发展到这一阶段,距离阶级的形成也就一步之遥了。

另外,为了建造象征性的纪念物需要号召其他共同体的人类部落(小共同体),随着这一巨大事业的完成逐渐出现了多个共同体的领导。这也意味着共同体间的关系可能会向共同体间支配与被支配的关系发展。那么理所当然的,不仅会出现通过和平方式获得其他小共同体协作的情况,也会出现强制其他共同体的情况[1]。该时代的生产力很大程度依赖于自然,所以可以认为生产力较高的共同体与生产力较低的共同体间存在差距。另外,在一些早期国家及地区(如埃及、美索不达米亚平原、中部美洲、秘鲁等)看到的最古老的图腾中还存在表现征服与俘虏等屈辱性质的画面[2]。这些都表明了在该时期共同体间关系已经成为人们关心的大事。可见,阶级社会不仅是由共同体内部分化转变而成,而且还可能是由共同体间关系的变化

---

1 日本弥生时期战争频繁就是很好的证明。
2 大卫·格雷伯指出,源于"负债"的债务奴隶的出现是阶级产生的最重要因素。

发展而来的[1]。

顺带一提，如果这样的共同体间的强制关系是以战争形式出现的，那么共同体内部战士的地位也必将有所提升，可以通过下述逻辑来理解他们的地位变化。即如果不赋予他们较高的地位，就无法取得战争的胜利，而此类战争决定了共同体之间的关系。当然，对于原始共同体而言，不仅是与其他共同体间的关系，在原本农业生产中与自然间的关系也相当重要。而这事实上使得能够"掌握"与自然间关系的巫女及神官地位不断上升。大多数情况下，他们往往会变成支配阶级。其次，建造巨大的构造物也会导致共同体间的剥削。那么，就必须有作为被剥削物的剩余生产物。为确保剩余价值，生产农业就必须发展到上文中的阶段2）。

像这样，如果处在上位的共同体成为下位共同体的支配者，则共同体内的领袖就成为"首长"，即成了共同体全体的支配者。这些共同体所持有的土地实质上就成了上位共同体及新的支配者的所有物，中村（1977）将这一形态称作国家奴隶制。因为这意味着各个共同体的成员和土地，或者一个共同体的全员被统一起来并由一个支配者或者一个共同体进行直接支配。对于该共同体或者整个共同体联合而言，"一个支配者或者一个共同体"发挥了"国家"的作用。

基于这一前提，我们还必须设想一下这样的情形，即共同体内部成员间阶级的分化使得共同体内部产生了富人。富人的出现必须以私有财产和家族（也包括以一夫一妻制家族世代为代表的"联合家庭"）的观念形成为前提。某一共同体成员出于某种原因需要进行财富积累，那么财富的归属单位就必须明确，而且该归属单位还必须拥有能够自由处理这些财富的权利。另外，"家族"由子子孙孙延续，因此就出现了财产"继承"的概念。实际上，"王位继承"式的权力委托也是一种变相"继承"，所以"王位继承"也必须是以"家族"和"继承"概念成立为前提的。恩格斯在《家庭、私有制和国家的起源》中指出，这种私有制的观念产生于畜牧种族的家畜驯养。不过，也存在射箭技术精湛的捕手把自己捕获的猎物当作私有财产，农民把从自己耕地中收获的作物当作私有财产的例子。

---

1 盐泽和近藤（1989）将这一时期之后共同体间的强制关系称作"纳贡制"。只是，还不能够确定这是否是人类历史上所共通的阶段。

第六章　资本主义生产以前的各种形式

但是，这种存在财产持有上的差别及不平等尚不能称作"阶级"。"阶级"概念的形成还需要人类间相互关系的进一步发展，且需要有借贷和"破产"等契机的出现。比如，生产变得更加迂回且更具"投资性"时，还需要向他人借款。一旦投资失败就要承担巨额的"负债"，更严重的还可能沦为债务奴隶。虽然为了避免这种情况发生，有的社会将"赠予"制度化，但是有的社会并不会这么做，此时借贷关系就衍生出了阶级。

其次，共同体内出现了如借贷关系和继承等此类复杂的民事关系，迫使该社会不得不面对如何裁决民事事件等问题。而这又赋予了首长审判权。另外，为了确保首长成为真正的支配者，还必须赋予其相应的财产权。只有掌握了裁判权才能够真正地将"国家"置于社会之上。这标志着阶级国家的出现。

总之，从农业的产生到阶级、国家的形成，必须经历人类史上的几个阶段。而作为起点，起决定性作用的是包括牧业和渔业在内的"农业"的出现，以及由此带来的劳动生产力的上升等具体的转换。基于该理解，本书从"农业革命"引发的农业社会发展史的视角来解读奴隶制和农奴制。

II. 奴隶制及农奴制时期手工业和畜牧业的生产方式

封建社会以前和封建社会下的手工业

上述中,我们概括介绍了"农业时代",并以此考察了资本主义出现前的漫长时期。不过,资本主义出现之前,除农业之外还存在着其他产业。狩猎业及林业并未消失,还有一些水产业以采集业的形式持续存在。之所以称"农业社会"或"农业时代"是因为农业是当时社会的中心产业。中国汉族地区以及当时的日本亦是如此。另外与"农业社会"一样,"畜牧社会(其中一个形态是游牧社会)"、"渔业社会"也都是资本主义出现前的发展阶段之一。但是随着资本主义的确立,这些被统称为"工业社会",此时工业代替了农业、畜牧业、渔业成为社会的中心。

但是,如果想深入探究的话,首先必须明确"工业到底是什么"。实际上,答案就在本书第三章中提到的"封建制"手工业之中。另外,熟练度的形成对"封建制"手工业来说是一个重要课题,为实现熟练度就必须构建师傅和匠人之间独立人格上的依附关系。"封建制"一词就反映了这种人格上的依附关系。但是,"封建制"手工业是某个时代的产物,实际上在此之前还存在着不同于"封建制"手工业的"手工业"形态,在当时"熟练度的形成"显得无关紧要。

一般来说,在不存在机器的情况下,只能通过熟练度来弥补生产力不足。但是,历史上曾出现过仅靠熟练度无法改变生产物的质和量的工具体系。具体来说,比如在青铜器和铁器出现之前只存在石器(和木器)的手工业时期。要知道,在当时仅靠石器来建造房子是极其困难的。没有铁质刨子,就连一个完全平滑的木板都无法制作出来[1]。也就是说,刨子的出现使得"熟练度"变得有意义。在没有刨子的情况下,"熟练度的形成"意义微乎其微。因此,封建制之前的手工业往往不是独立存在的,而一般以家庭自办的形式(用砖头自己建造房子或是自己编制草鞋等)

---

[1] 其实在石器时代,如果耗费大量的时间也可以生产出"木板",但是由于当时劳动生产力极其低下(需要花费无可比拟的时间),即使耗费精力生产出来,也只是一些比较粗糙的、并非"完全平滑的木板"。有无这种"完全平滑的木板"又是决定其他部门的生产力的一个重要因素。比如,制作日本荞麦面是先用完全平滑的木板和擀面棍擀平荞麦面团,随后将它切成面条状。完全平滑的木板在荞麦面制作过程中非常重要。也就是说,在没有铁器的时代就连这种简单的制面都无法实现。

存在，或者仅仅是农民的副业。

青铜器或铁器的出现使得手工业部门的性质发生了根本性的转变。即使生锈后在强度及精巧度上都远超过青铜器的铁器，其普及促进了农具的改良，并带来了牛耕技术。木制的农具不适于牛耕作业。牛之所以被用于农业耕作，恰恰归功于铁器的应用及普及。也就是说，铁器的普及不仅促进了农业集约化，推动了农业向农奴制发展，同时也促进了手工业向"封建制"手工业的发展。由此，"农奴制"和"封建制"基本在同一时间出现。

游牧民族的畜牧改革和"牧奴制"

和农业、工业一样重要的产业部门还包括畜牧业。"铁器"及"金属器"的出现也给畜牧业的生产方式带来了根本性的转变。下文试图从历史唯物主义的视角探讨拥有最发达畜牧体系的游牧社会的历史发展历程。首先，我们对匈奴出现之前的历史进行了如下的整理。

公元前9000年前后（也有认为是公元前2000年前后）	肥沃月湾地带出现农业
公元前7600年前后	肥沃月湾地带开始出现羊和山羊的家畜化
公元前7000—前6500年	肥沃月湾地带西侧的草原上狩猎采集者开始加大家畜饲养。作为保护措施，在冬天或是夜间对家畜进行圈养（畜牲）
公元前6000—前5000年	欧亚草原地带出现含农耕、畜牧和狩猎的定居的复合型经济形态
公元前5500年	西亚暖化推动游牧发展。实现了在某种程度上对动物的统御即"家畜化的完成"（大型定居集落和农耕的确立是家畜化的前提）
公元前3500年	美索不达米亚平原出现了车轮。200—300年后车轮的使用在欧亚草原地带普及开来
公元前3000—前2200年	乌克兰地域出现含农耕和畜牧的定居的复合型经济形态
公元前2000年前后	美索不达米亚平原出现初期的骑马文化

续表

公元前 2600—前 2000/1900 年	乌拉尔东部出现含农耕和畜牧的定居的复合型经济形态
公元前 2000/1900 年	欧亚草原地带出现青铜文化
公元前 14 世纪后期	埃及出现骑马文化
公元前 13—前 12 世纪	爱琴海地带出现骑马文化
公元前 1300 年	欧亚草原地带东部出现后期青铜文化（卡拉苏克文化）。驾驭马时必不可少的"马嚼"被发明
公元前 10—前 9 世纪	欧亚草原地带骑马文化开始得到普及（卡拉苏克文化后期），骑马游牧文化出现，并于公元前 9 世纪传入中国北部
公元前 10—前 9 世纪	蒙古高原出现王权结构（蒙古鹿石遗迹，虽然没有陪葬品，但是其周围环绕着雕刻着月亮、太阳的鹿石）
公元前 9—前 7 世纪中叶	前斯基泰时代（辛梅里安人等）到斯基泰时代初（后期各游牧民族西迁）
公元前 9 世纪后半期—前 8 世纪前半期	南西伯利亚（蒙古高原北部）出现王权结构（阿尔赞墓地群中出土了青铜制的马具、武器、装饰品）
公元前 7—前 6 世纪	斯基泰时代初期
公元前 5—前 4 世纪（或前 3 世纪初期）	古典斯基泰时代（也有将其分为中期和后期）。从前斯基泰时代到这一时期古坟墓一直在增建
公元前 4 世纪	匈奴人出现（公元前 209—前 174 年冒顿单于在位）

上述年表可以总结出以下 5 个特征。即①从游牧化进程来看，埃及、西亚及乌拉尔地区与中亚草原之间存在着时间差，前者早于后者；②但是，就两个地区的畜牧业发展来看，畜牧业先于农业；③初期牧畜为半农半牧的定居型；④车轮和青铜器的发明推进了初期畜牧向游牧发展；⑤游牧经济促成了王权的形成。

其中，特征④与此前探讨铁器重要性有共通之处。驾驭马时，不仅要骑上马背，还必须有牵引马向左或是向右移动的缰绳，因此就必须发明能够穿过马前后齿之间空隙的镳（马嚼）。（虽然由于马背后脊椎向后突出，还需要有能够代替鞍的东西，但是最重要的还是马嚼。）马嚼的出现扩大了动物的移动范围，因此能够供养家畜的草量也随之扩大，即劳动生产力随之上升。另外，骑马兵有助于应付家畜群突如其来的变动，而且使骑兵战成为可能，进而使他们的战斗能力发生了实质性的飞跃（当然这和青铜器所带来的武器的进步也息息相关）。总之，这种战斗能力的提升会带来可支配草原范围的扩大⇒家畜数量的增加，这也成了游牧民们参与战争的诱因。当初在战争中总是获胜的氏族，在此后的历史中发展成强大的部落和国家。另外，这种发达的战斗能力和远距离移动能力增强了游牧民族通过战争或者交易获取其他民族农作物的能力，实现了游牧民族畜牧业的专业化。概言之，这种青铜器马具的发明使得游牧经济实现了生产力飞跃性的发展。较之锄头和犁等金属农具，马具算是小件金属，因此青铜器的发明及普及完全可以实现马具的发明及普及，不需要等到铁器的出现。这里旨在确认，就生产力而言，畜牧业中的马与农业中的牛相匹敌。

渔业生产方式的发展

本书关注的是"工业革命"带来的技术变革，并深入探讨了"工业革命"给制造业、商业、建造业、医院，以及本章中的农业和畜牧业带来的技术变革。本节末尾将延续上文，探讨另一个重要产业即渔业的生产方式。这是因为，在日本，渔业是一个十分典型的产业，特别发达，生产体系的进步直接决定了渔业的生产方式。

不过，在探讨渔业的生产方式时并不能以"从××到××世纪渔业是基于××生产方式"来一概而论。这是因为渔业的生产资料体系因鱼种不同而完全不同，因而其内部发达程度参差不齐。而且渔业的生产方式还存在着因洋流及地形等的不同引起的地域差异。

这里，首先将对最原始的沙滩贝壳类捕捞进行说明。但在此之前，不得不提的是贝冢的出现是在定居生活形成之后。这是由于，即便在春季时能够捕获大量的贝类，但除非其他季节也同样可以获得食物，否则某地无法成为人们定居的场所。西田认为，定置网具渔业的发展促进了定居生活的形成。西田着眼于正式农业时期之前的、已经出现定居行为的日本绳文时代（大致对应于世界史上的石器时代），以及在该时代被发明的不可携带的定置网（及独木舟）。此外，虽然不是"网"，效果随规模扩大而增强的鱼梁也发挥着同样的作用。同时，聚落也在慢慢形成。必须强调的一点是，由此而衍生出的定居行为是农业形成的前提条件，并极大地促进了社会的飞速发展与进步。

但是，在这个阶段，人们主要的生计因季节不同而产生变化。比如春季捕捞贝类，夏季……这意味着，这个阶段还未出现专职"渔民"。因此，普遍认为绳文时期是"狩猎、渔捞、植物采集（及前期之后的'初期农耕'）"的复合型社会，而弥生时期则是"农耕、渔捞"的复合型社会[1]。例如，因章鱼罐（捕捉章鱼的陶罐）的发明及改良而出现的章鱼捕捞业以及因陶器制盐的发明而出现的制盐业，这些都是在弥生时期后半期才实现了专业化。然而，沿海的钓鱼业和渔网渔业实现小规模家族渔业（小渔业）专业化却不得不等到结构性和半结构性船只的普及，以及随之而来的渔网大规模化生产的实现。前者的普及是在铁器出现后木材加工技术飞跃（即无漏板黏合技术）的推动下实现的。另外，相继产生的还有生产资料的"归属"，以及确保海上的复杂机器能够代代相传的"封建性质熟练度的形成"的必要性等问题。也就是说，这一阶段渔业的发展历史和本节第1项中所讨论的手工业中的封建制历史如出一辙。而且与手工业一样，在渔业发展的最初阶段铁器同样发挥着决定性作用。

此外，重要的是在这个时期，围绕"渔场"展开的竞争使得"渔场的使用权"而不是"土地的所有权"成为问题。结构船的普及，以及用强力亚麻布制成的渔网规格实现大型化，都导致了同类捕鱼方法之间及异类捕鱼方法之间的竞争，进而导致形成了领主对渔场拥有上级所有权而渔民或其共同体拥有下级所有权的局面。就农业而言，铁器的普及所带来的生产力提高使得土地耕作愈加集约化，从而使得"土地所有权"的问题愈加重要。在渔业领域，渔网规格的大型化也形成了同样的情况。

在这些条件的催化下，江户时代渔业开始出现了小规模家庭渔业（小型渔业）和多人协作的组织渔业（即集体渔业）的分化。前者包括内水面渔业及沿岸渔业，甚至是在海面专门捕捞鲣鱼的钓渔业，后者则包括由数艘船只协作的船拖网捕鱼

---

[1] 安田认为该时期文明源于长江流域的"稻作渔捞文明"，并将其与源于华北流域的"旱作牧畜文明"做了对比。无论如何，重要的是早期的农耕文明都附带有专职获取动物蛋白的部门。

业、围网捕鱼业、拖网捕鱼业及捕鲸业。问题在于，后者的进一步发展需要在拥有财力（单个或者多个）及影响力的人的支配下才能够实现。例如，就九十九里滨的大型沙丁鱼拖网渔业而言，有势力的船主（渔霸）不仅拥有渔网，还有两艘船及一个能够环视整个渔场以指挥捕鱼的"鱼见小屋"。在西伊豆内浦的网捕鱼业渔场也会设置这种"鱼见小屋"，且进入明治时期之后西伊豆内浦的捕鱼权发展到由个人（津元，即大型渔业经营者）持有。九十九里滨的沙丁鱼拖网捕鱼业中，通常船主会从地主那里借来巨额资金[1]用于开展渔业事业。由此可见当时的船主（渔霸）已经开始发挥着企业家阶级（资本家阶级）的作用。顺便一提，在这种情况下被雇佣的劳动者除了被称作"冈働"的制作和修理渔网的渔民外，还有大概40名至50名被称为"代船方"的渔民，以及200名至300名被称为"冈者"的拉网者。前者（即制作和修理渔网的渔民）的薪资款项主要由船主事先支付，而后者通常是由船主在事后以沙丁鱼进行实物支付。

这种生产关系的变化还出现在由封建领主下放的渔场"下级所有权"的变化上。如上文所述，这种"下级所有权"最开始属于渔民，但逐渐地，封建领主开始将其出售给一些有权势的人。封建领主在（原本是渔民"共有地"的）渔场的使用者中选定一个代表人，即"瀬主"，然后代表人（瀬主）以纳贡及提交特许费的形式获取渔场承包权。这就是所谓的"網元制度"。不过，船主可以从封建领主那边获得封建性的庇护，对一般渔民执行经济以外的强制措施（如禁止一般渔民自由捕鱼、限制采用新技术等）。可见，上文提到的向"企业家阶级=资本家阶级"的转变还称不上是纯粹的。近代所有权制度的建立是在幕府崩溃后的明治时期。当时这种承包制度被转变为"渔场招标制度"，渔场成为"私人所有"之后才确立起来。这与农业领域中，随地税改革而出现的"地主–佃户制度"相对应。

当然，在这里主要讨论的是实现大规模化后的组织渔业。在大规模化后的组织渔业领域，和农民一样，此时大多数渔民也都是实行家族经营。由于资本主义生产关系始于大规模渔业，因此想要追溯这一时期的历史变迁就不可能不提到另一个重

---

[1] 成本非常小的小规模网捕鱼业，通常是由一起协作的数个渔民轮流充当负责人。这也就避免了像网主制度那样的支配–从属关系的形成。

要的领域——捕鲸。在日本，捕鲸始于绳文时期。到了近代捕鲸便发展到了需要数艘船只以及超过200名海陆渔民协同完成的大规模的"老式捕鲸"。"老式捕鲸"利用鱼叉和渔网可以同时捕获海豚、齿鲸、弓头鲸和即使死了也不会下沉的露脊鲸。还有，在"老式捕鲸"运作过程中还出现了快速掌握鲸鱼动作、精准地投射鱼叉、牵网包围及各种地面作业等一系列类似工厂手工业的分工[1]。另外，由于①每个渔民都使用自己携带的船只和鱼叉，②不同拖网捕的鱼不同，而且捕获到鲸鱼的成本很高，因此只有富有的贩卖鲸鱼的批发商一类的商业资本才能够提供捕鲸所需要的资金[2]。这意味着，该生产力阶段对应的是"批发制家族工业"。每个渔民都在批发商的承包下进行协同作业。换句话说，虽然还未到达机器大工业阶段，但是可以将该阶段定位为资本主义的初期阶段。真正的资本主义渔业的确认需要生产资料体系的进一步发展。

19世纪末，捕鲸业中的挪威捕鲸技术，以及其他领域如动力船、制冷和探鱼器等一系列新技术的引进，实现了资本主义性质的大型组织渔业的发展。金枪鱼延绳钓和以捞鲭鱼和马鲛鱼等的大中型围网捕为代表的现代远洋渔业就是其中的两个典型例子。到了20世纪，开始出现了一些有名的大企业。另外，这些新技术中，如自动吊网和探鱼器的发明和普及开拓了个体渔民利用小型船只经营的可能性。即使是在现代，渔业中依旧存在着部分大型资本主义渔业及大多数家庭经营渔业的区别。然而，至少在日本，组织渔村小渔业者的渔业合作社实际上起着为渔民提供渔船燃料等服务并收购鱼类这一资本主义商业资本的作用。

最后，必须补充的是，受到上述生产力发展导致的过度捕获问题，以及专属经济水域的存在导致的限制海外渔场使用等问题的制约，当前另一种形式的"资本主义渔业"正在形成，那便是栽培渔业和水产养殖渔业。其中有一些是通过资本制的雇佣劳动实现的。实际上，现在水产养殖业的生产已经占据了日本渔业生产吨位的

---

1 另外，这里所描述的鱼叉捕鱼在后来发展成为网捕，但这种类似工厂手工业的分工体系一直延续着。

2 类似的特征也存在于九十九里滨的大型沙丁鱼底拖网渔业。也就说，从海滩上购买沙丁鱼的"附属商人"也负责将沙丁鱼加工成鱼肥（沙丁鱼干）。基本上来说，他们是购买沙丁鱼并作为出售鱼肥的商人。他们为网主（渔老板）提供资金或是充当保证人的同时，又代替网主（渔老板）向地主借款。由此可见，他们这些商人其实仅仅充当着资金提供者的角色。

大半部分，所以可以毫不夸张地说，水产养殖业的经营管理方式将决定渔业的未来。但无论如何，我们可以确定的是，生产资料体系的发展促成了渔业的发展，它的发展形式与农业及制造业基本相同。

III. 狩猎在从猿进化为人类过程中的作用

纵观始于南方古猿的人类全史

作为本书结尾，这一节将探讨奴隶制以前的原始共产制社会的成立过程。本节主要关注人类和猿（类人猿）的分界，以及从类人猿到南方古猿和直立猿人，最后到智人的进化过程。这些通常是"经济史"研究的最后课题。其实，和马克思一同创立了历史唯物史观的恩格斯也曾研究过原始共产制社会的成立过程。恩格斯认为探讨原始共产制社会的成立过程的意义在于理解何为人类，人类的本质是什么等问题。更进一步说，恩格斯认为，是劳动以及劳动技术的进步促进了包括大脑在内的人类各个器官的发育成熟。该研究成果被记载在1876年恩格斯撰写的论文《劳动在从猿到人转变过程中的作用》中。

在那个时期，人类研究还仅仅停留在发现尼安德特人的存在阶段，达尔文的生物进化论也才刚刚问世，就连在该时期刚成立的古人类学也还只停留在认为人脑的发达先于双腿直立行走。从这个意义上来看，恩格斯提出的观点，即双腿直立行走，以及双手的解放先于大脑发育且对人类的发展而言更具决定性，极具前瞻性。最初被视为"人类"的南方古猿（已经能够双腿直立行走），它的脑容量（320-380cc）基本和大猩猩相同，即便是直立猿人，脑容量也只不过是现代人（1500cc）的60%（即871cc）。但需要说明的是，恩格斯的理解存在错误，他认为人类的祖先是"猿"。

因本书重视"生产资料"和想象力（精神劳动）的关系，所以本书还继承了恩格斯的另一个观点，即肉食的开始。这表明狩猎（渔捞）的开始意味着工具制造的开始。这与第一章中提到的人类的本质密切相关。

实际上，现代的古人类研究领域也普遍认同"重视狩猎获取肉食"的观点。这个观点最早是由发现南方古猿的南非人类学家雷蒙德·达特于20世纪50年代以"杀人猿假说"之名提出的。此后，罗伯特·安德烈继承并发展了这一假说。但是罗伯特·安德烈过度强调"战争是人类的本质"和"雄性优势"等，导致该学说遭到学者们强烈的反对。美国人类学家克雷格·斯坦福在其研究《狩猎之猿：肉食与人类行为起源》中摒弃了"战争是人类的本质"和"雄性优势"等观点并提出狩猎在人类形成中起到了至关重要的作用。克雷格·斯坦福的研究发表后,"重视狩猎获取肉食"的观点开始获得现代美国古人类学界普遍的认同。本书也赞同此观点。需要特别强调的是,"工具体系"是狩猎业这一新产业的技术体系,同时"工具体系"还催生了其他新的产业。也就是说,正如"工业革命"确立了资本主义制度,"农业革命"确立了奴隶制及农奴制,"狩猎革命"促进了人类的产生。由此可见,人类在诞生之初便与产业的形成紧密相关。

实际上,在近200种灵长类动物中,仅有三种动物(即黑猩猩、狒狒、悬猴)具有广义上的狩猎行为[1]。因此,可以认为"狩猎业"最原始的状态在人类出现之前就已经存在,或者这种"狩猎业"的原始状态是在与人类分支之后它们掌握的新的生活方式。根据斯坦福1999年的考证,黑猩猩的狩猎行为并非是由遗传基因决定的,而是一种世代相传的文化。该考证使得悬猴和黑猩猩在猿猴类中拥有最佳的大脑/体重比的观点备受瞩目。这样看来,"狩猎业"在拥有这种"文化"的人类和上述三种动物中才可能存在。反言之,是"产业"造就了"文化"。只不过,这个时期的"狩猎"仍处于初级状态。

根据斯坦福的考证,下文将通过黑猩猩和最初人类的相似性及差异性来整理现代古人类学的研究成果。首先是8个相似点,即:

①肉食占食物中的比例还很低,狩猎和尸肉的捕捞[2]都属于即兴行为;

②食肉行为仅发生在无法获取其他食物的时候;

③狩猎范围也仅局限在自身所处领土之内;

④狩猎属于共同行动;

⑤猎物只分给几个人及在场的雄性成员,而非平均分配给全体狩猎成员;

---

1 矮黑猩猩和红毛猩猩的肉食行为更加特别,所以这里对此不作讨论。

2 虽然大多学者普遍认同肉食在人类进化中起有重要作用,但一些否定狩猎存在的学者认为,该时期肉食的食物主要来自"尸肉捕捞"而非狩猎。斯坦福引用美国威斯康星大学教授亨利·范的观点来反驳这种非"狩猎"即"尸肉捕捞"的二元对立理论。他认为在动物世界中,以捕食为主的狮子也吃腐肉,而以尸肉捕捞为主的鬣狗也进行狩猎。也就是说以"狩猎"为主的动物必定会有"尸肉捕捞"行为,有"尸肉捕捞"也必定会有"狩猎"行为。随着被作为美国古人类学教科书的罗伯特·博伊德和琼·西尔克的著作《人类演化史》最新版(2009,第5版)中提出,黑猩猩并不食用偶然遇到的尸肉,以及初期人类就具有狩猎能力来批判"尸肉捕捞",狩猎的作用愈加被重视起来。

⑥对肉的所有和控制是为了获得利己的政治利益及繁殖利益；

⑦猎物身体中最受好评的部位是骨髓和脑；

⑧猎物都是一些体重不足40公斤的中小型动物。

此外，二者的差异点有：

①人类自250万年前就开始利用石器来解剖猎物尸体；

②石器的利用使得人类能够捕获到比以往更大体积的猎物，人类营养源中肉的重要性也随之增大。

以南方古猿为起点的人类历史出现在700万年前，而上述的概况仅仅是显示了在最初时期以及250万年前以后肉食和道具在程度上存在差距。斯坦福也认为人类在早期的狩猎中使用的可能并非石器工具而是其他材料的工具。只是木器及骨器很难变成化石被保存下来，所以还无从考证。但是，大猩猩能够制作初级（简单）的工具也能作为一个佐证。因此，本书认为人类从一开始就能够进行初级的狩猎及简单的道具制作。

但是，上述整理中最为重要的是，石器的利用与狩猎的发展密切相关，以及用于除狩猎之外目的的"道具"也同样重要。失去獠牙和钩爪的人类在狩猎时所使用的工具[1]固然重要，但用于分解处理猎物的道具也同等重要。这些道具涵盖了之后出现的炉灶，以及在熏制技术中火的利用。这些可以概称为食物加工技术。

如果像这样从人类形成的起点来探讨人类历史，则在广义"原始社会"内部，从南方猿人到直立猿人再到智人之间存在阶段性差异问题也变得明朗化。斯坦福认为约在180万年前出现的直立猿人就已经具备捕捉健康的成年野兽的能力，他们是真正的猎手。此后，进入智人阶段，人类学会了潜伏狩猎，并能够捕捉更大型的野兽。如此一来，社会结构变化的研究也就变得更为重要。多纳多将从类人猿到现代人类的变化历程划分为以下4种文化，并对应认知能力发达的4个阶段，指出了直立人与智人间的差异在于认知能力和社会构造上的差异。即：

①"事件性"认知阶段，类人猿认知水平。仅具有对外界刺激做出反应的

---

[1] 西田强调，当人类的祖先在进化成人类时，人类祖先所利用的钩爪、石头和木棍，比作为"中型类人猿"对手的长尾猿类所拥有的獠牙更胜一筹。这些"武器"在人类阻止长尾猿类等进入自己心仪的领地时发挥着作用。虽然这并非狭义上的"狩猎"，但二者思路相似。

能力；

②"模仿性"认知阶段，从南方古猿到直立人出现之间形成的认知水平。随着工具的制作和使用，技能、姿势、手势等产生了极大的变革。关键在于，此时道具的制作和使用尚处于学习阶段（即模仿可能），不需要高级语言就可以进行的阶段；

③"神话性"认知阶段，具有了智人的认知水平，可以使用复杂的语言，且能用于传达狩猎采集技能；

④"物象象征"认知阶段，不仅能够通过语言，还能够按照物象形成存在于人类外部蕴含某些意义的媒介/纪念物的阶段。这个阶段从旧石器时代到中石器时代，并一直持续到新石器时代。

从前文分析的斯坦福对人类史的理解来看，阶段②是区别于黑猩猩，初期人类所属的初期狩猎阶段，阶段③则为通过潜伏可捕获大型野兽的阶段。阶段④则是后期捕猎采集社会以后的时代。广义的人类史也包括南方古猿和智人时代，由此可知，"现生人类"智人形成的关键在于所处的时代悠久绵长，延续了400万年之久。

因此，按照这一理解，真正的人类历史应该是指这400万年。在这悠久的时代变迁中，人类经历了诸多变化。另外，"生产组织形式"即生产关系也在持续不断地变化[1]。此时，关于狩猎共同性以及猎物分配的政治，继而部族间的战争等都是其构成内容。实际上，刚诞生不久的人类能力有限，为了维持生存他们从欠缺"生产力"（狩猎能力）转变为能够共同配合抓获中、小型兽类。但是从直立人发展到智人后，为了捕获群居大型动物如水牛、驯鹿、鹿、马、野山羊等，则需要更高程度的配合来实现目标。早在几百年前，美国大平原的印第安黑脚人部落所采用的狩猎便是如此。他们想出追击大批水牛并巧妙地将其逼近山崖的独特方法。笔者2011年夏天实地考察了该遗址。

另外，到约公元前10000年为止，遍布全世界的猛犸象对于智人阶段的人类而

---

1 如第一章开头脚注1所述，严格来说人类不仅为了满足自身消费而获取消费资料，同时为了保证后代的再生产还必须繁殖后代，由此产生了特有的人际关系。从雄性类人猿的"对雌性占有"行为、包围领地、雄性间的争夺，以及控制涵盖这些行为（异性、占领地等）在内的雌性行为，也可以联想到这一特有的人际关系的产生。仔细考虑会发现，如果没有生殖和育儿（以及进一步的老人看护）这些要素，就不会出现"家族"及以此为基础的"财产"制度。但是，要系统地讨论该问题则必须讨论很多领域。关于这点笔者将借其他机会再做讨论。

言也是非常重要的狩猎对象。他们之所以能够将这么凶猛的动物视为狩猎目标，最大的理由在于人类之间极强的协作能力。仅凭一人之力无法捕获的猛犸象，可以通过多数人利用长矛长时间将其击垮。当然，在狩猎猛犸象时也会有人牺牲，此时会由集团全员来共同保障牺牲者家人的生活。而且，由于这一猎物是集团成员共同的成果，成果也会被均等分配，因此，该时期的人类处于平等社会。

笔者在第一章和本章中谈及现在住在马来西亚北部加里曼丹岛的伊班族社会，在笔者看来该社会就是非常平等的社会。该族落居住着30户人家，虽然仅酋长可以居住在长方形房子的中央，但是他居住房间的大小等都和其他村民完全一样。另外，笔者在拜访当地时，为了表示欢迎，他们组织了舞蹈表演。而作为答谢，笔者送出的回礼是买来的零食而非金钱。虽然在族落中货币早已存在，但货币的普及还非常有限。此外，笔者遵循了导游的指导，将买来的零食平均分为大约30篮赠予他们。在当地，全族人平等地获得谢礼的规矩似乎早已确立。

事实上，人类对"阶级"的认识最长不超过1万年，时间上仅是全人类史的1%。此外的400万年虽然人类生命短暂且处在贫穷、饥饿、无人权意识之下，但是就不存在阶级这一点上，它相较于现代社会存在着某种优势。人类虽然已经脱离了那样的生活并经历了数千年，但是在较长的期间内人类对富裕、人权、长寿及平等的追求一直延续着，这也是共产主义思想的伟大精神的内涵。今后，能否从科学的层面提出实现上述追求的方案，则是马克思经主义济学所要解决的重大课题。本书如果能为此提供一些答案的话，笔者将感到十分荣幸。

附录1　马克思主义最优经济增长理论的分权市场模型

本书论及的"马克思主义最优经济增长模型",一般情况下表现为"社会计划者模型"。模型假设特定的计划者可以自由地分配社会总劳动。虽然这并不符合现实,但采用"社会计划者模型",除了考虑到方便计算外还有更重要的理由,即只有依靠该前提才能够推导出"社会最优状态"。本书认为,工业革命后"社会最优"是通过资本积累来提高资本-劳动比率的,当达到最优资本-劳动比率之后便会停止资本积累,这便实现了"社会最优"。而只有通过"社会计划者模型"才能够正确表达这样一种认识。换言之,这"证明"了工业革命后,资本主义产生的必要(必然性),而此后资本主义走向灭亡也是必要(必然)的。

只是,现实经济的发展并非契合上述模型的结论。因为,现实中并不存在所谓的"社会计划者"。正如家庭(即消费者)的行为考虑的是自身效用最大化,而企业的行为则考虑的是自身利润最大化,两者都并非为社会全体利益而行动。为此,西方经济学通过"分权市场模型"的框架模型化了上述构造(即分析家庭及企业各自行为的模型)。本附录将用"分权市场模型"的形式来重构"马克思主义最优经济增长模型"。

另外,在假设完全竞争市场具备了①不存在外部性、②信息完全、③不考虑交易费用、④经济主体合理性的情况下,西方经济学通过"福利经济学第一定理"证明了"社会计划者模型"和"分权市场模型"的结果是一致的。因此,同样是在上述①—④条件的前提下,用"分权市场模型"来重构"马克思主义最优经济增长模型"的解也应该与"社会计划者模型"的解相同。下文将对此进行证明。

这里,假设在本书第四章开头中所示的"马克思主义最优经济增长模型"中,两个生产部门(生产资料消费部门和消费资料消费部门)的生产分别由一个企业负责。将生产生产资料的企业记作企业1，生产消费资料的企业记作企业2。另外，为了避免变形麻烦，将做以下简化，即①省略资本积累方程中的折旧；②将本书第三章第Ⅰ节和第四章第Ⅳ节中假设的消费资料价格、生产资料价格p_1、p_2分别简化为1、p。这意味着消费资料商品是衡量其他商品价值的指标。其次，把企业1和企业2的工资分别记作w_1、w_2。此时，模型中的各个市场以及各个市场对应的商品价格分别为如下4种，即

1. 消费资料市场（消费资料是衡量价值尺度的商品，即消费资料价格为1）
2. 劳动力市场（生产资料生产部门工资为w_1，消费资料生产部门工资为w_2）
3. 资产市场……家庭将购入的生产资料当做资产（生产资料价格为p）
4. 资本市场……作为生产要素，企业向家庭租借生产资料（资产价格为r）

上述价格都是关于时间的函数。此外，在下文计算中，最初我们分别将企业1、企业2的劳动投入记作L_1、L_2 [$L_1+L_2=L$（总劳动）]，正文中分别记作$(1+s)L$、sL。之所以先用L_1、L_2来表示，是为了避免产生认为社会总劳动分配率s是由个别企业决定的误解。不过，为了便于与文中"社会计划者模型"的解进行对比，在（通过企业和家庭的个别行动而）推导出市场均衡的各个条件之后，将把L_1、L_2分别用$(1-s)L$、sL来表示。

企业的利润最大化问题

此时，企业1和企业2在支付资本租借费用和工资之后的利润所得如下：

$$\pi_1 = pBL_1 - w_1L_1$$
$$\pi_2 = AK^\alpha L_2^\beta - rK - w_2L_2$$

这里，π_1、π_2分别表示生产资料生产企业和消费资料生产企业的利润。A为全要素生产率。K表示资本投入，B表示生产部门的劳动生产率，α表示资本投入系数，β表示劳动投入系数，r表示单位资本的租借价格。

此时，利润最大化的条件是，把上述两个式子分别对L_1、L_2、K求偏导且偏导等于0，即可得：

附录1　马克思主义最优经济增长理论的分权市场模型

$$pB = w_1$$
$$\beta A K^\alpha L_2^{\beta-1} = w_2$$
$$\alpha A K^{\alpha-1} L_2^\beta = r$$

家庭的效用最大化问题

接下来要考虑的是代表性家庭的最优化问题。家庭获得劳动所得和利息并用之购买生产资料和消费资料。此处，我们暂时不考虑购买生产资料，假设家庭把全部所得用于购入资产α以及消费Y，把利息率记作$\tilde{r}$，那么可得出如下预算约束式。同样，该式子是基于货币价值（和消费资料价值相同）衡量的（注意，这里α并不表示人均资产）。

$$\dot{\alpha} = \tilde{r} + w_1 L_1 + w_2 L_2 - Y$$

这里假设资产所得中包括资产价格变动所产生的资本收益部分。根据预算约束条件以及非蓬齐博弈条件（为了避免家庭像"传销"式地永久依靠持有负资产来消费），即：

$$\alpha(t) \cdot e^{-\int_0^t [\tilde{r}(\tau)] d\tau} \geq 0$$

可得代表性家庭选择实现最大化目标函数：

$$\int_0^\infty e^{-\rho t} \log Y(t) dt$$

及其中Y、α、s的增长路径。实际上，这里在求解家庭的最优选择s时，也可以把劳动市场的均衡条件（即$w_1 = w_2 = w$）带入上述的预算约束条件式（$\dot{\alpha} = \tilde{r} + w_1 L_1 + w_2 L_2 - Y$）来进行计算（只要假设该生产体系生产两部门商品，即保证L_1、$L_2 > 0$，那么家庭最优选择的结果必然导致$w_1 = w_2 = w$），以下计算正是基于此。那么，对应上述问题的汉密尔顿函数可以写成如下形式：

$$H = e^{-\rho t} \log Y + v[\tilde{r}\alpha + wL - Y]$$

此时，最优化的一阶条件和横截条件分别为：

$$\frac{\partial H}{\partial Y} = \frac{1}{Y}e^{-\rho t} - v = 0 \Leftrightarrow v = \frac{1}{Y}e^{-\rho t}$$

$$\frac{\partial H}{\partial \alpha} = v\tilde{r} = -\dot{v} \Leftrightarrow \tilde{r} = -\frac{\dot{v}}{v}$$

$$\lim_{t \to \infty} \alpha(t)\,v(t) = 0$$

通过整理上述式子，可知最优增长路径由约束条件$\dot{\alpha}$，以及以下两个式子决定：

$$\frac{\dot{Y}}{Y} = \tilde{r} - \rho \text{ }^{1}$$

$$\lim_{t \to \infty} \alpha(t) \cdot e^{-\int_0^t [\tilde{r}(\tau)]d\tau} = 0$$

在这两个式子中，上面的式子为欧拉方程式，下面的式子是横截条件。

除了非蓬齐博弈条件非负及横截条件为零以外，其他条件都相同。非蓬齐博弈条件表示的是不存在持续借债的情况，横截条件表示的是在此基础上不存在资产剩余。该模型假设，仅从消费资料中能够获得效用，单纯的资产剩余并不产生任何效用。

---

1 该式子通过如下计算得出，即：

$$\dot{v} = \left(\frac{e^{-\rho t}}{Y}\right)' = \frac{(e^{-\rho t})'Y - e^{-\rho t}\dot{Y}}{Y^2} = -\frac{e^{-\rho t}}{Y}\left(\rho + \frac{\dot{Y}}{Y}\right)$$

市场均衡的各个条件

"马克思主义最优经济增长模型"是动态的一般均衡模型,因此模型假定的是各个市场呈均衡状态。此时,根据瓦尔拉斯法则,只要假定4个市场中的3个市场满足供给均衡的话,那剩余1个市场就必定是均衡的。下文将对模型中的市场的各个供给均衡条件进行梳理。

1. 消费资料市场

假定消费资料市场均衡,就必须先确定企业2内部的消费资料需求量。为此,这里我们假设生产的物品完全分配,即:

$$Y = AK^{\alpha}L_2^{\beta} = rK + w_2 L_2$$

这等同于假设资本的借贷价格r和工资w_2由边际生产力决定,因此,这里我们假设规模报酬一定,即$\alpha + \beta = 1$。在此前提下,将上述式子带入第281页中的家庭预算约束式中便可得到消费资料市场的供给平衡条件。

2. 劳动力市场

已给定劳动市场的均衡条件即$w_1 = w_2 = w$,将该式子分别带入根据两个企业各自的劳动边际生产力推导出的利润最大化条件可得:

$$w = \beta AK^{\alpha}L_2^{\beta-1} = pB$$

3. 资产市场(家庭从企业1购买/积累的生产资料与资产数额的均衡)

在资产市场中,金融资产的利息率和资本收益率(对于企业而言则是"资本的借贷价格")平均化。把金融资产的利息率记作$\tilde{r}$,那么该条件就可以表示为:

$$\tilde{r} = \frac{r}{p} - \delta + \frac{\dot{p}}{p}$$

式子的两边都是用货币单位表示的(由于消费资料的价格$p_1=1$,所以等同于用

"单位消费资料"表示）。如果简单地认为1单位的消费资料为"1日元"的话，那么左边就可以看作伴随单位金融资产借贷所产生的利息。另外，式子右边的第1项表示每1日元资本商品产生的收益，第2项表示每1日元资本商品的折旧金额，最后一项表示每1日元资本商品所带来的资产增值。

另外，在资产市场中下式也成立，即：

$$\alpha = pK$$

这表示，家庭的资产价值总额α和现有的实物资本总量K的货币评价价格一致。

4. 资本市场（家庭向企业2出借生产资料）

如果假设上述3个市场均衡，则资本市场也会自动达到均衡状态。此时可以得到基本模型的资本储蓄方程式(2)。下文证明了这一点。首先，将上文中消费资料市场的均衡式$Y = rK + w_2 L_2$，以及利息率的均衡式$\tilde{r} = \dfrac{r}{p} - \delta + \dfrac{\dot{p}}{p}$，带入推导出的家庭预算约束式

$$\dot{\alpha} = \tilde{r} + w_1 L_1 + w_2 L_2 - Y = pBL_1 - \delta pK + \dot{p}K$$

其次，从资产市场均衡式$\alpha = pK$可得$\dot{\alpha} = \dot{p}K + p\dot{K}$，则上述式子可改写成：

$$p\dot{K} = pBL_1 - \delta pK$$
$$\text{即 } \dot{K} = BL_1 - \delta K$$

该式子和"马克思主义最优经济增长模型"（社会计划者模型）中的资本储蓄方程式（生产资料生产部门的生产函数）完全一样。也就是说，上述的市场供给均衡式决定了马克思主义最优经济增长模型的增长路径。而且该结果和"社会计划者模型"下的马克思主义最优经济增长模型的解一致。

该式子的前提是资本的借贷价格r已给定。在第281页中，我们列举了企业最大化条件下的3个式子，将其中最后一个式子对r求解，然后再带入欧拉方程和

横截条件，就可以得到资产市场均衡条件（动态方程式）。综上所述，表示市场模型中市场均衡（以及均衡储蓄和消费路径）的式子共有如下5个。这里，我们把L_1、L_2记作$(1+s)L$、sL。

$$Y = AK^\alpha L_2^\beta \tag{1}$$

$$\dot{K} = BL_1 - \delta K \tag{2}$$

$$\frac{\dot{Y}}{Y} = \tilde{r} - \rho = \left(\frac{r}{p} - \delta + \frac{\dot{p}}{p}\right) - \rho = \frac{aA}{p}\left(\frac{sL}{K}\right)^\beta + \frac{\dot{p}}{p} - (\rho + \delta) \tag{3}$$

$$\beta A \left(\frac{sL}{K}\right)^{-\alpha} = pB \tag{4}$$

$$\alpha(t) \cdot e^{-\int_0^t [\tilde{r}(\tau)]d\tau} = 0 \tag{5}$$

（3）、（4）式的推导使用了$\alpha + \beta = 1$这一条件。

从市场均衡向基本模型的动态方程式转化

这样一来，最后要探讨的问题则是，通过上述市场均衡条件能否推导出第四章第Ⅲ节中推导出的s的动态方程式，这是因为我们在上述已经推导出和基本模型完全一样的K的动态方程式，即前式(2)。我们首先回顾一下第四章第Ⅲ节中推导出的s的动态方程式，即：

$$\dot{s} = s\left\{\frac{BL}{K} \cdot \frac{\beta}{\alpha}s - (\rho + \delta)\right\}$$

为此，首先对(1)式和(4)两边取对数，并对时间t求导，可得：

$$\frac{\dot{Y}}{Y} = \alpha \frac{\dot{K}}{K} + \beta \frac{\dot{s}}{s}$$

$$\alpha \left(\frac{\dot{K}}{K} - \frac{\dot{s}}{s} \right) = \frac{\dot{\rho}}{\rho}$$

将(3)式带入 $\frac{\dot{Y}}{Y}$ 式子的左边之后,进一步将上式中的 $\frac{\dot{\rho}}{\rho}$ 带入所得式中得到:

$$\frac{\alpha A}{p}\left(\frac{sL}{K}\right)^{\beta} + \alpha \left(\frac{\dot{K}}{K} - \frac{\dot{s}}{s}\right) - (\rho + \delta) = \alpha \frac{\dot{K}}{K} + \beta \frac{\dot{s}}{s}$$

进一步变形可得:

$$\frac{\alpha A}{p}\left(\frac{sL}{K}\right)^{\beta} - (\rho + \delta) = \frac{\dot{s}}{s}$$

再将(4)式中关于 $\frac{1}{p}$ 求得的解带入左边 $\frac{1}{p}$ 部分,即:

$$\frac{1}{p} = \frac{B}{\beta A}\left(\frac{sL}{K}\right)^{\alpha}$$

可得:

$$\frac{B}{\beta A}\left(\frac{sL}{K}\right)^{\alpha} \alpha A \left(\frac{sL}{K}\right)^{\beta} - (\rho + \delta) = \frac{\dot{s}}{s}$$

此式进一步变形可得:

$$\frac{B\alpha}{\beta}\left(\frac{L}{K}s\right)^{\alpha+\beta} - (\rho+\delta) = \frac{\dot{s}}{s}$$

引入前文中企业2完全分配的假定$\alpha+\beta=1$［即企业2（消费资料生产部门）在规模报酬不变的条件下成立］时，可知结果与本书第四章第Ⅲ节中推导出来的s的动态方程式一致。也就是说，在该假定条件下，市场模型与基本模型沿着一样的路径进行着资本积累。

分权市场模型与基本模型的关系

如此，在规模报酬不变的条件下，我们成功地在"马克思主义最优经济增长模型"中引入完全竞争市场机制。此时，西方经济学中的"福利经济学第1定理"成立，完全竞争市场的结果与社会计划者模型结果一致。不过，市场运作方式可能不同。比如，可以变更如下假定（想法），即企业2按K的数量支付利息，而不是按资产价格pK支付利息等。从该角度出发，又可以追加以下几点评论。

首先，就分权市场模型和基本模型中的s进行分析。基本模型中s是最优化问题的操作变量。基本模型中，s的路径的导出是基于假设社会计划者全权管理本源生产资料（即劳动），从而能够将劳动直接分配给消费资料和生产资料生产以实现历时效用最大化。而分权市场模型中s的路径是由劳动市场中推导出的工资w和反映消费资料和生产资料供需关系的两类商品的相对价格p决定的。关于这一点，接下来将按顺序一一阐明。

① 家庭参照消费资料和生产资料的相对价格p和租赁价格r，在预算约束条件下决定消费资料和生产资料的购买比例。这点在欧拉方程式中得到了体现。这里p、r是由资产市场与资本市场决定的。也就是说，家庭的决策通过资产市场与资本市场影响着p、r的同时，p、r也会对家庭的决策产生影响。它们是一种分权关系。

② 其次，参照市场价格p、r实现利润最大化的企业，在两个部门的生产过程中直接对生产要素（即劳动力）进行调配。

③ 家庭分别向两个部门提供劳动力，但如果两个部门的劳动力分配比率$s:(1-s)$不得当的话，则两部门的工资w_1、w_2将会不同。这意味着相同的"劳

作"被赋予了不同的价格（即工资），这是不合理的。因此，要推导出使w_1和w_2相等的s。

④ 总而言之，先是有家庭的需求行为，而后家庭的需求行为又将通过市场价格p、r及w决定企业的劳动力需求结构，这进而规定了家庭的劳动力供给行为。实际上，在模型中市场的需求、供给、价格是同时决定的，所以其间不存在时间的先后关系和逻辑上的优先关系。只要该体系的目标函数是家庭效用最大化，那么③中关于最终s的确定则也出于达成这一目标。与基本模型不同的是，在分权市场模型中，s并非作为操纵变量被直接决定，而是通过p、r、w这三种价格所引导出的各个市场的供求一致行为被确定的。这种差异源于基本模型聚焦于不存在价格的（单一主体的）物质层面，而市场模型中每个主体是参照价格信息进行分散行动的。

综上所述，如果市场处于完全竞争状态，即便是基于"社会计划者模型"也可以简单地理解各种经济运行状态。为此，构建分权市场模型的必要性就在于，通过分析基本模型中不存在的各个价格r、w、p的历时运动情况，或者导入政府支出、税收及生产中的外部性（知识的溢出效应），家庭间资产差距（阶级分化）等要素，从而查明它们会带来哪些影响。实际上，利用分权市场模型证实了，与消费资料生产部门的生产额成比例的企业课税和与之相应的税收增额对消费者的分配将导致资源分配的扭曲。

最后，需要明确的是，我们并非要议论西方经济学框架下的"背离最优解"的问题，而是想说明这个背离也可以作为政治和经济的相互关系，或者是不同利益集团（比如阶级）间相互关系的结果而被推导出来。"政治"并非实现社会全员普遍利益的手段，而是在利益集团间实现利益的过程中带来偏差。马克思学派数理政治经济学的研究对象向着该领域扩展。

附录2　引入阶级关系的马克思主义最优经济增长模型及其含义

分析学派马克思主义"剥削"概念的动态化

在本书所论及的"马克思主义最优经济增长理论"中，并非不存在阶级分析的视角。由于该理论也可以表现为马克思2部门3价值构成的再生产公式，所以也可以表现出c、v、m的对抗性。但是，相较于此，将第三章介绍的分析学派马克思主义的"剥削"概念（本书中所指的"剥削的第二定义"）引入模型中的尝试正在不断深化。分析学派马克思主义，如第三章所示还只是通过静态结构来把握"剥削"的概念，但本书中的马克思主义最优经济增长模型能够动态地将其表现出来。本附录将对该框架进行具体解说。

为此，首先将模型重新设定为：

$$Y = AK^{\alpha}L^{\beta}$$
$$\dot{K} = BL$$

只是，这里讨论的问题并非是"宏观"层面，而是特定地域下的特定产业。即在考虑了对（因持有资本商品量的多少而被定义的）"资本家"和"劳动者"双方所持总资本商品进行再分配的前提下，某个特定产业内部的资本融通情况。下文为了便于说明，第二式中省略了折旧部分。其次，为了避免表达的烦琐，将第一个式子写作$f(K, L)$。在此基础上，导入正文第三章第Ⅰ节表3-1中所示的，"分析学派马克思主义"框架下的"资本家"和"劳动者"两个阶级，这里给表示"资本家"的各个变量添上下标1，给表示"劳动者"的各个变量添上下标0。这样的话，因为第三章中假定了由"资本借贷"而产生的追加生产都归"资本家"所有，所以资

本家阶级的利得则可以用如下式子表现,即:

$$G_1 = f(K_1, L_1) + \left[f\left(\frac{K_0+K_1}{2}, L_0\right) + f\left(\frac{K_0+K_1}{2}, L_1\right) - f(K_0, L_0) - f(K_1, L_1) \right]$$

第一项($f(K_1, L_1)$)表示没有资本借贷情况下的"资本家"的生产量。接下来的大括号里的内容表示资本借贷产生时所带来的社会生产的增加量。整理上式可得:

$$G_1 = f\left(\frac{K_0+K_1}{2}, L_0\right) + f\left(\frac{K_0+K_1}{2}, L_1\right) - f(K_0, L_0)$$

该式表示了两个阶级资本积累过程中,分析学派马克思主义所定义的"剥削"的移动路径。这便是本附录主旨,即探讨"分析学派对'剥削'概念的动态化"。

另外,此时劳动带来K_1的增值,由此产生的资本家追加资本的边际收益为:

$$\frac{\partial G_1}{\partial K_1} = \frac{\partial \left(f\left(\frac{K_0+K_1}{2}, L_0\right) + f\left(\frac{K_0+K_1}{2}, L_1\right) - f(K_0, L_0) \right)}{\partial K_1}$$

$$= \frac{f_K\left(\frac{K_0+K_1}{2}, L_0\right) + f_K\left(\frac{K_0+K_1}{2}, L_1\right)}{2}$$

$$= f_K\left(\frac{K_0+K_1}{2}, L\right)$$

这里,f_K表示函数f对K的偏导。最后的式子之所以不区分L_0和L_1而只用L表示,是因为这里假设资本家和劳动者所持有的劳动量相同(第三章第Ⅰ节中也做了相同的假设)。另一方面,劳动L_1直接投入消费资料生产时产生的追加资本的边际收益为:

附录2 引入阶级关系的马克思主义最优经济增长模型及其含义

$$\frac{\partial G_1}{\partial L_1} = \frac{\partial \left(f\left(\frac{K_0+K_1}{2}, L_0\right) + f\left(\frac{K_0+K_1}{2}, L_1\right) - f(K_0, L_0)\right)}{\partial L_1}$$

$$= f_L\left(\frac{K_0+K_1}{2}, L_1\right)$$

最后式子中的 f_L 表示函数 f 对 L 的偏导。

另外，第四章第Ⅰ节在涉及资本积累的目标值计算时提到，资本家阶级持有的资本（机器）和劳动的比值不变。这意味着，不论是通过直接生产生活资料，还是经由机器生产的迂回生产路径，追加 L_1 投入量所产生的追加利益均等。更严谨一些，则应考虑存在时间偏好率 ρ（假设两个阶级时间偏好相同）及长期使用机器生产（即迂回生产方式），那么该问题可表示如下：

$$\frac{\partial G_1}{\partial K_1}\frac{dK_1}{dL_1}\frac{1}{\rho} = \frac{\partial G_1}{\partial L_1}$$

将该式带入上述式子，并结合原来的生产消费资料生产函数 $Y = AK^\alpha L^\beta$，可得：

$$A\alpha L_1^\beta \left(\frac{K_0+K_1}{2}\right)^{\alpha-1} B\left(\frac{1}{\rho}\right) = A\beta L_1^{\beta-1}\left(\frac{K_0+K_1}{2}\right)^\alpha$$

整理可得：

$$\frac{K_0+K_1}{L} = \frac{2\alpha}{\beta}\frac{B}{\rho}$$

这个结果意味深长。也就是说，这个结果是本书第135页所示的不考虑阶级和资本损耗（折旧）(δK)时的资本积累目标值$\left(\frac{\alpha B}{\beta \rho}\right)$的2倍。如果其中一个阶级的目标值和原来的目标值相同的话，那么另一个阶级的目标值也将与原本的目标值相同。用式子来表示的话，即：

$$\left(\frac{K_0}{L_0}\right)^* = \left(\frac{K_1}{L_1}\right)^* = \frac{\alpha}{\beta}\frac{B}{\rho}$$

实际上，观察"劳动者"的储蓄行为可知，该阶级并未获得由资本借贷所带来的生产增加利益，所以其利益与最初的生产函数相同，即：

$$\frac{\partial Y}{\partial K}\frac{dK}{dL}\frac{1}{\rho} = \frac{\partial Y}{\partial L}$$

由此可以求出资本储蓄的目标即"最优值"。具体地，带入最初的两个生产函数计算可得：

$$\left(\frac{K_0}{L_0}\right)^* = \frac{\alpha}{\beta}\frac{B}{\rho}$$

这表明，"资本家"和"劳动者"的资本积累目标值$\left(\frac{K_1}{L_1}\right)^*$相同。也就是说，在考虑"劳动者"也能够进行资本储蓄的情况下，"资本家"和"劳动者"所持有的资本量将趋同，即"资本借贷"［剥削（第二定义）］将消失。

而且，此时资本借贷所产生的利益并非全部由"资本家"获取。在"劳动者"也能够进行资本储蓄的情况下，由资本借贷所产生的利益分配方式有以下3种。具体而言，即：

①劳动者获得全部利益的情况。

此时，"劳动者"的利益(G_0)为：

$$G_0 = f(K_0, L_0) + \left[f\left(\frac{K_0 + K_1}{2}, L_0\right) + f\left(\frac{K_0 + K_1}{2}, L_1\right) - f(K_0, L_0) - f(K_1, L_1)\right]$$

"资本家"的利益(G_1)为:

$$G_1 = Y_1$$

② "资本家"和"劳动者"以$\mu : (1-\mu)$的比例共享利益。

此时,"资本家"的利益(G_1)为:

$$G_1 = f(K_1, L_1) + \mu\left[f\left(\frac{K_0 + K_1}{2}, L_0\right) + f\left(\frac{K_0 + K_1}{2}, L_1\right) - f(K_0, L_0) - f(K_1, L_1)\right]$$

"劳动者"的利益(G_0)为:

$$G_0 = f(K_0, L_0) + (1-\mu)\left[f\left(\frac{K_0 + K_1}{2}, L_0\right) + f\left(\frac{K_0 + K_1}{2}, L_1\right) - f(K_0, L_0) - f(K_1, L_1)\right]$$

③在②的基础上考虑"资本家"和"劳动者"的人口比例为$c : w (c + w = 1)$,且按该比例使用生产资料。

此时,"资本家"的利益(G_1)为:

$$G_1 = f(K_1, L_1) + \mu[f(wK_0 + wK_1, L_0) + f(cK_0 + cK_1, L_1) - f(K_0, L_0) - f(K_1, L_1)]$$

"劳动者"的利益(G_0)为:

$$G_0 = f(K_0, L_0) + (1-\mu)[f(wK_0 + wK_1, L_0) + f(cK_0 + cK_1, L_1) - f(K_0, L_0) - f(K_1, L_1)]$$

大西和藤山证明了，不论是哪一种情形，"劳动者"的资本积累目标值都等于上述计算得到的目标值（即 $\left(\frac{K}{L}\right)^* = \frac{\alpha}{\beta}\frac{B}{\rho}$）。

劳动阶级有无资本积累决定权的影响

这里，若如最初所设定的那样，"资本借贷所带来的生产量增加"全部由在阶级对抗中处于有利方的"资本家"阶级获取（被"剥削"），那么资本借贷其本身便是属于资本家的利益。这样一来，资本家则会希望这种情况持续存在，因此也会尽可能地维持资本持有量上的差距（这个差距恰恰是"资本借贷"的条件）。为此，资本家就必须阻止劳动者进行资本积累。这在某种条件下是可能的，即劳动者非常窘困，仅能获得低于其生存条件的收入，资本家可以通过维持这种情况来剥夺劳动者资本积累的权力。如果"劳动者"非常窘迫且只能够维持低于生存水平条件的生活，他们就不得不接受来自资产阶级的各种要求。

虽然这种设想与理论模型稍有出入，但若是除去劳动者在最初时持有极少资本的情况，大致符合马克思的设想。也就是说，此时"劳动者"所获得的利益完全源自资本家的保障。而且这是无法进行资本积累的"生存工资"，这也正是在马克思生前劳动阶级所处的真实环境。严格来说，马克思也曾在《资本论》第一卷第二十四章中论及劳动者跻身为资本家的例子，并承认了特例的存在。

上述情况也可以通过数学模型加以阐释。山下模型化了"资本家"和"劳动者"两者都能够选择最优资本积累路径的情况，以及上述"劳动者"无法积累的两种情况。具体如下。

① "资本家"和"劳动者"都能够选择最优资本积累路径。

首先，这里的各记号与前文相一致，把资本家标记为1，"劳动者"标记为0。另外"劳动者"的资本全部由劳动者使用，资本家的资本则由两阶级按一定比例各自使用。"资本家"使用资本的比率记为v，"劳动者"使用资本的比率记作$1-v$。更进一步，我们假设两阶级所持有的劳动量同为L，其中资本家阶级和劳动者阶级各自用于消费资料生产和生产资料生产的劳动比率分别为资本家s：$(1-s)$，劳动

附录2　引入阶级关系的马克思主义最优经济增长模型及其含义

者$\mu:(1-\mu)$。L以外的变量随动态路径发生变动，这里用t来表示。如此一来，首先，劳动者的选择问题便为：

$$max \int_0^\infty e^{-\rho t} log\{AK_{0t}^\alpha(\mu_t L)^\beta\} dt$$

该公式与完全没考虑资本时的一般动态路径的选择问题相同，这是由于劳动者几乎不获得资本借贷的利益（生产增额全部被资本家占有）。总之，这就构成了以"劳动者"选择积累路径为前提的"资本家"选择积累路径。此时，"资本家"的选择问题则为：

$$max \int_0^\infty e^{-\rho t} log\left[A(v_1 K_{1t})^\alpha(s_t L)^\beta + A\{(1-v_1)K_{1t} + K_{0t}\}^\alpha(\bar{\mu}_t L)^\beta - AK_{0t}^\alpha(\bar{\mu}_t L)^\beta\right] dt$$

这里将μ_t表示为$\bar{\mu}_t$，代表着这一劳动比例不是资本家的选择变量，而是由资本家之外的劳动者独立决定的。

② "劳动者"无法积累的情况。

通过上述的假设，劳动者的收入由资本家决定，而且这些收入是无法进行资本积累的最低水准（生存工资），为此他们就不存在资本积累的选择问题。

另外，"资本家"也会控制μ_t，所以资本家选择问题会变成：

$$max \int_0^\infty e^{-\rho t} log\left[A(v_1 K_{1t})^\alpha(s_t L)^\beta + A\{(1-v_1)K_{1t} + K_{0t}\}^\alpha(\mu_t L)^\beta - AK_{0t}^\alpha(\mu_t L)^\beta\right] dt$$

但是，如上文所示，"资本家"为了实现其"剥削（第二定义）"这一目的，会期望实现最大限度的资本借贷。因此，控制μ_t的资本家最合适的选择就是让$\mu_t = 1$（让劳动者消费殆尽且无法储蓄对资本家而言也有益），那么"资本家"的选择问题则可简化成如下式子：

$$max \int_0^\infty e^{-\rho t} \, log \, \left[A(v_1 K_{1t})^\alpha (s_t L)^\beta + A\{(1-v_1)K_{1t} + K_{0t}\}^\alpha (L)^\beta - AK_{0t}^\alpha (L)^\beta\right] dt$$

我们可以将这些式子视为动态最优化的问题并进行求解。实际上，山下（2005）已求得离散状态的解[1]。其次，上述各情况可推导出如下结论：

①在假设生产技术和时间偏好率相同时，劳动者和资本家最终都可以进行同等水平的资本积累，此时资本借贷和"剥削（第二定义）"将会消失。

②在劳动者一方无法进行资本积累，仅资本家进行资本积累的情况下，两者间所有资本的差距将扩大，继而"剥削（第二定义）"也将扩大。该过程中劳动者收入并没有增加，但资本家的收入由于资本积累和"剥削（第二定义）"的增加而不断增加。也就是说，资产和所得的差距将扩大。该情况与马克思设想的社会状况极为相似。

但是，现实中随着资本主义的发展，劳动者阶级的实际收入也将逐渐增加，至少在发达国家中不会出现情况②。而且劳动者还持有部分金融资产，并通过银行和证券公司获取了"资本所得"。这点与马克思所处的时代不同。此外，这种"差距"在结束了经济高速增长后的发达国家将再次成为问题。因此，必须从不同于上文的逻辑来分析这种差距的再次凸显。对此，会存在类似的疑惑认为情况①中技术和时间偏好相同的假设不成立，特别是就时间偏好的问题需要进一步探讨等。这个问题在本书第四章后半部分有所涉及，日后笔者将对此进行进一步探讨。

---

[1] 实际上，山下在计算中存在错误，在瞬时效用函数线性化为$U=Y$时，无法推导出资产差距导致资本借贷的特殊结论。不过，当瞬时先用函数递减时，的能够推导出资本差距导致资本借贷的结论。

附录3　表现牛耕的引入及普及所带来的农业经营规模差距的历史性动态模型

"马克思主义最优经济增长理论"向"经营规模变动模型"的扩展

如本书第四章第Ⅳ节中所提到的,引入先发国家和后发国家的"马克思主义最优经济增长模型"也同样适用于分析国家间收入差距的历史性变迁。而且如附录2那样,也可以通过将分析学派马克思主义的静态阶级模型与"马克思主义最优经济增长模型"结合的形式来探讨阶级收入的差距问题。通过这些模型框架,附录3将试图通过扩展模型以阐释"经营规模差距的历史性变动"问题。

为了分析问题,这里我们首先把分析学派马克思主义计算公式中的"资本借贷"转换为"劳动雇佣"。通常,两个阶级在各自不移动的情况下会采用"资本借贷"的方式来实现"不均等的资本的平均化"。此时,资本不足的劳动者一方将会受雇于持有大量资本的资本家,即出现劳动雇佣。伴随劳动雇佣而来的劳动者流动促成了"不均等劳动的平均化",进而实现了社会总生产的最大化。在这种情况下,第三章开头提到的"资本的专制指挥权"发挥着重要的作用。(也就是说,实现社会总产量最大化的并非分析学派马克思主义学派公式中的"资本借贷",而是"劳动雇佣"。因此,这里我们首先把"资本借贷"改写为"劳动雇佣"。)为此,这里我们借用第三章中的表3-1,并在基本保留表格中数据的前提下,将其改写成如表1所示的存在"雇佣劳动"的情形。表3-1中,"资本家"将从自己持有的资本中拿出"4"个单位借贷给劳动者。表1表示的是,劳动者为了将资本家工厂里的资本分配给其2/3劳动人口并加以使用,他们需要每周去工厂劳作。

表3-1（借用） 分析学派马克思主义的资本借贷和剥削概念

	资本家			劳动者			全社会		
	资本	劳动	生产	资本	劳动	生产	资本	劳动	生产
初期持有量	10	1	3	2	1	1	12	2	4
借贷后的使用量	6	1	2.5	6	1	2.5	12	2	5

表1 用"劳动雇佣"转换表3-1中的"资本借贷"后的情形

	资本家			劳动者			全社会		
	资本	劳动	生产	资本	劳动	生产	资本	劳动	生产
初期持有量	10	1	3	2	1	1	12	2	4
借贷后的使用量	10	1.67	4.2	2	0.33	0.8	12	2	5

表1的重要性在于，它表明了两个"作业场所"使用了不同规模的劳动，体现了社会中两个经营主体的经营规模的变动。也就是说，如果用投入劳动比来衡量的话，"劳动雇佣"发生之前，两个经营主体的投入劳动比为1:1。然而在"劳动雇佣"关系产生之后，两个经营体的投入劳动比变为1.67:0.33，即二者之间出现了经营规模上的差距。这说明一部分经营规模变大。而且，这种经营规模差距的扩大是资本积累的不均等发展导致的。其实在农业部门，人类也经历过这种部分经营主体大规模化。虽然当今发达国家的农业几乎都以小农为主，但是过去欧洲的大庄园（古代罗马的奴隶制大经营）、美国的奴隶制农业等都曾经历过拥有大量劳动力的大规模农业时期。

尽管如此，此后农业的"小农化生产"在全球范围内再次普及，并使得农业经营规模再次趋于平均化。换言之，即农业规模上的差距从一开始的不存在到扩大、再到缩小，即呈"库兹涅茨曲线"形状（倒U字形）变动。而且，历史唯物主义必须能够用一贯的理论来解释这种变动。此时，由于这种规模上的差距变动以个体工商户→劳动雇佣→个体工商户的顺序进行，因此最好能够通过表1对此做出一般性

附录3　表现牛耕的引入及普及所带来的农业经营规模差距的历史性动态模型

的解释。参照吉井的研究，本附录将"资本家"和"劳动者"的初始资本持有量分别记作a和b（假设$a > b$），并通过适当设定生产函数[1]尝试构建能够确定最优雇佣劳动量的模型。为此，我们把表1改写为表2的形式。

表2　表1例子的一般化

	资本家			劳动者			全社会		
	资本	劳动	生产	资本	劳动	生产	资本	劳动	生产
初期持有	a	1	a^α	b	1	b^α	$a+b$	2	$a^\alpha + b^\alpha$
劳动雇佣关系发生之后	a	$1+\lambda$	$a^\alpha(1+\lambda)^\beta$	b	$1+\lambda$	$b^\alpha(1-\lambda)^\beta$	$a+b$	2	$a^\alpha(1+\lambda)^\beta + b^\alpha(1-\lambda)^\beta$

由表2可见，劳动力以雇佣劳动的形式向资本持有量较多的经营主体流动。这里，用λ表示劳动力流动量，这种劳动力的流动将使得总生产量发生变化。劳动力流动所带来的总生产量变化量为$\{a^\alpha(1+\lambda)^\beta + b^\alpha(1-\lambda)^\beta\} - (a^\alpha + b^\alpha)$，显然此时总生产量将增大。其次，我们假设的是总生产量的增值由在劳资关系上处于优势的资本家获得（这与附录2前半部分的假设相同）。总之，资本家追求的是这部分的增值，即总生产量的最大化。那么，为实现总生产量的最大化，资本家又要雇佣多少劳动力呢？这个值可以通过推导总生产量最大时的λ求得。通过解下式，即：

$$\frac{\partial}{\partial \lambda}\{a^\alpha(1+\lambda)^\beta + b^\alpha(1-\lambda)^\beta\} = a^\alpha\beta(1+\lambda)^{\beta-1} + b^\alpha\beta(1-\lambda)^{\beta-1} = 0$$

---

[1] 可以看出，这个生产函数是由适当单位的劳动投入量和资本投入量，以及值为1的生产要素生产率组合而成的柯布-道格拉斯生产函数。此处的生产函数设定同样参照吉井2018年的研究文章。

可得 $\lambda^* = \frac{a^{\frac{\alpha}{1-\beta}} - b^{\frac{\alpha}{1-\beta}}}{a^{\frac{\alpha}{1-\beta}} + b^{\frac{\alpha}{1-\beta}}}$。由于我们假设 $a > b > 0$，则此时 $0 < \lambda^* < 1$。这说明，当 $b > 0$ 时，劳动者并非完全以雇佣劳动的形式受雇于资本家，因为劳动者自身持有 b 单位的资本，所以劳动者将留下相应部分的劳动自营。换言之，如果劳动者是真正意义上的"无产阶级"的话（即 $b = 0$），那么劳动者就不得不将自己的全部劳动力以雇佣劳动的形式受雇于资本家。

此外，计算结果还显示，当表示生产中劳动的贡献率 β 等于 1 时，即生产函数为线性生产函数时，总生产量的增值为：

$$\{a^\alpha(1+\lambda)^\beta + b^\alpha(1-\lambda)^\beta\} - (a^\alpha + b^\alpha) = (a^\alpha - b^\alpha)\lambda + (a^\alpha + b^\alpha)$$

当 $a > b$ 时，上述式子呈单调递增。结果还表明，当 $\lambda = 1$ 时，上述式子将达到最大值，即全部劳动都将成为雇佣劳动。此外，上述结果还取决于生产函数的形式，当生产函数是线性生产函数时，则为专业化生产模式（即不会同时使用两种生产要素）。当生产函数是柯布—道格拉斯生产函数时，则假设生产函数之间存在替代关系且不存在上述情况。

经营规模的历史性变动模型

上文中，我们推导出"资本差距"将造成劳动雇佣的"劳动力差距"，进而引起生产层面上差距的出现。那么，接下来我们要探讨的就是这种生产层面上的差距是如何变动的。下文将这种"差距"特定为生产层次上的差距，并试图探究这种差距的历史性变化过程。为此，我们首先计算两个经营主体在初期时存在的差距，即 $\left(\frac{a}{b}\right)^\alpha$，以及雇佣劳动产生后的差距，即：

$$\frac{a^\alpha(1+\lambda)^\beta}{b^\alpha(1-\lambda)^\beta} = \left(\frac{a}{b}\right)^\alpha \left(\frac{1+\lambda}{1-\lambda}\right)^\beta = \left(\frac{a}{b}\right)^\alpha \left(\frac{a}{b}\right)^{\frac{\alpha}{1-\beta}} = \left(\frac{a}{b}\right)^{\frac{\alpha(2-\beta)}{1-\beta}}$$

此时，由于 $0 < \beta < 1$，因此 $\frac{\alpha(2-\beta)}{1-\beta}$ 的值肯定大于 α。可知，此时差距呈扩大趋

附录3 表现牛耕的引入及普及所带来的农业经营规模差距的历史性动态模型

势。换言之，只要a/b大于1（即只要$a>b$，保证资本家持有的资本量大于劳动者持有的资本量），劳动雇佣所伴随着的劳动移动势必导致差距的扩大。

由此可知，规模差距完全取决于a和b的大小关系。因此，这里只要弄清a和b的历史性变动趋势，规模差距的变动也将一目了然。例如，就前文提到的农业部门而言，中国农业经营的历史性差距变动就非常典型。一直到春秋战国时期才出现的牛犁，在初期它的使用仅限于极少数农民，随后开始普及到家家户户。这一结果导致了，从牛犁出现前的平等状态（阡陌制时期）⇒由于一部分农民使用牛犁而导致的差距扩大⇒全部农民使用牛犁使得差距消失的变化。由此可知，对于农民而言的资本即牛和牛犁的有无，导致了农民之间的a/b变动，进而导致生产规模上的差距。

表3 差距扩大和缩小的历史性变动的概况

期间	1	2	3	4	5	6	7	8	9
先发展的经营主体的资本持有量（a）	1	2	3	4	5	5	5	5	5
后发展的经营主体的资本持有量（b）	1	1	1	1	1	2	3	4	5
资本差距a/b	1	2	3	4	5	2.5	1.67	1.25	1
生产规模差距	1	2.83	5.20	8.00	11.18	3.95	2.15	1.40	1.00

笔者认为，上述内容足以阐释农业部门从小农⇒农民阶层分化⇒小农这样的历史变动过程。其实，这点从当下日本农民每家每户都或多或少地持有农业机器这一事实也可以得到确认（顺带一提，就渔业而言，则是在沿岸及近海捕鱼的日本小规模渔业者中每个人都拥有自家船只）。在本书第四章第Ⅳ节后半部分，笔者证明了各国之间差距从扩大到缩小的变化趋势。在刻画农民（渔民）的最优资本积累量变化时也可以得到与此相似的，差距从扩大到缩小的库茨涅兹曲线。

数学附录　关于动态最优化问题的解法

本书中的马克思主义最优经济增长理论及模型是在假设能够预见无限期将来的经济主体进行最优化行为的基础上构建的。模型依靠经济学的"动态最优化问题"的一般性解法，并采用了"汉密尔顿函数"。"汉密尔顿函数"的采用对理解本书内容而言尤为重要，所以这里主要从以下两个方面对该问题进行直观性的说明。具体而言，下文首先将对拉格朗日解法的离散型模型进行说明，并在此基础上对汉密尔顿函数解法的连续型模型做进一步说明。其次，虽然本书正文部分是以连续性模型为主，但是由于离散型模型中的最优化一阶条件更为简单，只要满足相应函数在偏导后得0这一条件便可，更易于从直观上理解。因此，下文首先将对离散型模型进行说明。

离散时间马克思主义最优经济增长模型的解法——拉格朗日乘子法

首先，将正文中的模型通过离散型框架进行展开说明。模型探讨的是在下述3个约束条件（s.t.后所示式子）下的$\sum_{t=0}^{\infty}\beta^t \log Y_t$的最大化问题。即：

$$\max \sum_{t=0}^{\infty} \beta^t \log Y_t$$

$$s.t. \quad Y_t = AK_t^{\alpha}(s_t L)^{\beta}$$

$$K_{t+1} - K_t = B(1-s_t)L - \delta K_t$$

$$0 \leq s_t \leq 1$$

这里，Y_t表示消费资料生产量，K_t表示生产资料，s_t则表示总劳动中投入消费资料生产的比率。$0 < \beta < 1$表示时间贴现率，δ表示资本损耗（折旧）率，

数学附录　关于动态最优化问题的解法

Y_t、K_t、s_t都是随时间变化而变化的时间变量。δ是常数，s_t是经济主体在各时间点上选择的最优变量（控制变量）。

$\sum_{t=0}^{\infty} \beta^t log\, Y_t$为目标函数，本模型以实现该函数的最大化为目标。

$Y_t = AK_t^{\alpha}(s_t L)^{\beta}$为消费资料的生产函数。采用的是一次齐次的柯布—道格拉斯函数形式。$K_{t+1} - K_t = B(1-s_t)L - \delta K_t$是资本积累方程。

为了解上述最优化问题，资本积累方程式移向右边，可得：

$$B(1-s_t)L + (1-\delta)K_t - K_{t+1} = 0$$

再在两边同时乘以μ_t，后与目标函数合并可得拉格朗日函数（L）如下。在经济学中拉格朗日乘子μ_t表示的是，基于效用衡量的单位生产资料的价格。

$$L = \sum_{t=0}^{\infty} \beta^t [log\, Y_t + \mu_t\{B(1-s_t)L + (1-\delta)K_t - K_{t+1}\}]$$

若使用拉格朗日函数的话，就可以不必考虑上文中所设定的约束条件等一系列复杂问题，从而将问题转变为单纯的最优化问题。也就是说，只要考虑前述中的拉格朗日的一阶条件便可，即：

$$\frac{\partial L}{\partial s_t} = 0$$

$$\frac{\partial L}{\partial K_t} = 0$$

$$\frac{\partial L}{\partial \mu_t} = 0$$

虽然这个式子仍然较为复杂，但形式上与以下的一般情况的拉格朗日函数（L）一致。拉格朗日函数（L）可改写成如下形式：

$$L = \cdots \beta^{t-1}[\log Y_{t-1} + \mu_{t-1}\{B(1-s_{t-1})L + (1-\delta)K_{t-1} - K_t\}]$$
$$+ \beta^t[\log Y_t + \mu_t\{B(1-s_t)L + (1-\delta)K_t - K_{t+1}\}]$$

其一阶条件如下：

根据$\frac{\partial L}{\partial s_t} = 0$，可得$\frac{1}{Y_t}\frac{\partial L}{\partial s_t} - \mu_t BL = 0$，即$\frac{1-\alpha}{s_t} = \mu_t BL$。

根据$\frac{\partial L}{\partial K_t} = 0$，可得$-\beta^{t-1}\mu_{t-1} + \beta^t\left\{\frac{1}{Y_t}\frac{\partial Y_t}{\partial K_t} + \mu_t(1-\delta)\right\} = 0$，即

$\mu_{t-1} = \beta\left\{\frac{\alpha}{K_t} + \mu_t(1-\delta)\right\}$。

根据$\frac{\partial L}{\partial \mu_t} = 0$，可得$B(1-s_t)L + (1-\delta)K_t - K_{t+1} = 0$，即

$K_{t+1} - K_t = B(1-s_t)L - \delta K_t$。

其中，最后一个式子即为资本积累方程，由此可知拉格朗日函数已经涵盖了原本的约束条件。也就是说，使用拉格朗日函数可以将约束条件的最优化问题转换成无约束条件的最优化问题。

连续时间马克思主义最优经济增长模型的解法——当期值汉密尔顿函数法

接下来，将考虑与之对应的连续型模型。

$$\int_{t=0}^{\infty} e^{-\rho t} \log Y dt$$
$$s.t.\ Y = AK^\alpha(sL)^{1-\alpha}$$
$$\dot{K} = B(1-s)L - \delta K$$
$$0 \leq s \leq 1$$

式子中的标记符号表示的内容与上述离散型模型解法一致，但为了简便，这里省略下标t。此时，目标函数可以写成积分方程式，资本积累方程式则可表示为微分方

数学附录　关于动态最优化问题的解法　　305

程式。可以简单地认为连续型模型中$\dot{K}$对应离散模型中的$K_{t+1} - K_t$。ρ为常数，且满足$\rho > 0$。

但是，连续型模型也有不同于离散型模型的地方。例如，在连续型模型中，在某一时间点为0的控制变量s会瞬间变为1，且理论上变量s也可以是不连续的值（这被称为开关式控制）。

从时间点0来评估t时间点的消费量的话，时间点t的瞬时效用$log\, Y$将按$e^{-\rho t}(<0)$被贴现（关于这部分的具体说明可参照本书第148—150页）。将所有时间点贴现后的消费量汇总（积分）便可得$\int_{t=0}^{\infty} e^{-\rho}\, log\, Y\, dt$。

现在，将从0时间点来测量t时间点的效用。

生产资料并不是直接作用于当期消费，而是用于生产将来的消费资料。消费资料可以获得的（瞬时）效用为$log\, Y$，但单凭该瞬时效用无法确定总效用中有多少是由生产资料贡献的。由于生产资料作用于下一期以后的各期消费资料生产，所以被赋予了价格。因此，这里把（用效用单位衡量的）单位生产资料的价格记作λ，这样一来就可以计算出当期消费资料和生产资料对总效用的贡献指标。通常我们称此为当期值汉密尔顿函数，并定义函数形式如下，即：

$$H = e^{-\rho t} log\, log\, Y + \lambda \dot{K} = e^{-\rho t} log\, Y + \lambda\{B(1-s)L - \delta K\}$$

在当期新生产的生产资料中$\dot{K}$部分被积累起来，用效用单位衡量则该部分值为$\lambda \dot{K}$。再加上消费所产生的效用的现值则可得总效用H。如果把1年看作是1期的话，该值可视为（用效用单位衡量的）国民收入净值。

上述汉密尔顿函数的一阶条件可写成如下形式：

$$\frac{\partial H}{\partial s} = 0$$
$$\frac{\partial H}{\partial K} = -\dot{\lambda}$$
$$\frac{\partial H}{\mu} = \dot{K}$$

如果汉密尔顿函数在各期中选择（实现目标函数最大化的）控制变量，那么该函数则具备（历时性）最优这一显著特征。这被称为庞特里亚金最大化原理 (Pontryagin's maximum principle)。

特别是，只要该解并不是端点解（$s \neq 0、1$），而是内点解（$0 < s < 1$），则该条件可以写成：

$$\frac{\partial H}{\partial s} = 0$$

另外，可以对 $\frac{\partial H}{\partial K} = -\dot{\lambda}$，即 $\frac{\partial H}{\partial K} + \dot{\lambda} = 0$ 做如下解释。左边的 $\frac{\partial H}{\partial K}$ 表示的是从单位资本中可以获得的边际收入（股利收入）。$\dot{\lambda}$ 则表示生产资料价格的增值（资本利得）。二者的和（总回报）表示的是通过使用生产资料所获得的总利益。也就是说，使用1单位的生产资料可获得的边际收益。该式子表示的是，如果生产资料得到有效利用则单位生产资料可获得的边际收益为0。如果该式子值为负数，说明出现亏损并需要减少生产资料的使用。相反，如果该式子值为正数，说明有利可图并需要增加生产资料的使用。最终生产资料的边际收益将为0。

如果将式子"股利收入+资本利得=总回报"置于股票市场则更容易理解。股利收入表示的是股权分红，资本利得表示的是股价的升值（减值），二者的和则为总回报。通常，二者都为正数，但是也有一些成长显著的企业把股权分红记作0（即不发放分红部分），并将实际分红用于投资。比如，苹果公司其实直到最近几年才开始发放股权分红，在其之前的将近20年间企业的股权分红都为0。谷歌和亚马逊至今为止的股权分红仍为0。这是由于对于成长显著的企业而言，比起将资金用于分红，将资金全额用于投资更有益于实现企业成长。但是，由于相应的股价（企业价值）会变大，因此总回报为正。

只是，和股票市场不同，上述式子（$\frac{\partial H}{\partial K} = -\dot{\lambda}$）中，理论上也存在 $\frac{\partial H}{\partial K}$ 值为负的情形。这是由于股票市场有可能存在没有股权分红的情形，但是不存在股权分红为负的情形。另外，由于资产价格有下降的可能，因此 $\dot{\lambda}$ 有可能为负数，通常我们称之为资本损失。

数学附录　关于动态最优化问题的解法　　　307

解 $\frac{\partial H}{\lambda} = \dot{K}$ 可得 $\frac{\partial H}{\lambda} = \dot{K}$，即上文中的资本积累方程。这样一来，汉密尔顿函数也可以像拉格朗日函数那样加入各种约束条件，把历时性最优化问题改写成单纯的最优化问题。

其次，模型除了满足上述3个一阶条件外，还必须满足以下的横截条件，即：

$$\lim_{t=\infty} \lambda K = 0$$

该式子表示，随时间的流逝，（用效用单位衡量的）生产资料的价格将收敛于0时间点的测量值，即收敛于0。如果（用效用单位衡量的）生产资料的价格将收敛于正数的话，则说明存在生产资料的无效率生产。

连续时间马克思主义最优经济增长模型的解法——现值汉密尔顿函数法

虽然以上所介绍的是以0时间点为标准的测量效用方法，但也有以时间点 t 为标准的测量效用方法。这里我们把以 t 时间点为标准，把（用效用单位衡量的）生产资料的价格记作 μ。那么现值汉密尔顿函数就可以表示成如下形式：

$$H_C = \log Y + \mu\dot{K} = \log Y + \mu\{B(1-s)L - \delta K\}$$

公式中的 C 表示的是Current value（即现值）的意思。

时间点 t 是从以时间点0为标准的 t 时间点之后的时间。这段时间内的生产资料需要进行贴现评价。可得如下关系，即：

$$\lambda = e^{-\rho}\mu, \; H = e^{-\rho t}H_c$$

此时，现值汉密尔顿函数的一阶条件不同于前文中的当期值汉密尔顿函数。
通过对 K 求偏导得到的一阶条件 $\lambda = e^{-\rho t}\mu$ 可得：

$$\dot{\lambda} = (e^{-\rho t}\mu)' = (e^{-\rho t})'\mu + e^{-\rho t}\dot{\mu} = -\rho e^{-\rho t}\mu + e^{-\rho}\dot{\mu} = -e^{-\rho t}(\rho\mu - \dot{\mu})$$

因此，又可得：

$$\frac{\partial H_C}{\partial K} = \frac{\partial(e^{\rho t}H)}{\partial K} = e^{\rho t}\frac{\partial H}{\partial K} = -e^{\rho t}\dot{\lambda} = \rho\mu - \dot{\mu}$$

由于对 s、μ 的偏导数不受 $e^{-\rho}$ 影响，所以最终可得现值汉密尔顿函数的一阶条件如下：

$$\frac{\partial H_C}{\partial s} = 0$$
$$\frac{\partial H_C}{\partial K} = \rho\mu - \dot{\mu}$$
$$\frac{\partial H_C}{\mu} = \dot{K}$$

可见仅 $\rho\mu$ 处和当期值汉密尔顿函数的情况不同。这些式子也可以当作公式背诵。

如前文所述，当期值汉密尔顿函数一阶条件具有相应的经济学解释，现值汉密尔顿函数的一阶条件也具备其相应的经济学解释。把第二个式子进行移项可得：

$$\frac{\partial H_C}{\partial K} + \dot{\mu} = \rho\mu$$

该式子两边多用效用函数进行衡量。假设当下我们持有额度相当于（用效用单位衡量的）价格为 μ 的资产 μ，并进行资产运营。那么，左边 $\frac{\partial H_C}{\partial K} + \dot{\mu}$ 表示的就是用资产 μ 购买生产资料并运营可获得的收益。此时，$\frac{\partial H_C}{\partial K}$ 表示，通过生产活动获得的收益，$\dot{\mu}$ 表示资本所得（资本亏损）。右边则表示，在利息率为 ρ 的情况下运营资产 μ 可获得的收益（利息）。也就是说，现值汉密尔顿函数一阶条件的经济学解释为：视效用单位维度的利息率 ρ 为评价收益率的标准，并参照该标准进行生产活动。

另外，横截条件为：

$$e^{-\rho t}\mu K = 0$$

上式表示，μK为在时间点t上（用效用单位衡量的）生产资料的价格，通过乘以$e^{-\rho t}$将其换算成0时间点的价格，则随着时间流逝该值将收敛于0。

与分权市场模型的对应关系

前文主要考虑社会计划者模型中的汉密尔顿函数的情况。这与附录1中的分权市场模型又有怎样的联系呢？附录3前半部分的连续型模型可以改写成如下形式，即：

$$\max_{K_2,L_1,L_2,0} \int_0^\infty e^{-\rho t} \log Y dt$$
$$s.t. Y = AK_2^\alpha L_2^{1-\alpha}$$
$$\dot{K} = BL_1 - \delta K$$
$$0 \leqslant K_2 \leqslant K$$
$$L_1, L_2 \geqslant 0, L_1 + L_2 \leqslant L$$

用于生产消费资料的生产资料量记作K_2，劳动量记作L_2，用于生产生产资料的劳动投入量为L_2。下标1、2分别表示第1部门、第2部门。K_2、L_1、L_2都是取正数，其取值上限受经济全体存在的生产资料量K、劳动量L限制。

以下我们将考虑约束条件的现值汉密尔顿函数记作$\overline{H}_c$。其次，这里引入$U(Y)$表示$\log Y$，即满足$U(Y) = \log Y$。可得$\overline{H}_c$公式如下：

$$\overline{H}_c = U(Y) + \mu\dot{K} + R(K - K_2) + W(L - L_1 - L_2)$$
$$= \log Y + \mu(BL_1 - \delta K) + R(K - K_2) + W(L - L_1 - L_2)$$

$$\frac{\partial \overline{H}_c}{\partial K_2} = 0 \Leftrightarrow R = \frac{\partial U(Y)}{\partial K_2} \Leftrightarrow R = \frac{\partial U(Y)}{\partial Y}\frac{\partial Y}{\partial K_2}$$

$$\frac{\partial \overline{H}_c}{\partial L_1} = 0, \ \frac{\partial \overline{H}_{cc}}{\partial L_2} = 0 \Leftrightarrow W = \frac{\partial U(Y)}{\partial L_2} = \mu\frac{\partial \dot{K}}{\partial L_1} \Leftrightarrow W = \frac{\partial U(Y)}{\partial Y}\frac{\partial Y}{\partial L_2} = \mu\frac{\partial \dot{K}}{\partial L_1}$$

$$\frac{\partial \overline{H}_c}{\partial K} = \rho\mu - \dot{\mu} \Leftrightarrow R - \mu\delta + \dot{\mu} = \rho\mu$$

$$\frac{\partial \overline{H}_c}{\partial R} = 0 \Leftrightarrow K_2 = K$$

$$\frac{\partial \overline{H}_c}{\partial W} = 0 \Leftrightarrow L_1 + L_2 = L$$

$$\frac{\partial \overline{H}_c}{\partial \mu} = \dot{K} \Leftrightarrow \dot{K} = BL_1 - \delta K$$

上述一阶条件中，第一个式子中的 $\frac{\partial U(Y)}{\partial Y}(= p_2)$ 表示（用效用单位衡量的）消费资料价格。$\frac{\partial Y}{\partial K_2}$ 表示消费资料生产中生产资料的边际生产力，R 表示（用效用单位衡量的）生产资料租借价格。

第二个式子中，$\frac{\partial \dot{K}}{\partial L_1}$ 表示生产资料生产中劳动的边际生产力，μ 表示（用效用单位衡量的）生产资料价格，W 表示与（生产资料生产部门及消费资料生产部门）两部门各自用效用单位衡量的边际生产物价格相等，表示效用单位衡量的工资率。

第三个式子表示的是资产市场的裁定条件。现在，假设将（用效用单位衡量的）资产进行运营。$R - \mu\delta + \dot{\mu}$ 表示购买1单位生产资料进行运营时所获取的（用效用单位衡量的）收益。R 表示（用效用单位衡量的）生产资料租借价格，$\mu\delta$ 表示（用效用单位衡量的）折旧部分，$\dot{\mu}$ 表示（用效用单位衡量的）资本收益（损失）。另一方面，$\rho\mu$ 表示利息率ρ运营之后所获得的（用效用单位衡量的）收益，不论运营其中任何一个，其收获的收益都必然相同。

从余下的第四、五、六个式子可知汉密尔顿函数包括了原本的约束条件。具体而言，即，从汉密尔顿函数$\overline{H}_c$中的 $\mu(BL_1 - \delta K)$ 可推导出资本储蓄方程式，同样，从$R(K - K_2) + W(L - L_1 - L_2)$可推导出$K_1 + K_2 = K$和$L_1 + L_2 = L$这两个约束条件。而且后者的推导体现了（用效用单位衡量的）生产资料和劳动的不完全利用，这点含义颇深。因为这意味着表示将$R(K - K_2) + W(L - L_1 - L_2)$分别对$R$及$W$求偏导

数学附录　关于动态最优化问题的解法

且偏导等于0的第四、五个条件式旨在为清除两类生产要素不完全利用的情况。另外，由此可知，未涵盖原本约束条件的现值汉密尔顿H_c表示的是现实的国民净收入，涵盖约束条件的现值汉密尔顿$\overline{H_c}$表示的是可实现的国民净收入的最大值（潜在的国民净收入）。也就是说，一阶条件中的第四、五个式子旨在实现潜在国民收入的最大值。

上述的理解全部都以效用单位为前提。附录1的分权市场模型把消费资料价格设定为1，等同于将消费资料当作价值尺度。也就是说，附录1的分权市场模型中生产资料价格p、租借价格r、工资率ω，等于本文中相对变量的值除以（用效用单位衡量的）消费资料价格，即：

$$p = \frac{\mu}{p_2}, \ r = \frac{R}{p_2}, \ W = \frac{W}{p_2}$$

另外，根据附录1中的利息率$\tilde{r}$，我们可以推导出$\frac{\dot{Y}}{Y} = \tilde{r} - \rho$。这里，由于$\frac{\dot{Y}}{Y}$本身就是从效用函数等同于对数效用的形式推出的，但这并不常见。因此，下文将基于一般形式的效用函数推导利息率$\tilde{r}$。为此，首先将现值汉密尔顿函数$\overline{H_c}$的一阶条件中的第三个式子即$R - \mu\delta + \dot{\mu} = \rho\mu$，两边同时除以$\mu$后再减去$\frac{\dot{p_2}}{p_2}$，可得：

$$\frac{R}{\mu} - \delta + \frac{\dot{\mu}}{\mu} - \frac{\dot{p_2}}{p_2} = \rho - \frac{\dot{p_2}}{p_2}$$

这里，因为$\frac{R}{\mu} = \frac{\frac{R}{p_2}}{\frac{\mu}{p_2}} = \frac{r}{p}$，且$\log p = \log \mu - \log p_2$的时间导数为$\frac{\dot{p}}{p} = \frac{\dot{\mu}}{\mu} - \frac{\dot{p_2}}{p_2}$，所以：

$$\frac{r}{p} - \delta + \frac{\dot{p}}{p} = \rho - \frac{\dot{p_2}}{p_2}$$

由该式，以及附录1市场均衡的各条件中的表示资本市场中的利息率平均化的式子

$\tilde{r} = \frac{r}{p} - \delta + \frac{\dot{p}}{p}$ 可得：

$$\tilde{r} = \rho - \frac{\dot{p}_2}{p_2}$$

在此基础上，由于这里假设效用函数的一般形式为 $U(Y)$，且将其关于 Y 的导函数写作 $U_Y(Y)$，则上述式子可写成：

$$\tilde{r} = \rho - \frac{\frac{dU_Y(Y)}{dt}}{U_Y(Y)}$$

根据复合函数的求导公式，可将该式改写成如下形式，即：

$$\tilde{r} = \rho - \frac{\frac{dU_Y(Y)}{U_Y(Y)}}{\frac{dY}{Y}} \cdot \frac{\dot{Y}}{Y}$$

或者，与之相同的：

$$\tilde{r} = \rho - \frac{d \log\, _Y(Y)}{d \log Y} \frac{\dot{Y}}{Y}$$

这里，右边 $\frac{\dot{Y}}{Y}$ 表示的是消费的增加率，$-\frac{\frac{dU_Y(Y)}{U_Y(Y)}}{\frac{dY}{Y}}$ 表示的是边际效用的弹性。由 $U_Y(Y) = p_2$ 可得 $-\frac{\frac{dU_Y(Y)}{U_Y(Y)}}{\frac{dY}{Y}} = -\frac{\frac{dp_2}{p_2}}{\frac{dY}{Y}}$，该式表示用效用单位衡量的价格的消费弹性，即表示消费每增加 1% 时所带来价格的增长率。（其次，由于通常情况下 $\frac{dU_Y(Y)}{dY} < 0$，因此 $-\frac{\frac{dU_Y(Y)}{U_Y(Y)}}{\frac{dY}{Y}} > 0$。）

由上述可知，式子右边（即$\rho - \dfrac{\dfrac{dU_Y(Y)}{U_Y(Y)}}{\dfrac{dY}{Y}} \cdot \dfrac{\dot{Y}}{Y}$）中，从消费中获得的收益率（方便）加上时间偏好率$\rho$后，与式子左边所表示的实际利息率$\tilde{r}$相等。消费与当下有关，而利息则表示抑制当下消费在未来将会获得的回报。时间偏好率表示的则是（对同一单位消费品）在现在和未来两个不同时点上的评估值。如此，该式子即为表示现在和未来收益均等的式子，且通常称之为欧拉方程。

如上文所示，这里我们简单介绍了马克思主义最优经济增长模型的离散型和连续型两种情况，以及其解法。但就实际计算中的大多情况，仅记住一阶条件就可以解出式子。只要单纯地计算就可以，没必要完全记住上述具有含义的各个复杂公式。

参考文献

中

方行. 清代佃农的中农化 [J]. 中国学术，2000年第2辑.

高文德. 蒙古奴隶制研究 [M]. 内蒙古：内蒙古人民出版社，1980.

马克思. 资本论（第一卷）[M]. 北京：人民出版社，2018.

马克思. 资本论（第二卷）[M]. 北京：人民出版社，2018.

马克思. 资本论（第三卷）[M]. 北京：人民出版社，2018.

乌日陶克套胡. 蒙古族游牧经济及其变迁 [M]. 北京：中央民族大学出版社，2006.

英

Ardrey, Robert(1961), *African Genesis: A Personal Investigation Into the Animal Origins and Nature of Man*, Atheneum Books.

Ardrey, Robert(1976), *The Hunting Hypothesis,* Wm. Collins Sons.

Barro, Robert J., Xavier I. Sala-i-Martin (2004), *Economic Growth,* 2nd version, MIT Press.

Bortkiewicz, Ladislaus (1906), "Wertrechnung und Preisrechnung im Marxschen System," in *Archiv für Sozialwissenschaft und Sozialpolitik*, vol. 23, no.1, in German.

Boserup, Ester(1965), *The Conditions of Agricultural Growth: The Economics of Agrarian Change Under Population Pressure*, George Allen & Unwin.

Böhm-Bawerk, Eugen von(1884), *Kapital und Kapitalzins*, Wagner'sche Universitats-Buchhandlung, Innsbruck.

Bowles, Samuel (2004), *Microeconomics,* Princeton University Press.

Boyd, Robert and Silk,Joan B.(2009), *How Humans Evolved*, 5th edition, W.W.Norton & Company.

Buchannan, James M. and Richard E. Wagner (1977), Democracy in Deficit: The Political Legacy of Lord Keynes, New York: Academic Press.

de Vries, J.(1975), "Peasant Demand Patterns and Economic Development: Friesland 1550-1750", in W.N.Parker and E.L. Jones eds. *European Peasants and Their Markets: Essays in Agrarian Economic History*, Princeton University Press, Princeton.

Diamond, Jared (1997), *Guns, Germs, and Steel: The Fates of Human Societies*, W.W.Norton & Company, New York.

Donald, Merlin(1991), *Origins of the modern mind : three stages in the evolution of culture and cognition,* Harvard University Press.

De Vries, J.(1975), "Peasant Demand Patterns and Economic Development: Friesland 1550-1750", in W.N.Parker and E.L. Jones eds. *European Peasants and Their Markets: Essays in Agrarian Economic History*, Princeton University Press, Princeton.

Diamond, Jared (1997), *Guns, Germs, and Steel: The Fates of Human Societies*, W.W.Norton & Company, New York.

Fagan, Brian(2004), *The Long Summer: How Climate Changed Civilization,* Basic Books.

Graeber, David(2011), *Debt: The First 5,000 Years*, Melville House Publishing, Brooklyn and London.

Henley, David(2005), "Agrarian change and diversity in the light of Brookfield, Boserup and Multhus: Historical illustrations from Sulawesi, Indonesia", *Asia Pacific Viewpoint,* Vol.46, No.2.

Hicks, John Richard (1969), *A Theory of Economic History,* Oxford University Press.

Lee, James and Wang, Feng(1999), *One Quarter of Humanity: Malthusian Mythology and Chinese Realities 1700-2000*, Harvard University Press.

Lenin,V.I.(1893)"On the So-Called Market Question,."in *Collected Works*, vol.1, Foreign Language Publishing House, Moscow.

Maccos, et Yvon Le Bot(1997), *El sueño zapatista*, Plaza & Janes.

Marx, Karl(1990), *Capital: A Critique of Political Economy*, Volume One, Penguin Books, London.

Mason, Paul(2015), *Postcapitalism*, Exarcheia Ltd..

Mayer, Tom(1994), *Analytical Marxism,* Sage Publication.

Morishima, Michio. 1973. *Marx's Economics: A Dual Theory of Value and Growth,* Cambridge: Cambridge University Press(高須賀義博訳『マルクスの経済学』東洋経済新報社、1974年)

Nagaura, Kenji(1985), "Steedman's Grasp of Labour Theory of Value -An Aspect of the Value Controversy-", Hitotsubashi Ronso, vol93, no.2

Negishi, Takashi(1985), *Economic Theories in a Non-Walrasian Tradition,* Cambridge University Press, Cambridge.

Neumann, Erich(1963), *The Great Mother : an analysis of the archetype,* translated from the German by Ralph Manheim.

Oakley, Kenneth P., (1959), *Man the tool-maker*, University of Chicago Press.

Okishio, Nobuo (2000), "Competition and Production Cost," *Cambridge Journal of Economics,* No.25.

Onishi, Hiroshi(2007) "Forming Kuznets Curve among Chinese Provinces," *Kyoto Economic Review,* vol. 76, no. 2.

Onishi, Hiroshi(2016), Middle Income Trap of China, *proceedings of International Conference: Implications of a Possible PRC Growth Slowdown for Asia* held by Asian Development Bank Institute, Tokyo, 25-26 November 2015.

Onishi, Hiroshi(2019), "A Proof of Labor Theory of Value Based on Marginalist Principles," *World Review of Political Economy*, vol.10, no.1.

Onishi, Hiroshi and Atsushi Tazoe(2011)"Organic Composition of Capital, Falling ate of Profit and 'Preferential Growth of the First Sector' in the Marxian Optimal Growth Model", *Marxism 21,*Jinju Korea.

Petri, Fabio(1980), "Positive Profits without Exploitation: A Note on the Generalized Fundamental Marxian Theorem," *Econometrica*, vol.48, issue 2, pp.531-33.

Pikkety, Thomas(2013), *Capital ou XXIe Siele*, Paris: Editioons du Seuil.

Pomeranz, Kenneth(2000), The Great Divergence: China, Europe, and the Making of the Modern World Economy, Princeton University Press, Pribceton.

Pasinetti, Luigi, L.(1977), *Lectures on the Theory of Production,* Columbia University Press, New York.

Petri, Fabio(1980), "Positive Profits without Exploitation: A Note on the Generalized Fundamental Marxian Theorem," *Econometrica*, vol.48, issue 2, pp.531-33.

Renfrew, Colin(2007), *Prehistory*, Widenfielf & Nicolson.

Robinson, Warren, and Schutjer, Wayne(1984)"Agricultural Development and Demographic Change: A Generalization of the Boserup Model", *Economic Development and Cultural Change,* No.32.

Roemer, John(1980), "A General Equilibrium Approach to Marxian Economics," *Econometrica*, no.48.

Roemer, John(1982), *A General Theory of Exploitation and Class,* Harvard University Press, Cambridge, MA.

Rosenstein-Rodan,P.N.(1961)"Notes on The Theory of Big Push," Ellis ed., *Economic Development for Latin America,* MIT Press.

Rostow, Walt Witman(1960)*The Stages of Economic Growth*, Cambridge University Press.

Service, Elman R. (1962), *Primitive Social Organization: an evolutionary perspective,* Random House, New York.

Scott, James C. (2017), *Against the Grain: A Deep History of the Earliest States,* Yale University Press, London.

Shaikh, Anwar M. and E Ahmet Tonak (1994), Measuring the Wealth of Nations, Cambridge University Press.

Shareholder Ombudsman(2002), *Companies can be Changed,* Iwanami-Shoten.

Shumpeter, Joseph Alois(1942), *Capitalism, Socialism and Democracy*, Harper and

Brothers, New York.

Stanford, Craig Britton(1999), *The hunting apes : meat eating and the origins of human behavior*, Prinston University Press.

Steedman, Ian(1975), "Positive Profit with Negative Surplus Value", *Economic Journal*, vol85, no.337.

Steedman, Ian(1977), *Marx after Sraffa*, NLB, London.

Stout, Dietrich(2016), "Tales of a Stone Age Neuroscientist", *Scientific American*, April, 2016.

Turner William, Hanham Robert and Portararo Anthony(1977),"Population Pressure and Agricultural Intensity", *Annals of the Association of American Geographers*, Vol 67,No. 3.

Weber, Max(1897), *Agrarverhältnisse im Altertum*, 3 Auflage, Verlag G. Fischer.

Wittfogel, Karl August(1957), *Oriental Despotism—a comparative study of total power*, Yale University Press, New Heaven.

Weber, Max. 1924. *Gesammelte Aufsätze zur Sozial- und Wirtschaftsgeschichte*, Verlag von J.C.B. Mohr (Paul Siebeck). (渡辺金一訳『古代社会経済史』東洋経済新報社、1959年)

日

青柳和身(2010)『フェミニズムと経済学(第2版)』御茶の水書房。

泉弘志・李潔(2005)「全要素生産性と全労働生産性」『統計学』第89号。

泉弘志(2014)『投下労働量計算と基本経済指標』大月書店。

伊藤幸一(1995)『モンゴル経済史を考える』法律文化社。

井上裕一・山下裕歩(2011)「途上国の工業化と社会資本蓄積」『獨協経済』第92号。

大澤正昭(1993)『陳旉農書の研究――12世紀東アジア稲作の到達点』農文協。

大谷禎之介(2011)『マルクスのアソシエーション論』桜井書店。

大西広(1990)「資本主義と社会主義の現実から学ぶ——国家にも企業にも支配されない真に自由な社会をめざして」山口正之・森岡孝二・大西広『どこへ行く社会主義と資本主義』かもがわ出版。

大西広(1991)「生産力の歴史的性格について」『経済理論学会年報』第28集。

大西広(1992)『資本主義以前の「社会主義」と資本主義後の社会主義——工業社会の成立とその終焉』大月書店。

大西広(1998a)「各国通貨単位の資本労働比率変動とマクロ収穫率」『経済論叢』第161巻第1号。

大西広(1998b)『環太平洋諸国の興亡と相互依存——京大環太平洋モデルの構造とシミュレーション』京都大学学術出版会。

大西広(2001)「20世紀のマルクス経済学と新世紀の課題」『経済科学通信』第95号。

大西広(2003a)『グローバリゼーションから軍事的帝国主義へ』大月書店。

大西広(2003b)「北米東部インディアン研究の到達点とエンゲルス『起源』(1)」『経済論叢』第172巻第4号。

大西広(2003c)「北米東部インディアン研究の到達点とエンゲルス『起源』(2)」『経済論叢』第172巻第5・6号。

大西広(2004)「北米東部先住民研究の史的唯物論的意味」『日本の科学者』第39巻第10号。

大西広(2005)「エンゲルス『起源』の再検討— アメリカ先住民研究の到達点から」『唯物論と現代』第36号。

大西広(2007)「市場と株式制度の発展がもたらす社会主義」碓井敏正・大西広編『格差社会から成熟社会へ』大月書店。

大西広(2008)『チベット問題とは何か』かもがわ出版。

大西広(2011)「北京コンセンサスを擁護する」『季刊経済理論』第48巻第3号。

大西広編(2012)『中国の少数民族問題と経済格差』京都大学学術出版会。

大西広(2016)「第6章 投資依存型経済がからの脱却と『中成長の買』——2部

門最適成長モデルによる分析と予測」大西広編『中成長を模索する中国——「新常態」への政治と経済の揺らぎ』慶應義塾大学出版会。

大西広(2018)「労働者階級が社会運動に参加,団結する条件について——「社会的ジレンマ」ゲーム理論の応用可能性」『季刊経済理論』第55巻第2号。

大西広(2019)「限界原理を基礎とした労働価値説」『三田学会雑誌』第112巻第1号。

大西広(2020a)「新興,先進国間の不均等発展、帝国主義戦争モデルとの権交代のマルクス派政治経済モデル」『季刊経済理論』第56巻第4号。

大西広(2020b)「大西(2018)社会運動モデルへの多数決政治の導入とそのインプリケーション」『季刊経済理論』第57巻第1号。

大西広(2020c)「商業部門を含む再生産表式と商業部門の対産業資本比率--資本回転率を考慮した定式化の試み—」『政経研究』第115号。

大西広(2021a)「コブ・ダグラス関数によるマルクス差額地代論の一般化——いわゆる「エンゲルス方式」地代計算論とも関わって」『三田学会雑誌』第114巻第1号。

大西広編(2021b)『マルクス派数理政治経済学』慶應義塾大学出版会。

大西広(2023)『「人口ゼロ」の資本論』講談社α新書。

大西広・藤山英樹(2003)「マルクス派最適成長論における労働による資本の『搾取』」『京都大学経済学研究科ワーキング・ペーパー』J-33号。

大西広・金江亮(2015)「『人口大国の時代』とマルクス派最適成長論」『三田学会雑誌』第107巻第4号。

置塩信雄(1957)「総供給函数について」『神戸大學經濟學研究年報』第4号。

置塩信雄(1965)『資本制経済の基礎理論(増補版)』創文社。

置塩信雄(1967)『蓄積論』筑摩書房。

置塩信雄(1977)『マルクス経済学―価値と価格の理論』筑摩書房。

置塩信雄(1997)「剰余価値と新技術導入」『経済』1997年10月号。

置塩信雄(1978)『現代経済学の展開』東洋経済新報社。

置塩信雄・野澤正徳編(1982)『日本経済の民主的改革と社会主義の展望』大

月書店。

置塩信雄・野澤正徳編(1983)『日本経済の数量分析』大月書店。

小栗崇資(2005)「ライブドア vs. フジテレビ事件と日本の資本主義」『経済』2005年8月号。

尾崎芳治(1990)『経済学と歴史変革』青木書店。

小畑弘己(2016)『タネをまく縄文人—最新技術が覆す農耕の起源』吉川弘文館。

小幡道昭(2009)『経済原論—基礎と演習』東京大学出版会。

垣内景子(2015)『朱子学入門』ミネルヴァ書房。

金江亮(2008)「『マルクス派最適成長論』の現実性と価値,価格問題」『経済論叢』第182巻第5・6号。

金江亮(2011)「マルクス経済学とマクロ経済動学」『経済科学通信』第126号。

金江亮(2013)『マルクス派最適成長論』京都大学学術出版会。

株主オンブズマン(2002)『会社は変えられる—市民株主権利マニュアル』岩波書店。

神谷国弘(1967)「漁民層分解と支配構造(2)—典型的網元漁村における選挙行動の実態を通して」『ソシオロジ』第13巻第3号

河岡武春(1987)『海の民—漁村の歴史と民俗』平凡社選書

聽濤弘(2018)『200歳のマルクスならどう新しく共産主義を論じるか』かもがわ出版。

北村安裕(2015)『日本古代の大土地経営と社会』同成社。

基礎経済科学研究所(1995)『日本型企業社会と女性』青木書店。

基礎経済科学研究所編(2011)『世界経済危機とマルクス経済学』大月書店。

草野靖(1970)「宋元時代の水利田開発と一田両主慣行の萌芽(上)」『東洋学報』第53巻第1号。

久留間鮫造(1957)『価値形態論と交換過程論』岩波書店。

財務総合政策研究所(2001)『「地方経済の自立と公共投資に関する研究会」報告書』。

沢田勲(1996)『匈奴——古代遊牧国家の興亡』東方書店。

塩沢君夫・近藤哲生(1989)『経済史入門(新版)』有斐閣。

柴田敬(1935)『理論経済学 上』弘文堂。

関根順一(2017)「『資本論』における大工業論の数理的展開」『三田学会雑誌』第110巻第2号。

高橋美貴(1995)『近世漁業社会史の研究——近代前期漁業政策の展開と成り立ち』清文堂

田口さつき(2018)「わが国沿岸漁業の制度と漁業の民主化」『農林金融』2018年4月号

武田信照(1983)『貨幣と価値形態』梓出版社。

武田信照(1984)「価値形態論と交換過程論・貨幣の必然性に関する論争」富塚良三他編『資本論体系』第2巻、有斐閣。

田添篤史(2011)「労働増加型技術進歩による均整成長と「搾取」の消滅」『経済論叢』第185巻第2号。

田添篤史(2015)「日本経済における資本蓄積の有効性——労働生産性の観点から」『統計学』第109号。

田添篤史(2016)「マルクス派最適成長論から成熟社会論へ——ボウルズ「抗争交換理論」による規定」『経済科学通信』第139号。

田添篤史・大西広(2011)「『マルクス派最適成長モデル』における価値分割と傾向法則」『季刊経済理論』第48巻第3号。

田添篤史・劉歓(2012)「人口圧による集約度上昇と一人あたり算出の変動——モデル化の試み」『季刊経済理論』第49巻第2号。

田畑稔(2015)『マルクスとアソシエーション』新泉社。

堤未果(2008)『貧困大国アメリカ』岩波書店。

寺沢薫(2000)『王権誕生』講談社。

寺田浩明(1983)「田面田底慣行の法的性格——概念的な分析を中心として」『東京大学東洋文化研究所紀要』93冊。

土井正興(1966)『イエスキリスト』三一書房。

友寄英隆(2019)『AIと資本主義』本の泉社。

長浦建司(1985)「スティードマンの労働価値論把握——価値論論争の一側面」『一橋論叢』第93巻第2号。

永田貴大(2020)「商品取引回数に着目した仲介者の存在条件」『季刊経済理論』第57巻第2号。

中田真佐男(2011)『基礎から学ぶ動学マクロ経済学に必要な数学』日本評論社。

中村哲(1977)『奴隷制・農奴制の理論』東京大学出版会。

中村哲(2013)「中国専制国家の理論的諸問題——吉田法一『中国専制国家と家族・社会意識』を中心に」『新しい歴史学のために』第282号。

中村哲編(1993)『東アジア専制国家と経済社会』青木書店。

仁井田陞(1962)『中国法制史研究 奴隷農奴制・家族村落法』東京大学出版会。

西田(1986)『定住革命—遊動と定住の人類史』新曜社。

西村清彦(1990)『経済学のための最適化理論入門』東京大学出版会。

根岸隆(1981)『古典派経済学と近代経済学』岩波書店。

根岸隆(1985)『経済学における古典と現代理論』有斐閣。

浜崎礼三(2012)『海の人々と列島の歴史—漁撈・製塩・交易等へと活動は広がる』北斗書房

原丈人(2017)『「公益」資本主義:英米型資本主義の終焉』文藝春秋。

林俊雄(2007)『スキタイと匈奴——遊牧の文明』講談社。

林俊雄(2009)『遊牧国家の誕生』山川出版社。

福冨正美(1972)「アジア的生産様式論と「国家的封建制」概念—原秀三郎のアジア的生産様式論批判について——」『歴史評論』第262号。

松尾匡(1994)「結合生産の難問をめぐって」『経済理論学会年報』第31集。

松尾匡(2007)「規範理論としての労働搾取論」『季刊経済理論』第43巻第4号。

南亮進(1990)『中国の経済発展』東洋経済新報社。

宮本一夫(2005)『中国の歴史01 神話から歴史へ神話時代から夏王朝』講談社。

武藤正義(2015)「社会的ジレンマと環境問題」盛山和夫編『社会を数理で読み解く』有斐閣。

毛三良(2003)「地域格差の動向と地域政策」大西広・矢野剛編『中国経済の数量分析』世界思想社。

森岡孝二(2000)『粉飾決算』岩波書店。

森本壮亮(2011)「労働価値説と時間――ベーム－バヴェルクのマルクス批判について」『経済論叢』第185巻第2号。

森本壮亮(2014)「『資本論』解釈としてのNew Interpretation」『季刊経済理論』第51巻第3号。

安田喜憲(2004)『気候変動の文明史』NTT出版。

安田喜憲(2009)『稲作漁撈文明―長江文明から弥生文化へ』雄山閣。

山口和雄(1957)『日本漁業史』東京大学出版会。

山口徹(2007)『沿岸漁業の歴史』成山堂書店。

山下裕歩・大西広(2002)「マルクス理論の最適成長論的解釈――最適迂回生産システムとしての資本主義の数学モデル」『政経研究』第78号。

山下裕歩(2005)「新古典派『マルクス・モデル』におけるRoemer的「搾取」の検討」『季刊経済理論』第42巻第3号。

山本七平(1979)『日本資本主義の精神』光文社。

雪嶋宏一(2008)『スキタイ―騎馬遊牧国家の歴史と考古』雄山閣。

吉井舜也(2018)「経営規模格差の歴史的変動モデル――大西[2012]補論3モデルの一般化」『政経研究』第110号。

吉原直毅(2008)『労働搾取の厚生理論序説』岩波書店。

米田賢次郎(1968)「二四〇歩一畝制の成立について――商鞅變法の一側面」『東洋史研究』第26巻第4号。

劉洋(2008)「『マルクス派最適成長論』における政府」『経済論叢』第182巻第4号。

茹仙古麗吾甫爾・金江亮(2009)「3部門『マルクス派最適成長論モデル』と強蓄積期間」『経済論叢』第183巻第1号。